Rudolf Stertenbrink

Der Himmel öffnet sich auf Erden

Rudolf Stertenbrink

Der Himmel öffnet sich auf Erden

Ein modernes Lebensbrevier

Herder
Freiburg · Basel · Wien

DRITTE AUFLAGE

Herstellung: Freiburger Graphische Betriebe 1993
ISBN 3-451-21843-7

Inhalt

III. TÜREN ZUM GLÜCK

IV. HEUTE FÄNGT DEIN LEBEN AN

V. HINTER JEDEM SCHATTEN STEHT EIN LICHT

VI. ALLE BISHERIGEN VERHALTENSMUSTER LASSEN SICH VERÄNDERN

VII. „JEDER SCHMERZ ENTLÄSST DICH REICHER“

VIII. GOTT ERWARTEN, WO MENSCHLICH NICHTS MEHR ZU ERWARTEN IST

IX. DAS LETZTE IST NICHT TÖDLICH, SONDERN ÖSTERLICH

I

GOTTES WIRKLICHKEIT ERFAHREN

„Wo war ich, bevor ich zu euch kam?"

Mutter und Kind' sind wie ‚Liebe und Tod' Urthemen des Menschen. Damit ist gesagt: Zwischen Mutter und Kind waltet eine unvergleichbare Beziehung. „Die Mutter beginnt mit jedem Kind ein neues Leben. Mit jedem Kind geht sie noch einmal die einsamen, bangen Wege ins Niemandsland des Lebens" (Otto Gillen). Immer trägt sie ihr Kind, auch wenn es schon erwachsen ist. Dies sollte man sich vergegenwärtigen, um verstehen zu können, was Dostojewski aus seiner Zeit als Gefangener in einem Zwangslager in Sibirien erzählt.

In einer Baracke lag ein junger Mann im Sterben. Einst war er hoch gewachsen und von einem vornehmen Äußeren. Auffallend waren vor allem seine leuchtenden Augen. Jetzt war sein Körper bis auf Haut und Knochen abgemagert. Bewußtlos und schwer atmend lag er auf seinem Lager. Alles hatte er von sich geworfen; denn alles war ihm zu schwer geworden. Nur noch ein kleines Holzkreuz lag auf ihm. Er starb gegen drei Uhr nachmittags. In einem breiten Strom fiel das Sonnenlicht auf sein Gesicht.

Nach einiger Zeit erschien ein Unteroffizier mit Helm

und Seitengewehr. Plötzlich blieb er stehen. Der Tote schien ihn zu erschüttern. Unerwartet nahm er seinen Helm ab und machte eine Verneigung. Neben ihm stand ein Häftling, der auf einmal ohne ersichtlichen Grund sagte: „Hat doch auch eine Mutter gehabt!" Von diesem Wort betroffen, fragten sich die Dabeistehenden: „Warum hat er das gesagt, und wie ist er überhaupt darauf gekommen?"

„Hat doch auch eine Mutter gehabt!" So überkam es jenen Mitgefangenen, als er den Sterbenden sah, dessen Leben – einst von der Mutter umhüllt, umsorgt, geschützt und geliebt – jetzt nackt, schutzlos, lieblos und gnadenlos dalag. Hier liegt etwas Undefinierbares. Es ist das Geheimnis der unvergleichbaren Beziehung zwischen einer Mutter und ihrem Kind. Wie seltsam mutet es einen daher an, wenn man erklärt, die Entstehung des menschlichen Lebens sei ein Vorgang, der physisch leicht umschreibbar, biologisch schnell erklärt und medizinisch vollkommen klar sei. Selbst wenn es so wäre, jeder im Mutterleib heranwachsende Mensch ist ein Wunder des Lebens, das uns – wie durch viele Schleier hindurch – den tragenden Grund allen Seins erahnen läßt.

Ich denke hier an eine Mutter, die von ihrem dreijährigen Sohn erzählt, der sie mit der Frage überraschte: „Mama, wann kam ich eigentlich zu euch?" Die Mutter überlegte ein wenig und sagte dann: „Als dein Papa und deine Mama sich ganz liebhatten, da kamst du zu uns." So gut und hinreichend diese Antwort war, der Dreijährige gab sich noch nicht zufrieden: „Aber wo war ich, bevor ich zu euch kam?" Da wußte die Mutter nicht mehr, was sie sagen sollte.

Dieses Gespräch macht zumindest deutlich, daß die Frage nach der Herkunft des Menschen physisch, biologisch und medizinisch keineswegs beantwortet ist. Seine Herkunft liegt vielmehr in unauslotbaren Tiefen. Davon hatte das Kind etwas gespürt. In diesem Zusammenhang stellen sich weitere Fragen, die uns auf die Reise ins Jenseits schicken:

– Wie ist es möglich, daß aus einem so unscheinbaren Anfang ein Mensch erwächst, der um sich selber weiß, über sich selbst nachzudenken beginnt, des Leidens und der Freude, der Liebe und des Hasses fähig?

– Wie erklärt man, daß sich aus einer solchen Winzigkeit ein menschlicher Leib, eine menschliche Seele, eine einmalige unwiederholbare Person entwickeln?

– Wer sagt einem, wie das, was einst eine kleine Zelle war, immer wieder nach dem Sinn seines Lebens fragt, zwischen Gut und Böse zu unterscheiden vermag, zu den Sternen emporblickt und einen Gott anbetet? – Woher kommt das doppelte Urbedürfnis eines jeden Menschen, mit der eigenen Existenz im Unendlichen aufzugehen sowie das Unendliche in sich selber aufzunehmen?

Solche Fragen bahnen den Weg zum Glauben, daß das menschliche Leben einen göttlichen Ursprung hat, der die Tiefe einer voraussetzungslosen Liebe ist. Wer also mit dem Wort ‚Gott‘ nichts mehr anzufangen weiß, der sollte sich sagen: „Gott ist die Tiefe einer bedingungslosen Liebe, aus der mein Dasein hervorgegangen ist. Sie umgibt mein Leben, trägt, schützt und hält es, eben wie eine Mutter ihr Kind mit ihrem Leib umgibt, trägt, schützt und hält.“ Das war es, was Papst Johannes Paul I. empfand, als er 1978 erklärte: „Gott ist Vater; noch mehr, er ist Mutter.“

Gehen wir noch einen Schritt weiter. Könnte man nämlich einen Menschen im Mutterschoß fragen, ob er geboren werden wolle, er würde seine Geburt mit großer Wahrscheinlichkeit verneinen. Er würde wahrscheinlich vor seiner Geburt zurückschrecken. Man stelle sich nur einmal vor, was ein Mensch in diesem Augenblick alles durch- und mitmachen muß. Ungefragt wird er aus einer bergenden Wärme ausgestoßen. Er wird buchstäblich ‚an die Luft gesetzt‘! So bedeutet jede Geburt Trennung und Abschied, Ende einer tiefen Geborgenheit und Anfang einer ebenso großen Ungewißheit.

Doch Geburt bedeutet auch: Übergang vom Dunkel ins Licht, von der Enge in die Weite. Sie ist der Eintritt in eine größere und ganz andere Welt hinein. Ist daher die Geburt gut verlaufen, so wird das Leben in dieser Welt als Geschenk empfunden. Von hierher läßt sich sagen, daß jede Trennung und jeder Abschied einen tiefen Sinn hat: Ohne dies gibt es keine Geburt, gibt es keine ‚Beförderung' zu neuem Leben. Daher lädt Hermann Hesse in einem seiner Gedichte dazu ein: „Wohlan denn, Herz, nimm Abschied, und gesunde!"

Da nun aber Anfang und Ende, Geburt und Tod manches gemeinsam haben, ist es erlaubt, eine Parallele zu ziehen: Wie ein Kind, würde es den Vorgang seiner Geburt bewußt miterleben, davor zurückschreckte, so fällt es jedermann schwer, seinen Tod zu akzeptieren. Wie aber ein Kind sich des irdischen Lebens erfreut, wenn alles überstanden ist, so wird sich ein jeder zutiefst beschenkt wissen, wenn ihm nach seinem Tod durch Gottes Liebe ‚ewiges Leben' zuteil wird. Daher ist der Tod für einen gläubigen Menschen seine zweite Geburt, ein Übergang zu dem, aus dessen Liebe wir hervorgegangen sind, um für immer bei ihm zu sein. So ist Gott nicht nur der Ursprung, sondern auch die Erfüllung menschlichen Daseins. Was ist also der Sinn menschlichen Lebens? Von Gott her auf Gott hin zu leben.

Jeder sehnt sich nach geheimnisvollen Tiefen

Im April 1989 hielt Mutter Teresa auf dem Familienkongreß in der Bonner Beethovenhalle die Abschlußrede. Im Saal wurde es ganz still, als sie von einem Kind erzählte, das sie von der Straße aufgelesen hatte. Sie nahm es mit in ein Heim. Dort bekam es zu essen und auch ein Bett. Doch das Kind riß immer wieder aus. Eines Tages ging man ihm nach. Da entdeckte man, wie es zu einer Frau unter einem Baum eilte, die versuchte, auf zwei Ziegelsteinen ein bescheidenes Essen zu kochen. Man fragte das Kind, warum es nicht im Heim bleiben wolle; da hätte es doch alles. Zur Überraschung aller sagte das Kind: „Ich will nach Hause!" Erklärend fügte Mutter Teresa hinzu: „Das Stückchen Erde (...) unter dem Baum ist sein Zuhause. Und die arme Mutter ist ihm wichtiger als das sättigende Essen im Heim."

Eine unscheinbare Begebenheit, die doch Vielschichtiges zum Ausdruck bringt; denn in jedem Menschen gibt es etwas, das nach Hause will.

Jeder will nach Hause. Das besagt zugleich: Die Welt mit ihren vielen Geschäften kann für eine gewisse Zeit interessant sein, aber unser Zuhause ist sie nicht. Das ist vielmehr dort, wo es einen gibt, bei dem man sich geborgen fühlt, der gut zu uns ist, auf uns wartet, der sich um uns sorgt, uns versteht, von dem wir uns von Grund auf angenommen und bejaht wissen. Haben wir ein solches Zuhause?

Das Beispiel, von dem Mutter Teresa erzählte, erinnert mich an ein Bildwort, das die heilige Therese von Lisieux in ihrer originellen Denkweise so formuliert: „Ich bin wie ein eingesperrter Wolf, der sich nach den Wäldern zurücksehnt." Man könnte dieses Wort auch so übersetzen: „Ich fühle mich wie ein Wesen, das sich zurücksehnt nach den geheimnisvollen Tiefen, aus denen ich hervorgegangen bin." Diese geheimnisvollen Tiefen deuten sich dem gläubigen Menschen vom unergründlichen Geheimnis des dreifaltigen Gottes her. Ohne den Glauben an diesen Gott kommen wir nie nach Hause; mit dem Glauben an diesen Gott sind wir schon zu Hause.

An dieser Stelle erweisen sich drei Zwischenbemerkungen als nützlich: – Nicht selten wird von Ungläubigen gesagt, Gott sei eine Erfindung der menschlichen Phantasie. „Der Mensch ist demnach der, welcher sich Gott nach seinem Ebenbild schafft" (Jean Améry). Was uns allerdings der christliche Glaube sagt, liegt jenseits all dessen, was die menschliche Phantasie sich einfallen lassen kann. Denn daß es nicht nur einen Gott gibt, sondern daß dieser überdies ein Gott in drei Personen ist, davon wüßten wir nichts, wenn es uns nicht durch Jesus Christus offenbart worden wäre. Daher schreibt Johannes: „Niemand hat Gott jemals gesehen. Nur der Sohn, der im Innersten des Vaters ist, hat uns Kunde gebracht von ihm" (1,18).

– Nicht wenige Christen sind jedoch der Meinung, es genüge, an Gott zu glauben. Daß dieser dreifaltig ist, halten sie nicht für so wichtig. Diese Anschauung nimmt jedoch dem christlichen Glauben sein ihm eigenes Fundament. Denn durch keine der Weltreligionen erfahren wir etwas von diesem innergöttlichen Geheimnis.

– Wo ein Mensch anfängt, sich über dieses Geheimnis zu äußern, da fühlt er sich alsbald entmachtet. Man denke hier an Thomas von Aquin. Dieser größte Theologe des Mittelalters hat ein gewaltiges Schrifttum hinterlassen. Und doch bekannte er am Ende seines Lebens: „Alles, was ich über Gott gesagt habe, ist nur wie Stroh." Dennoch ist nicht zu übersehen, daß auch das Stroh etwas mit dem Weizen zu tun hat. So ist es auch mit den folgenden Andeutungen.

Worum es vor allem geht, läßt sich schlicht so formulieren: ‚Gott ist Gemeinschaft, Gemeinschaft zwischen Vater und Sohn in der Liebe des Heiligen Geistes': Ich – Du – Wir. Was damit gemeint ist, läßt sich am ehesten erahnen, wenn man auf ein glückliches Ehepaar schaut. Ein solches wurde vor einiger Zeit gebeten, etwas von seinem gemeinsamen Glück zu offenbaren. Da sagte es:

„Als wir heirateten, hatten wir den Wunsch, nur noch ein Leben zu leben. Mit den Jahren mußten wir jedoch erkennen, daß die Vorstellung, in der Ehe zu einer einzigen Seele zu verschmelzen, nichts anderes bedeutet, als die Persönlichkeit des anderen in sich aufzusaugen, was immer ungute Folgen hat, beispielsweise die, daß einer den anderen in die Depression schickt. So wurde uns klar, daß sich Personen, die sich lieben, nicht miteinander vermischen oder verschmelzen lassen. Wir erfuhren, daß es auch in der Ehe für jeden der beiden Partner gewisse eigene Bereiche geben muß, wenn diese auch nicht vom gemeinsamen Eheleben ausgeschlossen werden dürfen. So ging uns auf, daß die Liebe wächst, wenn man den anderen in seinem Anderssein schätzenlernt und ihn darin immer tiefer zu entdecken sucht."

Was ist damit über die Liebe gesagt? Liebe sucht Einheit und will doch die Eigenständigkeit, die Besonderheit, das Anderssein der sich Liebenden. „Denn wer die Eigenständigkeit des anderen zerstört, nimmt seiner Liebe das ‚Du'. Und wer sich selbst aufgibt, zugunsten des anderen, tötet die Wurzel der Liebe: das frei entschlossene Ich" (Rochus Spiecker).

Solche Liebe kann Bild und Gleichnis für die dreifaltige Liebe Gottes sein: Jede der drei göttlichen Personen hat ihr unverwechselbares Angesicht. Dabei ist der Vater bis in seine letzten Tiefen ‚Vater'. Daher seine Nähe zum Sohn. Und weil der Sohn vollkommen Sohn ist, ist er ganz beim Vater. Das gleiche gilt vom Heiligen Geist. Er, der vollkommen mit sich selbst eins ist, ist die unüberbietbare Liebe zwischen Vater und Sohn: Ich im

Du, Du im Ich, der Vater im Sohn, der Sohn im Vater und beide geeint im Heiligen Geist. Das ist das innerste Geheimnis der Liebe und somit das Urbild allen glücklichen Zusammenlebens. Denn immer ist die Nähe zu mir selbst das Maß für die Nähe zum Du. Dabei komme ich zu mir selbst, indem ich mich aus aller Oberflächlichkeit und allem Fehlverhalten zurückhole. Andernfalls lebe ich an dem vorbei, der ich eigentlich bin, so daß ich auch das Du in seiner Eigenart nicht erreichen kann. Daher könnte die Erneuerung eines liebevollen und glücklichen Zusammenlebens mit der Betrachtung des dreifaltigen Gottes beginnen.

Die Größe und Tiefe unseres Glaubens liegt nun darin, daß der dreifaltige Gott jeden Menschen in diese seine Liebe hineingenommen hat. Sie ist sein Zuhause, das ihm mehr gibt als alles andere. Um uns dies zu verkünden, ist Gottes Sohn in Jesus Christus Mensch geworden. Er hat uns seinen Heiligen Geist geschenkt, damit uns dieser Glaube als das Teuerste, was wir haben, nicht verlorengeht und uns in allen Situationen unseres Daseins belebt, stärkt und tröstet. In diesem Sinn schrieb mir eine Frau in einem Brief: „Ich liebe dieses Fest seit jeher sehr. Es ist ein Fest des Ursprungs und des Zieles; es umfängt mich wie ein bergender Mantel. Das ist ganz untheologisch ausgedrückt, aber gewiß nicht viel falscher als alle Definitionen."

Was wir gesagt haben, ist nur ‚Stroh'. Doch wer sich in dieses hineinbetet, erahnt etwas vom göttlichen Weizen. Deshalb ist die stille Anbetung noch der beste Zugang zum dreifaltigen Geheimnis Gottes.

Nur an einen Gott der Liebe kann man glauben

Im Schrifttum des Dichters Manfred Hausmann findet sich ein ungewöhnlicher Brief. Es ist ein ‚Abschiedsbrief an den lieben Gott', geschrieben von einem jungen Mann, der die Freude an Gott verloren hat:

„Lieber Gott! Ich nenne dich so, weil mir keine andere Anrede einfällt und ich als Kind so zu dir gesprochen habe. Wenn es dich überhaupt gibt, wirst du mich verstehen. Ich werde jetzt bald sehr weit von dir fort sein. Die Zeit, wo ich mich mit dir beschäftigen mußte, ist vorbei ... Ich habe dich nicht näher kennengelernt. Ich weiß nur, daß du vieles von einem Menschen verlangst und zum Ausgleich dafür manchmal dasein sollst, wenn man dich braucht. Zur Zeit brauche ich dich nicht. Wenn es dich wirklich gibt und wenn du irgendeinen Einfluß auf das menschliche Leben nehmen kannst, habe ich eine Bitte: Verschone mich vor allzu harten Schicksalsschlägen ... Es könnte sein, daß ich später wieder einmal zu dir zurückkomme. Vielleicht klappt es dann besser mit unserer Beziehung. Vielleicht habe ich dann Erfahrungen gemacht, die uns näher bringen ... Bis dahin laß mich so sein, wie ich bin ..."

Zu diesem Brief gäbe es manches zu sagen. Fast jeder Satz enthält eine Menge Stoff zum Nachdenken. Läßt man sich jedoch auf den Grundstrom ein, der diesen Brief durchzieht, so spürt man deutlich, daß Manfred Hausmann recht hat, wenn er sagt, dies sei alles andere als ein Abschiedsbrief. Warum? Im Innern dieses jungen Mannes haben sich vielmehr so viele Schwierigkeiten, ungute Erfahrungen und Vorurteile angesammelt, daß er sich nur noch hinsetzen kann, um seine ganze Unlust an Gott zu Papier zu bringen. Mit Gott verbindet er einen strengen Gesetzgeber, der den Menschen ständig überfordert und sein Dasein bedroht. Mit einem solchen Gott kann er nicht leben. Daher versucht er, sich von ihm zu befreien. Zugleich aber gibt er zu erkennen, wie er nicht nur voller Lebensangst ist, sondern wie ihn darüber hinaus die bange Sorge erfüllt, von Gott tatsächlich einmal verlassen zu werden.

Wie auch immer: Von Gott, wie er wirklich ist, hat dieser junge Mann noch nicht viel erfahren. Sagen wir es anders: Wer Gott nicht erfährt als das Geheimnis einer unendlich beglückenden Liebe, der wird ihn früher oder später fast zwangsläufig verlassen. Nur bei einem Gott, der mit der Liebe identisch ist, kann man auf die Dauer bleiben. Das bedeutet zugleich: Nur an einen Gott der Liebe kann man glauben. Glauben bedeutet vom Lateinischen her: ‚sein Herz geben'. Nur einem Gott der Liebe kann man sein Herz überlassen.

Was heißt das konkret? Du magst leben und gelebt haben, wie immer, gut oder schlecht, fromm oder nicht, du bist mit all deinem Guten, mit all deinem Bösen von Gott geliebt. Woher nehmen wir die Berechtigung, dies zu sagen? Sie liegt in dem Wort des Apostels Johannes: „Wenn das Herz uns auch verurteilt – Gott ist größer als unser Herz, und er weiß alles" (1 Joh 3,20). Romano Guardini schreibt dazu: „Es gibt ja doch (in jedem Menschenleben) Augenblicke, in denen die Erkenntnis des Verfehlten und Versäumten einem jeden den Mut nimmt, (...) in denen Entschlüsse und Lebenspläne nichts helfen, weil man sich selber nicht mehr glauben kann ... Für einen solchen Augenblick hat Johannes diesen Satz geschrieben: Gib dich hinein in das Wissen (d.h.: in die Liebe) Gottes, mit allem, was du bist. Ohne zu grübeln, noch dich zu rechtfertigen. Er weiß, und das ist genug." Ohne zu grübeln, noch dich zu rechtfertigen! Das sind Worte der Erlösung.

Die erste Missionsreise, die uns aufgetragen ist, geht also ins eigene Herz hinein. Und die Frohbotschaft, die wir dort zu verkünden haben, lautet: „Du bist geliebt, wirklich geliebt, geliebt von dem unendlichen Gott – trotzdem und dennoch!"

Wer sich dieser Liebe gläubig überläßt, der erfährt, wie sich manches in seinem Leben zu ändern beginnt. Sein Dasein ordnet sich. Es bekommt eine Ausrichtung. So blüht es auf. Viele seiner Ängste schwinden dahin. Es wächst in ihm das Gefühl der Sicherheit. Er spürt etwas vom Glück, ‚in Gottes Gegenwart zu leben'. Er fängt an, mit diesem Gott zu sprechen, wie ein Kind mit seinem Vater spricht. Er gelangt zu einem Gottvertrauen, das ihn auch in den schicksalhaften und leidvollen Stunden nicht verläßt. Wie selbstverständlich lebt er in Gott, aus Gott und mit Gott. Die Frage nach dem Sinn seines Lebens beruhigt sich, oder besser gesagt: sie beantwortet sich wie von selbst durch das Gefühl einer tiefen Lebensfreude. Solche Erfahrungen kommen dem nahe, was der Dichter in die Worte faßt:

Stern, auf den ich schaue,
Fels, auf dem ich steh',
Führer, dem ich traue,
Stab, an dem ich geh',
Brot, von dem ich lebe,
Quell, an dem ich ruh',
Ziel, das ich erstrebe:
Alles, Herr, bist du!

Je tiefer unser Glaube ist, daß Gott uns liebt, um so mehr beginnen wir, ihn zu lieben „mit ganzem Herzen und ganzer Seele, mit allen Gedanken und aller Kraft". Und auch dies ist dann möglich: den anderen, obwohl er anders ist, zu lieben wie sich selbst.

Ein Mystiker fragte einmal seine Schüler: „Worin besteht die rechte Gottesverehrung?" Sie antworteten ihm: „Darin, daß man Gott liebt und seinen Nächsten wie sich selbst!" Der Meister schüttelte den Kopf: „Nicht darin, daß wir Gott und unseren Nächsten lieben. Wer meint, er liebe Gott und seinen Nächsten, der steht noch unter einem Zwang. So sollt ihr vielmehr sprechen: ‚Ich glaube fest, daß Gott mich liebt.' Darin liegt die rechte Gottesverehrung."

Gottes Liebe rechnet nicht

Wahrscheinlich gibt es viele Antworten auf die Frage, worin eigentlich das Mysterium des Lebens besteht. Und doch müßten sie alle in jene Richtung weisen, die man so umschreiben kann: Wir dürfen im Leben nicht stehenbleiben; denn das Leben ist eine fortwährende Wandlung in ein immer größer werdendes Geheimnis hinein. Dafür stehen die Menschen, die ein großes Leben hinterlassen haben.

Einer von ihnen ist der französische Dichter François Mauriac, der am 1. September 1970 im Alter von 85 Jahren in Paris starb. Er war gestürzt und seitdem nicht mehr aufgestanden. Mauriac war – wie viele wirklich großen Menschen – ein kindlich frommer Mann. Über seine religiöse Überzeugung sprach er mit großer Unbekümmertheit. – Kindliche Frömmigkeit und große Unbekümmertheit, wer diese Eigenschaften besitzt, ist der Verwandlung fähig.

Bis zu seinem Lebensende schrieb Mauriac für den ‚Figaro Littéraire' den großen wöchentlichen Leitartikel, in dem er vor allem die Ereignisse des politischen und literarischen Lebens kommentierte. An seinem Todestag erschien der letzte. So hat er wahrgemacht, was er einmal in seinem Tagebuch notierte: „Mein Tod ist das einzige Abenteuer, das ich nicht kommentieren werde." In dem Jahr, das seinem Tod vorausging, wurde er in einem Interview gefragt, wie er sich die himmlische

Existenz vorstelle. Darauf antwortete Mauriac: „Ich kann mir überhaupt nichts Jenseitiges vorstellen, und ich muß es Gott überlassen, wie er die Seinen überraschen will."

Wie wenig und doch wie viel ist damit über ‚Gott' gesagt. Denn dieses Wort sagt doch wenigstens: „Gott ist für uns ‚ein Gott unerwarteter Überraschungen'." Das bedeutet, daß alle menschlichen Vorstellungen nicht einmal annähernd Gottes Größe, Weite und Tiefe erreichen können. Immer ist er anders, als wir denken. Daher haben die Theologen zu allen Zeiten betont: „Deus semper maior – Gott ist immer größer."

Dies seinen Zuhörern bewußtzumachen, war eines der wichtigsten Verkündigungsthemen Jesu; denn viele Leute, denen er begegnete, glaubten immer schon zu wissen, wer Gott ist und wie er sich verhält. An Jesu Wirken erfuhren sie dann zu ihrem großen Erstaunen, wie sehr sie sich getäuscht hatten.

Daher vergesse niemand: Keiner kann sich eine Vorstellung von Gott machen. Wir können uns nur, wie Mauriac es getan hat, gläubig und vertrauend ihm überlassen und uns von ihm überraschen lassen. Solches Verhalten bezeichnet die Bibel als ‚Timor Domini', womit jene kindliche Scheu gemeint ist, von der eben die Rede war. Sie ist der Anfang aller Weisheit.

Doch versuchen wir, das Wort „Gott ist ein Gott der Überraschungen" noch ein wenig tiefer zu ergründen. Warum ist Gott ein Gott der Überraschungen? Weil er nicht rechnet. Der Mensch rechnet. Daher kann man sein Verhalten und sein Reagieren meist vorausberechnen. Gott rechnet nicht. Um das zu veranschaulichen, erzählt Jesus beispielsweise ‚die Geschichte von dem Hausherrn und den Arbeitern' (Mt 20,1-16). Hier sei zur Verdeutlichung eine andere Geschichte erzählt.

In einer der Kirchen Spaniens hängt ein bemerkenswertes Kreuz. Das Auffallende daran ist der rechte Arm des Gekreuzigten, der sich, vom Nagel gelöst, herabneigt. Dazu wird von einer Generation zur anderen folgende Geschichte überliefert: Unter diesem Kreuz beichtete ein Mann in aufrichtiger Reue seine zahlreichen schweren Sünden. Der Priester gab ihm die Lossprechung, bat ihn aber, in Zukunft nicht rückfällig zu werden. Der Mann war darum bemüht und blieb eine Zeitlang seinem Versprechen treu. Dann aber wurde er schwach. Wieder sprach ihn der Priester im Namen Gottes von seinen Sünden los. Als es dann aber die Gewohnheit einerseits und die menschliche Schwäche andererseits mit sich brachten, daß er wiederum schuldig wurde, zweifelte der Priester an der Echtheit seiner Reue und wollte ihm die Lossprechung verweigern. In diesem Augenblick habe der Gekreuzigte seine Hand vom Nagel gelöst und zeichnete über jenen Mann das Zeichen der Erlösung. Dann aber wandte er sich dem Priester zu und sagte ihm: „Du hast dein Blut nicht für ihn vergossen!"

Der Mensch rechnet. Er zählt in solchen oder ähnlichen Situationen gewöhnlich in bedrohlicher Weise bis drei. Dann macht er Schluß. In einem seiner Bücher schreibt der geistliche Schriftsteller Henri J. M. Nouwen: „Es fällt mir schwer, jemand zu vergeben, der mich wirklich verletzt hat, besonders wenn das öfter als einmal vorkommt. Ich beginne dann an der Aufrichtigkeit dessen zu zweifeln, der zum zweiten, dritten oder vierten Mal um Vergebung bittet. Aber Gott führt darüber nicht Buch. Gott wartet nur auf unsere Heimkehr, ohne Groll oder Rachegefühl. Gott will, daß wir nach Hause kommen." Man überdenke in diesem Zusammenhang das Wort von Therese von Lisieux: „Die Liebe gibt; sie zählt und rechnet nicht." Daran erinnern die Gleichnisse ‚vom verlorenen Schaf' (Lk 15,1-7) oder ‚vom verlorenen Sohn' (Lk 15,11-32).

Überall aber, wo Jesus Gottes unerwartete Liebe zum Menschen durch sein Wort oder durch sein Wirken sichtbar macht, fehlt es nicht an den Murrenden, die aufgrund ihres Nachrechnens meinen, ihnen sei Unrecht widerfahren. Nicht selten werden sie ausgesprochen bösartig. Es gelingt ihnen nicht, sich am Glück der anderen zu erfreuen. Mißgunst, Neid und Eifersucht hindern sie daran. Wie aber sollte ein mißgünstiges und neidisches Herz fähig sein, Gottes Güte und Liebe im eigenen Leben zu erfahren? Ihnen muß gesagt werden: Wenn ihr euch danach sehnt, Gottes Güte zu erfahren, dann müßt ihr eure Mißgunst, euren Neid und eure Eifersucht überwinden; ihr müßt euerseits zur Güte bereit sein und lernen, euch an der Freude anderer zu erfreuen. Wo das geschieht, da verwandelt sich unser Leben in das immer größer werdende Geheimnis Gottes hinein. In der Erfahrung seiner Güte und Liebe fangen wir mit dem Leben überhaupt erst an.

„Ich konnte nur noch für ihn leben“

Zu den einfachen, aber tiefen Symbolen, die unser Dasein in dieser Welt deuten, gehört der ‚Ring‘. Da er keinen Anfang und kein Ende hat, ist er ein Zeichen der Treue. Man kann ihn aber auch noch anders sehen: Sein Ende läuft jeweils unmerklich in seinen Anfang zurück. Das bedeutet: Alles kehrt zu seinem Ursprung zurück.

Doch darum geht es uns an dieser Stelle eigentlich nicht. Zwar soll auch vom Ring die Rede sein, doch von einem Ring besonderer Art. Es geht um jenen Rettungsring, den Gott uns durch Jesus Christus zugeworfen hat. Jesus Christus, das ist der ‚Rettungsring Gottes‘ für den Menschen, der trotz eigener Anstrengungen aus dem Sog nach unten nicht herauszukommen vermag. So kommt es darauf an, diesen Ring zu ergreifen, sich an ihm festzuhalten und alles andere Gottes Allmacht zu überlassen.

Charles de Foucauld (1858-1916) hat es gewagt. Hätte er es nicht getan, sein Name wäre längst im Strom der Zeit untergegangen und keiner würde heute noch von ihm reden. So aber ist er aus dem Leben der Kirche nicht mehr wegzudenken. An ihn erinnern die ‚Kleinen Brüder‘ und die ‚Kleinen Schwestern‘, denen man auf den Straßen Europas wie in den Häfen von Übersee begegnen kann.

Jeder, der Foucaulds Leben auch nur flüchtig kennt, weiß, daß es in zwei scharf getrennte Abschnitte zerfällt. Die Zäsur liegt einigermaßen in seiner Lebensmitte. Er war damals 28 Jahre alt.

Bis zu dieser Wende war er ziemlich genau das, was man eine gescheiterte Existenz nennt. Das war Foucauld I.: der begabte, aber herumstreunende junge Mann, der nur tat, wozu er gerade Lust hatte; der Freund schlechter Lektüre und der Liebhaber vieler Frauen, auch solcher zweifelhaften Rufes. Aus diesem Grund mußte er schließlich als junger Leutnant seinen Abschied nehmen. Was Foucauld in seinem späteren Leben jedoch am meisten bedauerte, war die Tatsache, daß er mit etwa sechzehn Jahren seinen Glauben verlor. Denn von da an, so sagte er im Rückblick, ging es mit ihm auf der ganzen Linie abwärts.

Dann kam die Wende. Es begann das Leben von Foucauld II. Er wurde Trappist, lebte in äußerster Armut und Einfachheit. Später ging er nach Nazaret, um das unauffällige Leben Jesu nachzuvollziehen. Von dort zog er nach Südalgerien, wo er eine armselige Einsiedelei errichtete und ein Leben aufopfernder Nächstenliebe führte. „Der kleine Bruder aller – le petit frère universel“ nannte er sich. Ein nächtlicher Überfall machte seinem Leben am 1. Dezember 1916 ein Ende.

Wo liegt der Schnittpunkt dieser beiden kurz umrissenen Lebensabschnitte? In der Begegnung mit einem

Priester, durch den er auf unwiderstehliche Weise den Einbruch von Gottes überwältigender Liebe erfuhr. Dieser Augenblick war – so empfand Foucauld – von langer Hand vorbereitet. Seine Eindrücke beschreibt er mit folgenden Worten:

„Immer mehr kam ich ab von dir. Mein Leben war schon daran, ein Leichnam zu werden. Feste habe ich vorbereitet, aber wenn sie begannen, empfand ich Überdruß und unendliche Langeweile. Nie habe ich so viel Traurigkeit, Unbehagen und Unruhe erlebt wie damals. Doch gleichzeitig hast du mich davor bewahrt, unwiderruflich zu ertrinken. Gott, deine Hand war über mir, und ich ahnte es kaum, wie gut du bist. Du hast mich beschützt, als ich nicht einmal an deine Existenz glaubte. So hast du mich während dieser Jahre behütet, bis du den Zeitpunkt für gekommen hieltest. Du wolltest bei mir eintreten und hast den Dämon unlauterer Begierden aus mir vertrieben.“

Was wird hier gesagt? Es sind vor allem drei Dinge, die in ihrer Einheit jenen Ring ergeben, von dem wir sagten, er sei der Rettungsring, den Gott uns durch Jesus Christus zugeworfen hat.

Das erste läßt sich so formulieren: „Du bist von Gott geliebt, voraussetzungslos und bedingungslos, das heißt, wer immer und wie immer du bist.“ Dieser Satz faßt die ganze Botschaft Jesu zusammen. Er enthält das Grunddogma unseres Glaubens. Julien Green, ein französischer Schriftsteller, der ebenfalls nach manchen Irrfahrten zu diesem Glauben gekommen ist, faßt ihn in seinen ‚Tagebüchern‘ so zusammen: „Er liebt dich, und wenn du an ihn denkst, so (nur) deshalb, weil er an dich denkt.“ Vielleicht muß man sich dieses Wort immer wieder zusprechen, damit es in jene Tiefen hinabsinkt, in denen der Ursprung des Glaubens liegt: „Ich bin geliebt, ich bin wirklich geliebt, geliebt vom unendlichen Gott!“

Es kann also durchaus sein, daß man immer wieder

ahnungslos von ‚Gott' redet, bis man auf einmal von einer Macht gefangengenommen wird, der man nicht mehr widerstehen kann und die einen nur noch dies sprechen läßt: „Jamais arrière – Nie zurück!" Denn schon die kurze Feststellung ‚Gott ist', die als ein ganz einfacher Satz erscheint, enthält bereits alle Wunder der Wirklichkeit. Daher sagt Foucauld: „Sobald ich glaubte, daß es einen Gott gibt, konnte ich nicht anders, als nur noch für ihn zu leben. Es ist ein solcher Unterschied zwischen Gott und allem, was nicht Er ist."

Was aber bewirkt diese Liebe, wenn man sich von ihr überwältigen läßt? Worin äußert sich das Wunder ihrer Wirklichkeit? Sie befähigt den Menschen, vor allem von sich selbst loszulassen. Das ist ja das Allerschwerste, was es im Leben und im Sterben gibt: von sich selbst loslassen zu können. Auf diese Weise wird der Mensch durch Gottes Liebe selbstlos und deshalb auch liebesfähig.

Damit sind wir bereits beim zweiten: Von Gott geliebt, wird der Mensch seinerseits liebesfähig. Was ist das für eine Liebe? Auf diese Frage kommt Paulus im ‚Hohenlied der Liebe' zu sprechen: „Die Liebe ist langmütig, die Liebe ist gütig. Sie ereifert sich nicht, sie prahlt nicht, sie bläht sich nicht auf. Sie handelt nicht ungehörig, sucht nicht ihren Vorteil, läßt sich nicht zum Zorn reizen, trägt das Böse nicht nach. Sie freut sich nicht über das Unrecht, sondern freut sich an der Wahrheit. Sie erträgt alles, glaubt alles, hofft alles, hält allem stand. Die Liebe hört niemals auf" (1 Kor 13,4-8).

Wer ist diese Liebe, wenn nicht der, der uns geliebt hat bis zum Tod am Kreuz! Nur sich selber sterbend, kommt man in sie hinein und mit ihr in ein ganz neues Leben.

So bleibt nur noch das dritte zu sagen: Wo andere durch uns solche Liebe erfahren, da lieben wir sie in die Liebe Gottes hinein. Abbé Pierre, der Lumpensammler von Paris, wurde einmal gefragt, wie er es mache, nicht wenige seiner Clochards zum Glauben an Gottes Liebe zu bringen. Da sagte Abbé Pierre: „Für uns haben die theologischen Tugenden Glaube, Hoffnung und Liebe die umgekehrte Reihenfolge. Wir fangen mit der Liebe an. So löst sich das Herz. Es keimt die Hoffnung, daß das eigene Leben noch einen Wert und einen Sinn hat. Aus solcher Hoffnung aber wächst der Glaube an die unerklärliche Liebe Gottes." Das Geheimnis von Abbé Pierre: Er und seine Leute lieben die Menschen in die Liebe Gottes hinein – und sich selbst mit ihnen. Missionar der Liebe müßte man sein!

So schließt sich der ‚Rettungsring Gottes' für die Menschen, der Jesus Christus heißt. Er läßt sich so umschreiben: „Laß dich von Gott lieben. Dann wirst du selber liebesfähig und liebst die anderen in Gottes Liebe hinein."

Hirtenbrief einer Mutter

Es war nach dem Osterfest, als eine Mutter ihren vier ungläubig gewordenen Kindern einen längeren Brief schrieb. Dieser Brief ist so offen und ehrlich, so einfühlsam und klar, wie ihn wahrscheinlich nur eine besorgte Mutter zu schreiben vermag. Der Brief beginnt so:

„Liebe Söhne, liebe Töchter! Jetzt sind die Osterferien vorbei, und Ihr alle seid wieder aus unserem Haus ausgeflogen. Es drängt mich, Euch einen Gruß nachzusenden (...) Es war schön, Euch ein paar Tage bei uns zu sehen, und auch Vater, der sich sonst so distanziert gibt, taute ja sichtlich auf.

Trotzdem, Ihr wißt es alle: selten wurde uns so bewußt, wie tief (...) ein gewisser Graben zwischen uns geworden ist, vor allem in den religiösen Fragen (...) Welche schönen Osternachtfeiern haben wir früher alle sechs gemeinsam erlebt! Aber diesmal wolltet Ihr ‚ehrlich' sein. Niemand begleitete uns am Abend des Karsamstags in die Licht- und Auferstehungsfeier. Keiner von Euch wollte am Sonntag beim festlichen Gottesdienst in unserer Pfarrei dabeisein. Ihr habt die ganze Nacht hindurch für Euch ‚gefeiert' und am Sonntag bis in den Mittag hinein geschlafen.

Vater und ich fragten uns: ‚Was habt (...) Ihr gefeiert? Doch nicht das Osterfest? (...) Vielleicht eben nur das fröhliche Wiedersehen.' Immerhin ist es ein Wert, wenn Geschwister so wie Ihr zusammenhalten, sich einander helfen, wenn sie sich auf anständige Weise durchs Leben schlagen und gute Menschen zu sein versuchen (...) Aber von einem christlichen Glauben kann man wohl bei keinem von Euch mehr sprechen. Ihr habt das ja, wenn auch nur kurz, deutlich erklärt ..."

Natürlich hat sich jene Mutter auch gefragt, wo die Gründe für diesen Bruch zwischen den Generationen liegen können. Ist es das mangelnde Vorbild trotz besten Bemühens gewesen? War der eigene Glaube zu schwach? Führte die allgemeine Kirchenkritik zu dieser Situation? Trägt die Lehre des christlichen Glaubens die Schuld? Steht hinter dem verlorengegangenen Glauben so etwas wie eine Ich-Steigerung durch Erfolg, Karriere, Macht und Geld, also Selbstverwirklichung und Leistungsdenken? Oder gibt es neben den Fehlern der Eltern und der Kirche, neben schädlichen Umwelteinflüssen und allgemeinen Glaubensschwierigkeiten auch die Möglichkeit, daß man durch eigene Schuld den Glauben verliert?

Was auch immer für den Glaubensverlust ihrer Kinder geltend gemacht werden muß – vielleicht ist es von allem ein wenig –, es kommt der Mutter immer wieder der Gedanke, daß nicht vergeblich gewesen sein kann, was sie und ihr Mann über so viele Jahre in ihren

Kindern zu wecken versucht haben. Sie schließt ihren Brief in der einzig möglichen Weise, nämlich mit der Bitte: Was Ihr auch tut, Ihr solltet immer der Stimme Eures Gewissens folgen!

Dieser Brief ist zu reichhaltig, so daß wir darauf nicht im einzelnen eingehen können. Er ist so etwas wie der ‚Hirtenbrief einer Mutter', der für sich selber spricht. Dennoch führt er zur Kernfrage, wer denn eigentlich ein gläubiger Mensch ist. Darauf gibt jene Mutter folgende Antwort: „Im christlichen Glauben geht es gewiß nicht darum, ein ‚besserer Mensch' zu sein; sondern in allen – allen! – Lebenslagen auf Gott zu vertrauen, sich ihm anheimzustellen, auf Erlösung allein durch ihn zu hoffen. Er ist unsere einzige Rettung." Was ist damit gesagt?

Zunächst, daß Glauben mit ‚Gott' zu tun hat. Nun gibt es aber nicht wenige, die ‚Gott' für etwas sehr Unwirkliches halten und somit auch alles Reden über ihn. Sie sagen: „Alles ist sichtbar da, nur Gott läßt sich nicht sehen." Doch sollten wir angesichts dieser Redeweise nicht übersehen, daß alles Sichtbare in dieser Welt nicht nur kommt, sondern alsbald auch wieder geht. Wo sind beispielsweise die Menschen, die im letzten Jahr noch sichtbar unter uns lebten, inzwischen aber gestorben sind? Wir können nur dieses sagen: „Sie sind nicht mehr da!" Was ist also die Welt des Sichtbaren? Sie ist das, worin Kommen und Vergehen an der Tagesordnung sind.

Im Gegensatz dazu ist Gott derjenige, der ewig bleibt. Im Gespür dafür sagt der biblische Schriftsteller: „Die Himmel sind das Werk deiner Hände. Sie vergehen, du aber bleibst, der du bist, und deine Jahre enden nie" (Ps 102,26-28). Entsprechend schreibt Augustinus in seinen ‚Bekenntnissen', nachdem er die Vergänglichkeit am eigenen Leib in sehr schmerzlicher Weise erfahren hatte: „Was bist du, mein Gott? Du, über alles bist du der Hohe, der Gute, der Mächtige, der Allmächtige, der Erbarmende, der Gerechte, der Geheime und der Offenbare, der Schöne und der Gewaltige, der Feste und Unbegreifliche, der Unwandelbare, der alles wandelt: nie bist du neu, nie bist du alt und erneuerst doch alles."

Warum ist das so? Weil es Gott in dieser Welt nicht so gibt, wie es anderes gibt. Es gibt ihn nicht als einen *neben* anderen; vielmehr ist er da als der tiefste Grund *in* allem. Daher ist Gott auch nicht vorweisbar, aber er ist erfahrbar, erfahrbar als jenes Geheimnis, das alles im Tiefsten begründet, trägt und umfängt. Und sonderbar: Wer dieses Geheimnis in sich selbst erfährt, der entdeckt es in allen Dingen dieser Welt.

Von hierher versteht man ein wenig, was Glaube ist. Glaube ist vor allem eine Lebensbasis, ein fester Grund, der dem Leben so etwas wie Standfestigkeit gibt. Das zeigt sich vor allem in den Grenzsituationen des Daseins. Man denke hier an die Rede Jesu über jenen, der sein Haus auf Felsen gebaut hatte. Als ein plötzliches Unwetter hereinbrach, da machte es ihm nichts; denn es war auf Fels gebaut (Mt 7,24-25). Das erinnert mich an einen Mann, der seit seiner Kinderlähmung im Rollstuhl sitzt. Er sagt: „Keine Ahnung, was Gott sich dabei gedacht hat; aber das weiß ich: er hat sich dabei etwas gedacht, und was er sich dabei gedacht hat, steht nicht im Widerspruch zu seiner Liebe."

Damit deutet sich etwas Weiteres an: Glaube ist der Übergang von menschlicher Ohnmacht zu göttlicher Allmacht. Aufgrund dieser Erfahrung konnte der Psalmist schreiben: „Mit meinem Gott überspringe ich Mauern" (18,30). Er wollte damit sagen: Wer sich in seiner Ohnmacht mit Gottes Allmacht verbündet, der kommt ‚über alles hinweg'! Nichts anderes will Jesus sagen, wenn er von einem Berge versetzenden Glauben spricht (Mt 17,20). Oder von einem Glauben, der über Abgründe hinweggeht (Mt 14,28-31). Wo immer ein Mensch glaubt, da überläßt er sich Gottes Möglichkeiten; da stehen ihm Gottes Möglichkeiten zur Verfügung.

Glaube ist schließlich die Hingabe des eigenen Ichs an das göttliche Du. Darauf macht uns die biblische Erzählung von der Verklärung Jesu auf dem Berg Tabor aufmerksam (Mt 17,1-9). Der Berg Tabor ist der Ort, an dem sich alles in unserem Leben verklärt. Denn solch gläubige Hingabe an das göttliche Du durchsonnt das Zentrum unseres persönlichen Lebens; sie verwandelt den Menschen in seiner Totalität.

Wer ist also ein gläubiger Mensch? Derjenige, der Heimat gefunden hat in dem ihn tragenden und umfangenden Gott. In diesem Sinn betet Edith Stein: „Du bist der Raum, der rund mein Sein umschließt und in sich birgt." Derjenige, der – wie jene Mutter sagt – in allen (!) Lebenslagen Gott vertraut, sich ihm überläßt und allein von ihm Hilfe und Rettung erhofft. Derjenige, der *in* Gott, *aus* Gott und *mit* Gott lebt, d. h. derjenige, der zu seinem Gott ein persönliches Verhältnis hat, der nicht nur über Gott redet, sondern vor allem mit ihm spricht. Glaube ist also immer ‚betender Glaube'.

Doch dürfen wir nicht verschweigen, daß solcher Glaube durch viele harte Prüfungen muß; denn der biblische Gott ist nicht nur derjenige, den wir bestaunen, weil er alles trägt, umfängt und leitet. Er ist oft genug auch derjenige, den wir nicht mehr verstehen, weil er Dinge tun und zulassen kann, angesichts deren wir nur verständnislos und ratlos den Kopf schütteln können. Wie oft müssen wir zuschauen, wie Menschen auf dem Meer von Angst und Qual, von Entsetzen und Verzweiflung umhergeworfen werden und wie all unser Beten ihnen nichts bringt? Gott schafft nicht nur Blumen, er läßt auch die Bäume wachsen, aus denen man Kreuze und Galgen macht. Von Abraham verlangt Gott, daß er seinen einzigen Sohn opfert, obwohl an diesen eine zahlreiche Nachkommenschaft geknüpft war. Wir wollen damit sagen: Wir müssen den Glauben in seiner ganzen Spannweite wieder neu entdecken, jenen Glauben, der keine Verharmlosungen zuläßt, sondern uns zuweilen Widersinniges abverlangt, jedenfalls aus menschlicher Sicht.

Abraham ging auf Gottes Wort hin mit seinem Sohn schweigend den Weg zum Berg. Dabei war die einzige Stütze, die er hatte, der Gedanke: „Gott weiß, wie es weitergehen wird."

Wir leben um so mehr, je tiefer wir glauben

Der evangelische Theologe Helmut Thielicke erzählt in einem seiner Bücher, wie ihm bewußt wurde, was Glaube eigentlich bedeutet: „Ich erinnere mich einer ungläubigen Mutter, die seit Jahrzehnten mit der Kirche gebrochen hatte. Nun traf ich sie immer wieder am Bett ihres qualvoll sterbenden Sohnes und beobachtete, wie sie ihn mit stiller Gelassenheit pflegte, ihn bei seiner letzten Not in ihre Mütterlichkeit förmlich einhüllte. Sie ließ sich keine Spur davon anmerken, wie sie selber von Schmerz und Angst zerfressen war. Unter diesem Eindruck sagte ich ihr einmal spontan: ‚Ich bewundere Ihre Haltung.' Da gab sie mir die verblüffende Antwort: ‚Nun ja, Haltung vielleicht, aber schauen Sie bloß nicht dahinter. Ich habe überhaupt keinen Halt.' – Dieses ungläubige und verzweifelte, aber doch sehr tapfere Wort ist mir lange nachgegangen. Mir wurde dabei überhaupt erst klar, was Glaube heißt. Glaube heißt nämlich, einen Halt haben und dadurch in einem Fundament gründen, das Gott gelegt hat und das er letztlich selber ist."

Dieses Erlebnis sagt bereits Wesentliches zur Frage,

was uns der Glaube gibt. Jedenfalls hat der Glaube etwas mit der Frage zu tun, was unserem Leben Halt und Inhalt, Stand und Bestand verleiht. Was also gibt uns der Glaube? Oder anders formuliert: Worauf muß der Ungläubige in seinem Leben verzichten? Versuchen wir, darauf möglichst einfach zu antworten.

Der Glaube bringt zunächst ‚Licht' in unser Leben. Das soll nicht heißen, daß er ein sorgenloses Leben verspricht. Auch der Gläubige bekommt die drückende Last des Lebens zur Genüge zu spüren. Auch er bleibt nicht von quälenden Problemen verschont. Auch er muß durch Leid und Krankheit hindurch. Auch seine Kräfte werden im Prozeß des Älterwerdens verschlissen. Auch er geht eines Tages schweigend in das Dunkel des Todes hinein. Aber in all das kommt durch den Glauben ein Sinn, der ihm hilft, all das in Geduld und Hoffnung, in Freundschaft und Liebe anzunehmen. Auf diese Weise wird er ein wenig selbstloser und reifer.

Aufgrund solcher Erfahrung schreibt Dietrich Bonhoeffer, daß es der Glaube ist, der uns die Trübsal in rechter Weise ansehen und verstehen lehrt: „Die Trübsale, die uns in unserem Leben so hart und widerwärtig erscheinen, sind in Wahrheit voll der größten Schätze, die ein Christ finden kann. Sie sind wie die Muschel, in der die Perle liegt. Sie sind wie ein tiefer Schacht, in dem man eines nach dem andern findet, je tiefer man hinabsteigt: Erst Erz, dann Silber, zuletzt Gold. Trübsal bringt zuerst Geduld, dann Erfahrung, dann Hoffnung. Wer der Trübsal aus dem Weg geht, der verwirft mit ihr Gottes größte Geschenke für die Seinen." Von hier kann man jene Frau verstehen, die einmal sagte: „Wenn Gott mir alles nähme, meine Gesundheit, meine körperlichen Kräfte, meinen Verstand oder meinen Besitz, und mir nur eines ließe, so würde ich ihn um den Glauben bitten; denn im Glauben könnte ich den Verlust von allem verschmerzen und trotzdem glücklich sein." Damit deutet sich das zweite an, was uns der Glaube gibt.

Der Glaube vergöttlicht unser Leben. Keiner kann in die letzten Tiefen der Seele eines anderen schauen. Daher wird immer im Dunkel bleiben, inwieweit ein Mensch wirklich ein Ungläubiger ist. Ich erwähne dies, weil der wirklich ungläubige Mensch letztlich mit sich selbst ganz alleine ist, mag er noch so viele Freunde haben. Der Gläubige hingegen kennt ein Du, einen inwendigen Freund, zu dem er sich flüchten und bei dem er sich aussprechen kann. In einer seiner berühmten Predigten sagt Meister Eckhart: „Ich bin des so gewiß, wie ich lebe, daß mir nichts so nahe ist wie Gott; Gott ist mir näher, als ich mir selber bin."

Was damit gesagt ist, läßt sich so umschreiben: Gott weiß um mich wie kein anderer. Er kennt mich besser als ich mich selbst. Daher versteht er mich in meiner Eigenart, in meinen Stärken und Schwächen, in meinen Freuden und Nöten, in meinen Hoffnungen und Ängsten. Auch weiß er, was er mir zumuten und abverlangen kann. Er wird mich nicht überfordern oder mir etwas auferlegen, was meine Kraft übersteigt. In der Verbindung mit ihm kann mir Menschen-Unmögliches gelingen.

Hinzu kommt: Weil Gott mir näher ist als ich mir selbst, kann er mich führen, wie kein anderer es zu tun vermag. Das bedeutet, daß er mich nie verläßt. Daraus zieht François Mauriac eine wichtige Konsequenz: „Es ist der Irrtum einer gewissen katholischen Erziehung, uns davon überzeugen zu wollen, daß die Sünde jede Verbindung mit Gott zerschneide (...) Aber es ist in Wirklichkeit nicht so. Sie können in Wahrheit nichts tun, was diesen Blick, der uns niemals verläßt, von Ihnen abwenden könnte; er ist nur mehr oder minder traurig, entsprechend unserer Taten. In diesem Drama mit zwei Personen steht es nicht bei Ihnen allein, den Dialog zu unterbrechen: Sie verzichten auf ihn, aber er verzichtet nicht auf Sie." Dieser Hinweis verdeutlicht, was die Bibel meint, wenn sie sagt, Gott sei ‚ein Gott der

Treue'. Unmittelbar fügt sie hinzu, er sei ,ein Gott des Trostes'. Zwischen den Worten ,Treue' und ,Trost' besteht ja ein innerer Zusammenhang; denn zu trösten vermag nur, wer einem anderen in allen Situationen treu zur Seite steht.

Je tiefer sich ein Mensch in diese Liebe verliert, um so deutlicher fühlt er, wie das göttliche Geheimnis immer größer wird. In ihm kommt er immer tiefer zu sich selbst. Daher schreibt Bernanos in seinem Tagebuch: „Erkenntnis seiner selbst in Gott, das heißt Glauben."

Aus allem ergibt sich schließlich: Der Glaube erleichtert unser Leben. Er erleichtert es vor allem durch die Gelassenheit, die er schenkt. Gelassen ist, wer alles nimmt, wie es ist, und es Gottes Händen überläßt.

In einem Fischerdorf bekam ein Mädchen ein uneheliches Kind. Nach vielen Schlägen gab es endlich den Namen des Vaters preis. Der Meditationsmeister außerhalb des Dorfes habe sich mit ihr eingelassen, erklärte es. Die Eltern des Mädchens, begleitet von vielen Dorfbewohnern, suchten ihn heim. Sie beschimpften ihn wegen seiner Heuchelei und Scheinheiligkeit und erklärten ihm, daß er für alles aufzukommen habe. Der Meister antwortete nur: „Sehr gut! Sehr gut!" – Sein Ruf war ruiniert. Niemand kam mehr zu ihm, um sich von ihm unterweisen zu lassen. Doch nach einem Jahr ertrug das Mädchen nicht länger, daß es gelogen hatte. Es bekannte, der Vater des Kindes sei ein junger Mann aus der Nachbarschaft. Erneut zogen die Eltern und die Dorfbewohner zum Meditationsmeister hinaus. Diesmal warfen sie sich vor ihm nieder und baten um Vergebung. Der Meister aber sagte wiederum nur dies: „Sehr gut! Sehr gut!"

Solche Gelassenheit schenkt Ruhe, Vertrauen, Sicherheit und Heiterkeit. Durch nichts läßt sie sich davon abbringen, daß Gott sich um uns sorgt.

Was gibt uns der Glaube? Er verändert nicht in erster Linie die Welt, aber er verändert unser Leben. Er läßt uns alles mit anderen Augen sehen: Menschen, Situationen, Leiden – auf alles fällt ein neues Licht. Daher kann man sagen: „Wir leben um so mehr, je tiefer wir glauben."

II

JESUS KENNT DIE INNENSEITE DES MENSCHEN WIE KEIN ANDERER

Die alte Herberge von Betlehem könnte meinen Namen haben

Manchmal ist mit wenigen Worten alles gesagt. So ist es im Hinblick auf jene Herberge von Betlehem, an deren Tür Maria, die ein Kind erwartete, und Josef vergeblich anklopften. Warum? „Kein Platz!"

Diese beiden Worte charakterisieren jene Herberge so eindeutig, daß wir sie, wo immer wir auch sind, wiederfinden können. Sie liegt überall dort, wo Gott hinein will, aber nicht hineingelassen wird. Sie liegt in vielen Regierungsgebäuden, Landtagen und Rathäusern dieser Welt, in den Universitäten, in großen und kleinen Geschäften, in Hotels und Kneipen, in Häusern und Wohnungen. Die alte Herberge von Betlehem, man sieht es ihr nicht an, steht zu jeder Zeit an allen Orten. Nie wird sie baufällig. Das Sonderbarste aber ist, daß sie meinen Namen haben kann.

Daneben gibt es jenen Stall, in dem Gott geboren wurde. Natürlich gibt es große Unterschiede zwischen einer Herberge und einem Stall. Ich brauche sie nicht aufzuzählen. Nur einen sollten wir nicht übersehen: Die Herberge war zu; der Stall hingegen war offen. Mag der

Weg von der Herberge zum Stall auch kurz gewesen sein, Welten lagen zwischen ihnen.

Vielleicht kann man alle Menschen, wo immer sie auch leben, mit Hilfe dieser beiden Symbole unterteilen. Man könnte sagen, sie seien entweder ‚Herbergen' oder ‚Ställe', je nachdem ob sie offen sind für Gott oder nicht. Vorstellbar ist sogar, daß Gott am Ende unseres Lebens wie am Ende der Weltgeschichte jeden einzelnen danach beurteilt, ob er für ihn ‚Herberge' oder ‚Stall' gewesen ist.

Glücklich ist, wem Gott eines Tages sagt: „Du bist für mich ein Stall gewesen; denn du hast mich aufgenommen!" Und wenn Gott dies zu uns sagen wird, dann wird etwas geschehen, das unglaublich ist. Weil wir ihn in den Stall, der wir selber sind, hineingelassen haben, um ihm darin Heimat zu gewähren, wird er uns Heimat geben im Geheimnis seiner Ewigkeit. So ist Gott! Das Geringste, was wir ihm bieten, gibt er uns in unglaublicher Weise zurück.

Aber möglicherweise ist unser Problem gar nicht, ob wir ‚Herberge' *oder* ‚Stall' sind. Unsere Not besteht vielleicht vielmehr darin, daß wir das eine *und* das andere sind: werktags können wir beispielsweise schnell zur ‚Herberge' werden, wenn wir Gott keinen Einblick, kein Mitspracherecht bei unseren Unternehmungen und Geschäften geben wollen; sonntags hingegen fällt es uns leichter, ‚Stall' zu sein. Das Gesagte lädt uns dazu ein, die ‚Stalltür unseres Herzens' für Gott immer offenzuhalten.

Ein Rabbiner fragte einst seine Schüler: „Wo ist Gott?" Die Schüler steckten die Köpfe zusammen und überlegten. Doch ihre Antworten waren zu gescheit. Schließlich gab der Meister selbst die Antwort: „Gott ist dort, wo man ihn hereinläßt!"

Herr, mach mich zu einem ‚Stall', und gib, daß ich es bleibe an allen Tagen meines Lebens.

Mensch wird, wer sich auf das konkrete Leben einlässt

Es gibt in unserem Sprachgebrauch ein Wort, das eine eigentümliche Stimmung in uns weckt. Es ist das Wort ‚ausgerechnet'. Wem ist dieses Wort nicht vertraut? Wen ließ es nicht schon einmal in irgendeiner Weise sprachlos werden? Warum mußten beispielsweise ‚ausgerechnet' diese Leute in jenem Flugzeug sitzen, um in ihr plötzlich zu einer Schicksalsgemeinschaft ganz eigener Art zu werden?

Oder wer hätte sich nicht schon einmal gefragt: Warum wurde ‚ausgerechnet' ich in diese Welt hineingeboren? Und warum ‚ausgerechnet' zu diesem Zeitpunkt? Denn auch dafür gibt es keinen zwingenden Grund. Oder wir fragen: Warum mußte das ‚ausgerechnet' mir widerfahren; warum ‚ausgerechnet' jetzt: diese Sorgen, diese Enttäuschung, diese Dummheit, diese Krankheit, dieses Leid, dieser Schicksalsschlag?

Immer wieder dieses Wort mit jenem sonderbaren Klang. Was bringt sich in ihm zum Ausdruck? Verwunderung, Erschrockenheit, persönliche Betroffenheit. Worüber? Darüber, daß man in dieser Welt vor Überraschungen jedweder Art nicht gesichert ist, daß man zu jeder Zeit mit allem rechnen muß.

Doch das ist die Welt, in die Gott hineingeboren werden wollte. Denn, so fragt man sich, warum mußten Maria und Josef und mit ihnen Jesus ausgerechnet zur Zeit des Kaisers Augustus leben? Warum mußte dieser Kaiser ausgerechnet in den Tagen, da Maria hochschwanger war, anordnen, alle Bewohner des Reiches in Steuerlisten einzutragen, so daß sich dieses Paar auf einen beschwerlichen Weg von etwa 170 km machen mußte? Denn so weit liegen Nazaret und Betlehem auseinander. Warum war ausgerechnet für sie kein Platz in der Herberge, so daß ausgerechnet Gottes Sohn in einem Stall, in einer Futterkrippe das Licht der Welt erblickte? Das Wort ‚ausgerechnet' ist für das ganze Leben Jesu bezeichnend, bis hin zu seinem Tod am Kreuz: Warum mußte ‚ausgerechnet' er sein Leben in der Mitte von Verbrechern beenden?

Wozu diese dauernden Zufälle, Zusammenfälle, Unberechenbarkeiten, Fügungen, Bestimmungen oder wie immer man es nennen mag? Warum taucht immer wieder dieses ‚Ausgerechnet' auf?

Zunächst: Die Tatsache, daß Gott Mensch geworden ist, zeigt, daß es trotz allem gut ist, geboren zu werden, und daß es mithin sinnvoll ist, in dieser Welt zu leben. Da ich dies schreibe, denke ich an einen Mann in besten Jahren, der mir einmal sagte: „Wie gerne würde ich diese Welt verlassen!" Ich erwiderte ihm: „Sonderbar, Gott wollte in diese Welt hinein, und Sie wollen aus dieser Welt heraus!"

Zudem läßt sich nicht übersehen, daß Gott sich bei seiner Menschwerdung keineswegs die besten Lebensverhältnisse ausgesucht hat. Das zeigt: Das Sich-Einlassen auf das konkrete Leben, so unerklärlich, beschwerlich und tragisch es auch sein mag, gehört wesentlich zu unserer Menschwerdung. Gerade durch die Art und Weise seiner Menschwerdung sagt uns Jesus: Wirklich ‚Mensch' wird nur, wer das Leben annimmt, wie es ist, wer es trotz allem Negativen, das es darin gibt, positiv zu gestalten versteht und es in einem unerschütterlichen Glauben aushält, selbst dann, wenn es den Anschein hat, daß alles sinnlos ist. Noch einmal anders gesagt: Eine Menschwerdung im Schlaraffenland gibt es nicht. Daher lautet die christliche Botschaft: Nimm dein Leben in dieser Welt an und mit ihm die oft harten Umstände und Bedingungen, unter denen es sich vollzieht; denn nur so wirst du ein wahrer Mensch.

Vielleicht fragt der eine oder andere: Wie kann man das vollbringen? Die Antwort offenbart sich im Verhalten derer, die als erste dem menschgewordenen Gott begegnet sind. Es waren einfache Hirten, namenlose Leute, in der Regel wenig geachtet und vom Leben oft benachteiligt. Dennoch verbitterten sie nicht. Sie schlossen sich nicht ab. Im Gegenteil: Sie machten sich auf! Und das in des Wortes doppelter Bedeutung: Sie öffneten ihr Herz; zugleich machten sie sich auf den Weg zu dem Gott, der in Jesus Christus ihr Bruder wurde. Der Glaube an diesen Gott machte aus ihnen neue Menschen: „Die Hirten kehrten zurück, rühmten Gott und priesen ihn für das, was sie gehört und gesehen hatten; denn alles war so gewesen, wie es ihnen gesagt worden war" (Lk 2,20). So gaben sie Gott die Ehre.

Die Ehre, die wir Gott durch unser Leben erweisen, besteht also darin, daß wir uns trotz aller Härten nicht auf uns selbst zurückziehen, sondern uns in jenem Hirtenglauben ‚aufmachen', uns mit dem menschgewordenen Gott verbünden und von ihm her ein neues Leben beginnen. Darin liegt der Friede, den nur Gott schenken kann. Es ist jener Gott, den wir oft nicht verstehen, auch darin nicht, daß er in seiner Liebe ‚ausgerechnet' uns aus dem Dunkel dieser Welt in das Licht seiner Ewigkeit führen will.

In Jesus hat sich Gott am deutlichsten vor uns hingestellt

Zu den weltweit berühmten Menschen gehört Albert Einstein. Wer hätte nicht wenigstens schon einmal seinen Namen gehört? 1921 erhielt der Begründer der ‚Relativitätstheorie' den Nobelpreis für seine quantentheoretischen Arbeiten. Über sein Leben und Werk sind bisher mehr als 40000 Bücher und Schriften erschienen. Trotz seines genialen Wissens und Könnens ist er immer ein bescheidener und demütiger Mensch geblieben. Wie ihm das möglich war, erklärt er selbst, wenn er sagt: „Meine Ideale, die mir voranleuchteten und mich immer wieder mit frohem Lebensmut erfüllten, waren Güte, Schönheit und Wahrheit ... Ohne die Beschäftigung mit dem ... ewig Unerreichbaren wäre das Leben mir leer geblieben."

Albert Einstein war aber nicht nur ein Mann mit Idealen. Er war darüber hinaus eine tief religiöse Persönlichkeit. „Mein Glaube", so sagt er, „besteht in der Anbetung Gottes, der sich in den kleinsten Einzelheiten offenbart." Und auch dies scheint mir erwähnenswert: Obwohl Einstein Jude war, machte Jesus auf ihn einen überaus nachhaltigen Eindruck: „Es hat sich keiner so ausgedrückt wie er. Es gibt wirklich nur eine Stelle in der Welt, wo wir kein Dunkel sehen – das ist die Person Jesu Christi. In ihm hat sich Gott am deutlichsten vor uns hingestellt."

In diesen Äußerungen liegt manches verborgen, worüber nachzudenken sich lohnt.

Jeder Mensch braucht auf seinem Weg durch die Wüste des Lebens etwas, das ihm voranleuchtet, etwas, an dem er sich ausrichten kann. Was könnte das sein? Einstein nennt es Ideale. Sie vermittelten ihm Lebensfreude, Lebenskraft und Lebensmut. Wenn also unser

Leben zuweilen öd, arm und leer erscheint, könnte es nicht daran liegen, daß unsere Ideale verblaßt sind oder wir solche überhaupt nicht haben? Denn woran wir uns orientieren, das bestimmt unseren Weg, das entscheidet, ob wir uns in der Wüste des Lebens verirren oder hinfinden zu ihren Oasen. Damit stellt sich die Frage: Wie sieht es mit unseren Idealen aus? Haben wir solche? Und welche sind es?

Was aber sind Ideale? Sie sind das ewig Unerreichbare. Wer vermag beispielsweise Wahrheit, Güte oder Schönheit so in sein Leben hineinzuholen, daß er der vollkommen wahre, gütige und schöne Mensch wäre? Und wahrscheinlich ist es diese Unerreichbarkeit, weshalb sich nicht wenige mit Idealen recht schwertun. Doch die Unmöglichkeit, ein Ideal zu erreichen, bedeutet noch nicht seine Widerlegung; denn Ideale wollen vor allem Wegweiser sein. Sie weisen die Richtung, in die sich unser Menschsein entfaltet. Sie ermuntern immer wieder neu, sich mit ihnen zu beschäftigen. Wer sich darauf einläßt, den ziehen sie in die unausschöpfbaren Tiefen Gottes hinein.

Ich erinnere mich an eine Mutter, die eine 19jährige Tochter hatte. Eines Tages offenbarte diese ihr, sie wolle das Elternhaus verlassen, um mit ihrem Freund zusammenzuleben. „Nächstes Jahr ist es wahrscheinlich ein anderer", fügte sie unbekümmert hinzu. „Warum sich fürs ganze Leben auf einen einzigen festlegen? Das finde ich monoton und langweilig dazu!" Die Mutter antwortete ihr darauf unter anderem: „Du wirst in deinem Leben nie erwachsen werden, wenn du nicht bereit bist, Verantwortung für das Glück eines anderen zu übernehmen. Und übersieh nicht: Man braucht sehr viel Zeit, um zu erforschen, was das Meer tief unter der Oberfläche an Schätzen birgt oder der Mensch, den man wirklich liebt."

Man kann es auch so sagen: Jede Entdeckung enthüllt ganz neue und ungeahnte Bereiche des Nochnicht-Erkannten. Wer beispielsweise ein gutes Buch liest, dem eröffnen sich auf einmal ganz neue Welten. Gerade dies war es, was einen Mann wie Einstein nicht nur zum Glauben, sondern auch zur Anbetung Gottes führte, der selbst in den kleinsten Dingen seine unendliche Größe offenbart. Dabei bedeutet ‚Anbetung': sich im Unergründlichen verlieren und darin Frieden finden; sich von Grund auf jenem schenken, der ohne Grund ist. Je mehr ein Mensch Mensch wird, um so mehr wächst in ihm das Bedürfnis zu solcher Anbetung.

Das sieht man vor allem an Jesus Christus, in dem sich alle Ideale sammeln. Mit nur drei Sätzen gelingt es Einstein, seine Gestalt treffsicher zu charakterisieren: „Es hat sich keiner so ausgedrückt wie er. Es gibt wirklich nur eine Stelle in der Welt, wo wir kein Dunkel sehen – das ist die Person Jesu Christi. In ihm hat sich Gott am deutlichsten vor uns hingestellt."

Wie seltsam, daß davon gerade in seiner damaligen unmittelbaren Umgebung nichts erkannt wurde.

Da sind zunächst seine Verwandten. Sie glaubten, den Ihrigen zu kennen: „Er ist ein entarteter Sproß unserer Familie; er ist von Sinnen", sagten sie und wollten ihn nach Hause zurückholen, damit er sich dort normalisiere (Mk 3,21). An dieser Stelle wird verständlich, warum Jesus auf bloße Blutsverwandtschaft wenig Wert gelegt hat. Er wußte zu gut, daß wahre Verwandtschaft und leibliche Verwandtschaft nicht unbedingt dasselbe sind. Damit soll natürlich nicht bestritten werden, daß es unter Angehörigen nicht wenige gibt, mit denen man sich wegen derselben Ideale tief verbunden fühlt. Aber ebensowenig läßt sich leugnen, daß es unter ihnen auch solche geben kann, die uns am wenigsten verstehen. Das ist der Grund, weshalb es Jesus nicht auf ‚Blutsverwandtschaft', sondern auf ‚Geistesverwandtschaft' ankommt.

Noch weniger wurde Jesus von seinen Feinden verstanden. Sie hielten ihn für einen Besessenen. Aber inwieweit kann ein Feind einen anderen überhaupt verstehen? Er will ihn gar nicht verstehen; er will den anderen vielmehr unschädlich machen. So widerfuhr es auch Jesus. Seine Feinde brachten ihn schließlich um.

Wer versteht also Jesus? Nur derjenige, der sein Lebensgeheimnis, sein Lebensideal erahnt und sich in dieses hineinziehen läßt. Wer dies wagt, der ist ihm Bruder und Schwester und Mutter. Sein Lebensgeheimnis aber ist dieses: den Willen Gottes zu erfüllen. „Wer den Willen Gottes erfüllt, der ist für mich Bruder und Schwester und Mutter" (Mk 3,35).

Wer den Willen Gottes erfüllt, von dem fällt alles Wesensfremde, alles Uneigentliche ab. Sein Leben beginnt von innen her zu leuchten. In ihm stellt sich Gott deutlich vor uns hin. Daher ist es gut, sich abends immer wieder zu fragen: Inwieweit sagt Gott ja zu dem, was ich im Verlauf des Tages gedacht, gesagt und getan habe?

Ein Wort von Papst Johannes XXIII. sagt, worauf es ankommt, wenn man zur wahren Verwandtschaft Jesu gehören will: „Das ist das Geheimnis meines Lebens; sucht keine anderen Erklärungen: Voluntas Dei pax nostra – Der Wille Gottes, das ist unser Friede."

Nazaret liegt überall in unserer Welt

Seit einiger Zeit macht sich sowohl die Psychologie wie auch die Theologie daran, die Heilkraft der Märchen neu zu entdecken. Das kommt nicht von ungefähr. In den Märchen liegt eine uralte Ernte menschlicher Weisheit. Sie lenken unseren Blick in das geheimnisvolle Dunkel unserer Vergangenheit und weisen uns den Weg in eine lichtvolle Zukunft. So sind sie Gleichnisse unserer tieferen Wirklichkeit, in der ungeheure Lebenskräfte schlummern. Zudem haben die Märchen nicht selten einen religiösen Gehalt, der jedoch nicht auf Anhieb zu erkennen ist, sondern vielmehr entschlüsselt werden muß. Anders ist es jedoch bei jenem indischen Märchen, das ein Hindu-Philosoph erzählt:

Es war einmal ein Königssohn, der sich in seiner Kindheit weit von seinem Vaterhaus entfernte und den Heimweg nicht mehr fand. Sein Weg führte tief in die Wälder, in denen er auf die Wilden stieß. Je länger er mit ihnen zusammenlebte, um so mehr glaubte er, er sei selbst einer der Wilden, unter denen er lebte. Eines Tages entdeckte ihn ein Gesandter seines Vaters und offenbarte ihm seine Herkunft. Staunen überfiel ihn; denn jetzt wußte er, wer er in Wirklichkeit war, woher er kam und wohin er gehen mußte. So folgte er dem Gesandten auf dessen Wegen ins Vaterhaus zurück. „So verkennt die Seele", fährt der Hindu-Philosoph fort, „durch die Umgebung, in der sie lebt, sich selbst, bis ihr die Wahrheit durch einen heiligen Lehrer offenbart wird."

Es sind vor allem drei Dinge, die uns dieses Märchen zu Bewußtsein bringt:

Zunächst macht es deutlich, daß jeder Mensch vornehmster Abstammung ist. In der Apostelgeschichte heißt es: „Wir sind von Gottes Art" (17,28). Diese Art macht die Würde eines jeden Menschen aus. Sie sagt ihm, wie er sein Leben gestalten soll: königlich; das heißt, in der Beherrschung der unterschiedlichsten Triebe, die es in ihm gibt. Daher lädt der Prophet Jesaja dazu ein: „Blickt auf den Felsen, aus dem ihr gehauen seid“ (51,1). Dieses Wort enthält eine gute Deutung des Gebetes. Beten heißt: hinblicken auf den Felsen, aus dem wir gehauen sind. Es ist also in erster Linie der betende Mensch, der seinen göttlichen Ursprung nicht aus den Augen verliert, der alles in seinem Leben auf Gott bezieht und auf diese Weise ein königliches Leben zu führen vermag.

Die Erfahrung zeigt nun: Je mehr und je länger ein Mensch seinen Ursprung aus den Augen verliert, je weiter er sich von ihm entfernt, um so mehr wirkt sich dies auf sein Leben aus. Er verhält sich beispielsweise leicht so, wie ‚man‘ sich verhält. Oder er handelt nicht mehr nach ethischen Prinzipien, sondern nach dem, was ihm im Moment als das Praktischste erscheint. In dieser Weise spricht Ingmar Bergman in seinem Stück ‚Szenen einer Ehe‘ von einem jungen Ehepaar, das unverhofft ein Kind erwartet. Damit stellt sich ihm die Frage: „Sollen wir es zulassen oder nicht?“ Um zur Lösung zu kommen, fragen sich die beiden: „Was ist im Moment das Praktischste für uns?“ Hier zeichnet sich der Weg ab, auf dem der Mensch mehr und mehr in die Wälder des Daseins, in das Dickicht des Lebens gerät, bis er auf einmal nicht mehr weiß, wie er herausfinden soll. Zuweilen kann man nur staunen, wie weit sich ein Mensch verlaufen – und welches Ausmaß seine Selbstverdunkelung erreichen kann.

Das Märchen sagt schließlich: Es gibt einen, der dem Menschen nachgeht, wohin auch immer er sich verlaufen mag. Er sucht ihn, bis er ihn gefunden hat, um ihm zu offenbaren, wer er in Wirklichkeit ist. In diesem Zusammenhang spricht das Märchen von einem heiligen Lehrer, der uns heimsucht und uns die Wahrheit über uns selbst offenbart.

Stellen wir dieses Märchen in christliche Bezüge, dann wird sichtbar, welche Bedeutung Jesus Christus für den Menschen hat. Er ist der Lehrer, der gekommen ist, um mit vielen Gleichnissen zu veranschaulichen, welch eine hohe Würde und Bestimmung ihm gegeben ist. Als er davon in seiner Vaterstadt Nazaret sprach (Mk 6,1-6), waren die Leute von ihm fasziniert: „Woher hat er das alles?" wollten sie wissen. Sucht man eine Kurzformel für die Wirkung seiner Reden, so kann man sagen: „Er lehrte – sie staunten."

Aber Jesus ist nicht nur als Lehrer zu verstehen. Er ist vor allem der Gesandte Gottes, der Befreier aus dem Dschungel von Sünde, Not und Tod. Daher hielt er seinen Zuhörern unverblümt vor Augen, wieviel Unerlöstes, Unechtes und Giftiges in ihnen ist. Das aber ertrugen sie nicht. Sie fühlten sich bedroht: „Der will mehr sein als wir. Das ist doch nur ein Handwerker. Den kennen wir doch. Von dem lassen wir uns nichts sagen." Mit diesen Worten setzten sie ihn vor die Tür, vor die Synagogentür. Damit war für sie „der Fall Jesu" erledigt. Auf dieselbe Weise ist er für viele Menschen erledigt; denn Nazaret liegt überall in dieser Welt, möglicherweise in uns selbst. So erweist sich Jesus immer wieder als der „Gott draußen vor der Tür".

Wer ihn aber draußen hält, wer ihn nicht an seine inneren Wunden läßt, in dem kann er keine Wunder wirken. Damit steht der Anspruch Jesu in seiner ganzen Fülle vor uns: Er allein kann den Menschen herausholen aus den Wäldern seines Daseins, aus den Bereichen, in denen seine wilden Neigungen über ihn herrschen und ihn gefangenhalten. Er allein kann ihn herausführen, wo er nicht mehr weiter weiß.

Von Goethe stammt das Wort: „Ich wußte nicht, wo ich ging noch wohin ich wollte, und machte daher einen schweren Gang." Jesus versteht sich als ‚der Weg', der allein zur Wahrheit und zum Leben führt. Ohne ihn bewegen wir uns nur auf Wegen, die zu uns selber führen und bei uns selber enden. Jesus hingegen führt uns über uns selbst hinaus. So gelangen wir dorthin, wohin wir unserem Ursprung nach gehören.

Nur wer kommt, der sieht

Als Jesus sah, daß Simon Petrus und Andreas ihm folgten, da fragte er sie: „Was sucht ihr?“ (Joh 1,38). Diese kurze Frage offenbart bereits, was das Geheimnis der Liebe ist. Sie deutet sich für Jesus von den Augen her. Liebe ist: sehen, daß der andere etwas sucht, daß ihm etwas fehlt. Das erinnert mich an eine kleine Erzählung, die sich bei Martin Buber findet.

Rabbi Mosche Löb erzählt: Wie man die Menschen lieben soll, habe ich von einem Betrunkenen gelernt. Der saß mit anderen in einer Schenke und trank. Lange schwieg er vor sich hin. Als aber sein Herz von Wein bewegt war, sprach er seinen Nachbarn an: „Sag, liebst du mich oder liebst du mich nicht?“ Jener antwortete: „Ich liebe dich sehr.“ Der Betrunkene aber erwiderte ihm: „Du sagst, ich liebe dich, und weißt doch nicht, was mir fehlt. Liebtest du mich in Wahrheit, du würdest es wissen.“ Der andere vermochte kein Wort mehr zu sagen, und auch der Betrunkene schwieg wie zuvor. Ich aber verstand: „Das ist Liebe zu den Menschen, ihr Bedürfen zu spüren und sich darauf einzulassen.“

Wie oft sagt man: „Ich liebe dich“! Dabei wird oft genug das Ich sehr groß und das Du sehr klein gedacht. Anders formuliert: Je größer das Ich, desto kleiner das Du. Und dabei sind es meist kleine Dinge, die dem anderen fehlen: ein wenig Aufmerksamkeit, ein verständnisvolles Wort, eine kleine Anerkennung. Zudem braucht man nicht einmal nach Gelegenheiten Ausschau zu halten. Die Situationen ergeben sich wie von selbst. So ist es bei uns; genauso war es auch bei Jesus. Hätte Jesus auf seinem Weg nicht gesehen, daß diesen beiden etwas fehlt, er hätte sie nicht gefragt: „Was sucht ihr?"

Diese Frage ist nicht nur eine Alltagsfrage; sie ist darüber hinaus eine Lebensfrage; denn jeder Mensch ist zutiefst ein Suchender. Was aber suchen wir? Wie wichtig es ist, dies herauszufinden, erkennt man daran, daß das allererste Wort Jesu im Evangelium nach Johannes diese Frage ist. Sie steht offensichtlich am Anfang einer jeden Christusbegegnung.

Was ist also wichtig für uns? Welches Ziel verfolgen wir? Was wollen wir aus unserem Leben machen? Vielleicht sind wir um Sicherheit bemüht. Vielleicht setzen wir auf eine feste Position, ein hinreichendes Einkommen. So wichtig all das ist, es trägt uns letztlich nicht. Anderen kommt es auf Selbstverwirklichung an. Sie suchen sich fortzubilden, um sich entsprechend für andere engagieren zu können. Aber auch das kann nicht das Höchste sein. Es gibt schließlich solche, die deutlich spüren, daß „ohne Gott alles zu wenig" ist (Johannes Paul II.). Ihnen kommt Jesus entgegen; denn er zeigt ihnen den Weg zu Gott. Richtiger gesagt: Er selbst ist dieser Weg.

„Was sucht ihr?" Das ist also eine Frage, die das Innerste des menschlichen Herzens in Bewegung bringt. Sie hebt verborgene Wünsche ins Licht. Nur der suchende Mensch, derjenige, der spürt, daß „es im Leben noch mehr als alles geben muß" (M. Sendak), ist der geöffnete und empfängliche Mensch.

Was sagen nun die beiden auf diese an sie ergangene Lebensfrage? Was suchten sie? Wie einfach klingt ihre Antwort und doch, welche Tiefen erschließen sich in ihr! Die beiden sind auf Wohnungssuche. Bislang wohnten sie bei Johannes dem Täufer. Aber bei ihm ist es ihnen zu eng geworden. Daher wollen sie umziehen.

Sie suchen eine größere Wohnung. Und da scheint ihnen Jesus der richtige zu sein. Jedenfalls glauben sie: Bei ihm läßt es sich wohnen. Das ist der Grund, weshalb sie fragen: „Wo wohnst du?"

Hier stellt sich eine wichtige Frage: Ist es in Wahrheit nicht so, daß man im letzten und tiefsten nur in einem Du wohnen kann? Auffallend ist doch, daß die beiden kein Haus suchen, sondern vielmehr eine Person: „Rabbi, wo wohnst du?" Wohnen heißt also: ein Du haben, bei dem man bleiben möchte, von dem man sich erkannt, geschätzt und verstanden fühlt, bei dem man sich mit seinen Freuden und Leiden gut aufgehoben weiß, bei dem man sich wohl fühlt, dem man sich zeigen kann, wie man ist, mit dem man einen gemeinsamen Weg gehen möchte. Wo man solches erfahren darf, da ist man daheim.

Die beiden Jünger fragen also keineswegs aus Neugier. Ebensowenig geht es ihnen um eine oberflächliche Bekanntschaft mit Jesus. Vielmehr war ihnen aufgegangen: In ihm ist etwas, das alles übertrifft. Wer Jesus also kennenlernen will, kann sich nicht mit bloßen Eindrükken zufriedengeben. Wer Jesus wirklich ist, erkennt nur, wer mit ihm in eine Lebensfreundschaft tritt. Nur in ihr erschließt sich sein Geheimnis. In einem Brief schreibt Gogol: „Eine derartige Analyse der Menschenseele, wie andere Menschen sie nicht vornehmen, war die Ursache dafür, daß ich Christus begegnete, indem ich an ihm zunächst seine menschliche Weisheit und eine bis dahin unerhörte Seelenkenntnis bewunderte, und dann erst mich vor seiner Gottheit beugte." Von da ab ging es ihm nur noch darum, „Christus in jedes Werk und in jede Handlung seines Lebens" einzuführen. So empfand er eine bislang nicht gekannte Leichtigkeit.

Wovon lebt also eine solche Freundschaft? Sie lebt von der immer wieder neu ausgesprochenen Einladung: „Komm und sieh!" Mit diesem Wort macht Jesus eine Welt zugänglich, die nur er zu öffnen vermag. Es ist die

Welt Gottes, die alles menschliche Begreifen übersteigt, nach der sich aber dennoch jeder sehnt.

„Kommt und seht!“ Dieses Wort trägt uns jeder neue Tag entgegen. Aus jeder Lebenssituation spricht es sich uns zu. In der Stunde unseres Todes holt es uns ab. Die beiden gingen mit. Sie sahen und blieben. Warum blieben sie? Sie hatten die Gewißheit gefunden, daß sie mit ihm alles gefunden hatten.

Der Lebensstil Jesu

Welche Bedeutung hat eigentlich die Rede: „Sein Leben hat Stil“? Sie hat offensichtlich etwas mit Ordnung, Ausgewogenheit, Harmonie und Schönheit zu tun. Ebenso dürfte es dabei um die persönliche Note gehen, die einer seinem Tagesablauf gibt, also darum, wie er den Tag beginnt und beschließt, wie er die Dinge anpackt, wie er mit seinen Leuten umgeht, wie er reagiert, beispielsweise wenn einer eine Stunde später als verabredet kommt oder wenn etwas danebengeht. Und auch dies darf hier nicht übersehen werden: Der Lebensstil eines Menschen wird geprägt durch das, wovon er sich, sein Denken, seine Gesinnung bestimmen läßt. Lebensstil ist also das, was ein Leben unverwechselbar macht.

Alexander Solschenizyn erzählt einmal von einer alleinstehenden Witwe, die in irgendeinem russischen Dorf wohnte. Ihre Kinder starben alle frühzeitig; ihr Mann war in die Stadt gezogen und hatte sich dort eine andere angelacht. Im Verlauf ihrer sechzig Jahre hatte man ihr viel Unrecht angetan. Doch all das hatte ihre Stirn nicht umwölkt. Sie hatte ein sicheres Mittel, um wieder guter Laune zu werden. Das war ihre Arbeit.

Bevor sie sich am Abend zur Ruhe legte, teilte sie sich ein, was sie am kommenden Tag tun wollte. Wenn sie dann des Morgens gegen vier oder fünf Uhr aufstand, hatte sie die Reihenfolge genau im Kopf. Solche Tageseinteilung verschaffte ihr ein wohltuendes Gefühl der Herrschaft über sich selbst. Alles, was sie unternahm, begann sie ‚mit Gott'. Wurde sie von Nachbarn gebraucht, so half sie, ohne dafür Geld zu nehmen. Hatte sie am Abend vollbracht, was sie sich vorgenommen hatte, dann lächelte sie freundlich und zufrieden und war mit allem ausgesöhnt. Aus allem, was sie sagte oder tat, sprachen Selbstlosigkeit, Güte, Mitgefühl und Opferbereitschaft. So verkörperte ihr Leben jenes Öllämpchen, das sie täglich vor den Heiligenbildern entzündete, die in ihrer Stube hingen. Eigentlich wundert es uns nicht, daß sie starb, wie sie gelebt hatte. Bei einer Hilfsaktion wurde sie das Opfer eines tragischen Unfalls, der ihrem alten und ausgelaugten Leben ein Ende setzte.

In dieser kurzen Charakterisierung wird deutlich, was für einen guten Lebensstil wichtig ist: ein Punkt, der in der Höhe liegt, also ein Höhepunkt, auf den alles in unserem Leben Bezug nimmt. Daher die Frage: Kann man zu einem guten Lebensstil ohne diesen Höhepunkt kommen? Anders gefragt: Kann ein Leben ohne Gott wirklich Stil haben?

Diese Hinweise versuchten, ein wenig Licht einzusammeln, um zeigen zu können, daß auch Jesus einen ganz bestimmten Lebensstil hatte. Denn wie Alexander Solschenizyn mit wenigen Worten den Lebensstil jener Frau zeichnet, so tut es der Evangelist Markus (1,29-39) mit seiner kurzen Erzählung im Hinblick auf Jesus: „Am Abend, als die Sonne untergegangen war, brachte man alle Kranken und Besessenen zu Jesus. Die ganze Stadt war vor der Haustür versammelt, und er heilte viele (...) In aller Frühe, als es noch dunkel war, stand er auf und ging an einen einsamen Ort, um zu beten.

Simon und seine Begleiter eilten ihm nach, und als sie ihn fanden, sagten sie zu ihm: Alle suchen dich." Was fällt hier auf? Zwei Dinge seien genannt:

Jesus lebte ‚mit den Menschen'. Der Hinweis: „Alle suchen dich" (Mk 1,37) ist wohl der beste Kommentar dazu. Und dann wird gesagt, er habe sie aufgerichtet. Einen Menschen aufrichten, das heißt doch ihn mit allem, was ihn an den Boden drücken kann, in Gott festmachen. Hier zeigt sich: Jesus ist derjenige, der den Menschen aufrichtet, indem er sein Leben festmacht in Gott. Ob nicht das allein dem Menschen wirklich hilft?

Das andere, das damit innerlich zusammenhängt, faßt Markus in die Worte: „In aller Frühe, als es noch dunkel war, stand er auf und ging an einen einsamen Ort, um zu beten" (1,35). Das heißt: Gott war für Jesus der Erste, und das Gebet war für ihn das Wichtigste.

Vielleicht tut sich an diesem Punkt selbst ein überzeugter Christ am schwersten. Woran könnte es liegen? Im Buch der Psalmen steht ein Wort, das der dortige Beter an seine eigene Adresse richtet. Es ist ein Wort, das diagnostisch und therapeutisch zugleich ist. Das Psalmwort lautet: „Vergiß nicht, was er dir Gutes getan hat" (Ps 103,1). ‚Diagnostisch' ist dieses Wort, weil es einen Grund nennt, weshalb das Beten schwerfällt. Er liegt vor allem im Vergessen. Die Entfremdung, die jede Beziehung auseinanderfallen läßt, beginnt immer mit dem Vergessen: Man vergißt, was der andere, was Gott einem Gutes getan hat. Und je mehr dies geschieht, um so weniger hat man dem anderen, hat man Gott zu sagen. So gehen mit dem Vergessen auch die Liebe und die Sprache verloren.

„Vergiß nicht, was er dir Gutes getan hat!" Das bedeutet also: „Erinnere dich an das Gute!" Das ist die ‚therapeutische' Seite jenes Wortes. Es genügt bereits, an die Augen zu denken, die sehen; an die Ohren, die hören; an den Mund zum Sprechen, die Hände zum Arbeiten, die Füße zum Gehen; die vielen Tage ... Man kommt an kein Ende. Selbst das, was anfangs schwer auf einen zukam, erweist sich später nicht selten als überaus heilsam, weil es zu einem wesentlicheren und intensiveren Leben führte.

„Erinnere dich; denn in der Erinnerung wird das gelebte Leben wieder lebendig, in der Erinnerung wird der Mund gesprächig." So erwächst aus der Erinnerung der Dank, das Dankgebet. Aber noch etwas anderes tritt hervor: das Vertrauen, daß Gott auch in Zukunft mit uns auf dem Wege ist: „Auf dich, o Herr, vertraue ich, ... in deinen Händen ruhet mein Geschick" (Ps 31,15f.). Und: „Muß ich auch gehen in finsterer Schlucht, ich fürchte kein Unheil; denn du bist bei mir" (Ps 23,4). Von solchem Vertrauen werden all unsere Bitten, unser Bittgebet getragen.

Solches Beten läßt nicht nur Gottes Nähe erfahren. Es bringt den Beter zugleich zur inneren Ruhe. Damit tritt die tiefste Form des Betens in Erscheinung: Das schweigende und hörende Verweilen des betenden Menschen bei seinem Gott. Der dänische Philosoph Sören Kierkegaard schreibt in diesem Zusammenhang: „Als mein Gebet immer andächtiger und innerlicher wurde, da hatte ich immer weniger zu sagen. Zuletzt wurde ich ganz still. Ich wurde, was womöglich noch ein größerer Gegensatz zum Reden ist, ich wurde ein Hörer. Ich meinte zuerst, Beten sei Reden. Ich lernte aber, daß Beten nicht bloß Schweigen ist, sondern Hören. So ist es: Beten heißt nicht, sich selbst reden hören, beten heißt still werden und warten, bis der Betende Gott hört."

Der Lebensstil Jesu, der sein Leben unverwechselbar machte: Gott war für ihn der Erste, und das Gebet war für ihn das Wichtigste. Daraus erwuchs seine tiefe Liebe zu den Menschen, die er aufrichtete, indem er sie mit allem, was sie zu Boden drückte, in Gott festmachte.

Jesus vertieft das Menschliche ins Göttliche hinein

Zu den großen deutschen Dichtern der Neuzeit gehört Stefan Zweig. Dazu brachte er es nicht zuletzt durch die Hilfe eines Freundes von großem Format. Schon als junger Mensch suchte er nach einem solchen und fand ihn schließlich in dem belgischen Dichter Émile Verhaeren. Mit Interesse las er seine Bücher. Er versuchte, ihm zu begegnen, sooft es ihm gelang, und war bemüht, ihn immer tiefer kennenzulernen. Nach vielen Jahren beschreibt er seine Eindrücke von diesem Mann, die man mit folgenden Worten zusammenfassen kann:

Nie habe ich bei einem Menschen so sehr das Gefühl von Größe gehabt wie bei ihm. In seiner Nähe zerbrach alle meine Schüchternheit. Seine Augen entriegelten das Herz. Sie suchten den Kern. Jeden hörte er an, keinen mißachtete er. Sein Güte machte sich das Übersehen kleiner Fehler zur Leidenschaft. Alles an diesem Mann war klar, rein und einfach. Eine tief innerliche und reife Heiterkeit ging von ihm aus. Ich weiß nicht, ob ich angemessen zu schildern vermag, wie unerschütterlich dieser Mensch in seinen Fundamenten ruhte und wie unvergleichlich die Sicherheit seines Tuns und Lassens war. An ihm habe ich mein Leben bereichert. Sein Antlitz hat sich gleichsam in meine Seele gemeißelt.

Wer diese Zeilen überdenkt, beginnt zu erahnen, was ‚Menschlichkeit' bedeutet. Zugleich kann ihm bewußt werden, daß keiner über seine Mittelmäßigkeit hinauswächst, wenn er nicht einen überdurchschnittlichen Menschen vor Augen hat. Denn der Einklang zwischen Wesen, Leben und Werk, der bei diesem zu erkennen ist, bringt uns dahin, alles Unechte, alles bloße Getue sein zu lassen und alle innere Zwiespältigkeit zu überwinden. So gelangen wir zu jener Entschiedenheit, die uns alle Müdigkeit überwinden läßt.

Wie aber gelangte jener belgische Dichter zu dieser Menschlichkeit? Dazu wird uns gesagt: Er überwand sich selbst in Liebe, das heißt, in einem liebenden Umgang mit sich selbst. Denn „es lagen irgendwo in seiner Jugend wilde Exzesse, Schulden, Torheiten, versäumte und scheinbar vergeudete Jahre, die der reife Mann in ihm selbst nicht mehr verstand". Hier wird ein wenig deutlich, wie ‚Selbstüberwindung in Liebe' gelingen kann. Ich muß zu mir selbst gütig und verständnisvoll sein wie zu einem in mir wohnenden Freund. Das ist längst nicht immer der Fall; oft genug verstehen und verzeihen wir uns selbst am allerwenigsten. ‚Selbstüberwindung in Liebe' bedeutet aber auch, daß wir es wagen, zum ‚Kern' zurückzukehren, zu dem, was man die ‚Mitte des Daseins' nennt. Nur auf dem Weg zu ihr gelangen wir zu jener Klarheit, Reinheit, Einfachheit und Heiterkeit, zu jener inneren Ruhe, Festigkeit und Sicherheit, die bei jenem belgischen Dichter ins Auge fielen.

Stellen wir uns zur Veranschaulichung ein großes Karrenrad mit dem umgebenden Reifen, den Speichen und der Nabe in der Mitte vor. Je näher die Speichen zur Mitte kommen, um so mehr nähern sie sich einander, bis sie in der Mitte eins geworden sind. Auf diese Weise erlangt das Rad seine innere Festigkeit und zugleich seine Belastbarkeit. Ähnlich ist es mit unseren Seelenkräften. Ohne Mitte fallen sie der Willkür, dem Chaotischen anheim. Wer ist demnach ein Chaot? Derjenige, der die Mitte seines Daseins verloren hat.

Wenn wir nun erforschen, wie wir diese Mitte, die in der Tiefe unseres Herzens liegt, genauerhin zu verstehen haben, so tun wir als Christen gut daran, uns die Antwort nicht von irgend jemandem, sondern von Jesus Christus geben zu lassen. Dabei dürfen wir sicher sein: Alles, was Stefan Zweig in der Begegnung mit jenem

Dichter an Menschlichkeit erfuhr, wird im Hinblick auf Jesus Christus durch seine Gottmenschlichkeit noch einmal um ein Unendliches überboten. Mit anderen Worten: Wir können uns die Menschlichkeit Jesu nie groß, weit und tief genug vorstellen. Das sieht man schon daran, daß die Mitte, aus der er lebte, einen Namen hat: ‚Abba – Vater'.

‚Abba – Vater' – das ist das unauslotbare Geheimnis, in dem allein Heimat, Geborgenheit und Frieden zu finden sind. Daher lädt uns Jesus ein, in diesen Abgrund alles hineinzugeben, was es an Freuden und Hoffnungen, an Kümmernissen und Torheiten in uns gibt; denn bei diesem Vater ist alles gut aufgehoben.

Zudem sagt Jesus, daß Gott nicht nur mein, sondern ‚unser aller Vater' ist. Bei Cyprian von Karthago (gest. 258) findet sich ein Wort, das ein guter Kommentar dazu ist: „Wir sagen nicht: ‚Mein Vater im Himmel' und nicht ‚mein Brot gib mir heute'. Auch bittet niemand, daß nur ihm allein seine Schuld vergeben wird. Keiner hält darum an, daß nur er nicht in Versuchung geführt oder nur er vom Bösen erlöst wird. Wenn wir beten, beten wir für alle, weil wir miteinander eins sind." In gleicher Weise hat auch Jesus nicht nur für sich allein, sondern zugleich für alle zum Vater im Himmel gebetet. Davon gibt der Evangelist Johannes (17,20-26) Zeugnis.

Damit wird deutlich: In der Einheit mit Gott, der unser aller Vater ist, erfahren wir die tiefste Einheit mit uns selbst und somit auch die tiefste Einheit untereinander. So enthüllt sich unsere gott-menschliche Einheit als der tiefste Grund unserer Menschlichkeit. Von dieser Einheit sagt Jesus, sie sei der entscheidende Grund für die Glaubwürdigkeit des Evangeliums und seine überzeugende Verkündigung. Nur diejenigen, die in Gottes Liebe zur Einheit mit sich selbst gefunden haben, finden auch zur Einheit mit dem Nächsten. Sie übersetzen Gott in die Welt hinein und führen die Welt in die Einheit mit Gott zurück – ob sie es wissen oder nicht.

Jedes Leben kann zu einem Gleichnis werden

Unter den Erzählungen von Franz Kafka findet sich eine, die den Titel „Von den Gleichnissen" hat. Sie beginnt ungefähr so: Viele Leute beklagen sich darüber, daß die Weisen immer nur in Gleichnissen reden. Doch diese haben mit uns und unserem Leben nur wenig zu tun. Sagt der Weise zum Beispiel: ‚Geh hinüber!', so meint er nicht, daß man auf die andere Straßenseite hinübergehen soll. Das könnte man ja noch tun, wenn der Weg sich lohnt. Nein, der Weise meint damit vielmehr ein ‚sagenhaftes Drüben'. Einer, der ihm zuhörte, erwiderte ihm: „Warum wehrt ihr euch? Würdet ihr den Gleichnissen folgen, dann wäret ihr selbst Gleichnisse geworden ..."

Hier verbirgt sich vieles in wenigem. Zunächst stimmt es, wenn Kafka sagt, die Weisen würden immer nur in Gleichnissen reden. Von Jesus, dem unbestrittenen Meister dieser Redeform, wird dies ausdrücklich gesagt. Beim Evangelisten Matthäus lesen wir: „Er redete nur in Gleichnissen zu ihnen" (13,34).

Warum aber reden die Weisen mit Vorliebe in Gleichnissen? Wahrscheinlich, weil sie etwas vom Menschen verstehen. Sie wissen, daß der Mensch vor allem ein ‚Sehwesen' ist. Rund neunzig Prozent seiner Empfindungen und Eindrücke gehen durch das Auge. Aus diesem Grund vermitteln die Weisen ihre Lehre in Bildern und Gleichnissen. So erreichen sie am besten das Herz des Menschen, und was sie sagen, prägt sich dem Gedächtnis gut ein. Dabei haben sie die feste Überzeugung, daß wirklich jedes Geschehen als Gleichnis verstanden werden kann. Man erinnere sich beispielsweise an den Sturm auf dem Meer (Mk 4,35-41).

Man kann diese Geschichte natürlich als Rettung in

höchster Not verstehen, wie sie Menschen vor nahezu zweitausend Jahren in der Umgebung von Jesus erlebt haben. Wäre das aber alles, was man dazu sagen könnte, was hätte diese Geschichte dann mit dem Menschen von heute noch zu tun?

Versteht man sie hingegen nicht nur als eine Wundererzählung aus längst vergangener Zeit, sondern darüber hinaus als ein bildhaftes Gleichnis, dann wird auf einmal alles anders; dann geht es in ihr auf einmal um jedermann, um jeden Mann und um jede Frau; denn jeder ist doch auf dem Weg nach Drüben, jeder ist doch unterwegs vom Ufer des Morgens zum Ufer des Abends, vom Morgenland des Lebens zum Abendland des Todes, vom Ufer der Zeitlichkeit zum Strand der Ewigkeit. Dabei kann auch sein Lebensschiff lange in Ruhe gelassen werden und unbekümmert seinen Lauf nehmen, bis es plötzlich vom Gang der Dinge erfaßt wird und in größte Not und Bedrängnis gerät. Wie schnell kann so etwas geschehen!

Bekannt ist auch, was sich in solchen Augenblicken erhebt. Es ist die in den Abgründen der menschlichen Seele schlummernde Angst. Wen sie erfaßt, der fühlt sich wie gelähmt. Selbst die Vernunft weicht vor ihr zurück. Glücklich ist daher, wer in solchen Augenblikken einen guten Ratgeber hat. Hinzu kommt, daß die Angst schafft, was wir befürchten. Diese Erfahrung formuliert das Buch Ijob in das Wort: „Wovor mir graute, das kam über mich ...“ (3,25).

Ob es in dieser Welt wirklich schon einmal einen Menschen gegeben hat, der von Angst völlig frei gewesen wäre? Oder gehört sie nicht vielmehr – wie die Ungewißheit und die Unsicherheit – wesentlich zu jedem menschlichen Leben? Daher ist es gut, sich dann und wann die vielfältigen Ängste, die es in uns gibt, bewußtzumachen. Paul Tournier, der sehr viele gute Bücher zur Lebenshilfe geschrieben hat, erzählt in einem von ihnen von einem Freund, der in seinen Ferien ein Heft nahm und in dieses alles hineinschrieb, wovor er Angst empfand. Das Heft war voll, bevor er mit seiner Niederschrift am Ende war. „Das war eine fruchtbare Meditation und sehr erholsame Ferien."

Man könnte nun meinen: „Ein wirklicher Christ hätte keine Angst." Das meinte jedenfalls eine ungläubige Frau. Doch sie hat nicht recht. Auch der Christ hat Angst. Aber der Christ geht, wenn er ein wirklicher Christ ist, mit seinen Ängsten anders um. Sagen wir es richtiger: Der Christ hat einen, zu dem er mit all seiner Angst hingehen kann und durch den sie zur Ruhe kommt. Das ist ja das Auffallende an Jesus, daß er mitten im Sturm die unbedingte Ruhe bewahrt. Wie ist ihm das möglich? Im Leben Jesu gibt es einen Grund, der noch tiefer liegt als alle Abgründe der Angst, und in diesem Grund ist sein Leben fest verankert. Daher ist er in Frieden, mögen die Mächte des Daseins um ihn herum auch noch so toben. Wer sich von ihm dorthin mitnehmen läßt, der kommt innerlich zur Ruhe, weil er seine Angst vergessen kann.

Hier zeigt sich, was Christsein bedeutet. Es bedeutet, daß er mit all dem, was sein Leben lähmt oder beschwert, zu Jesus gehen kann und durch ihn innere Festigkeit und Ruhe findet. Das ist jener Glaube, der nicht auf sich selber setzt, nicht auf seine eigene Kraft oder die Kraft anderer, sondern ganz allein auf Gott, zu dem wir durch Jesus Christus finden, ob es stürmt oder nicht.

Die als Gleichnis verstandene Geschichte hat also zwei Seiten: den gewaltigen Sturm und die schreckliche Angst. Das ist die eine Seite. Aber es gibt noch eine andere: die Macht Jesu und die eintretende Ruhe. Damit stellt sich die Frage: Was tue ich, wenn mein Lebensschiff hin und her geworfen wird? Schaue ich auf den beängstigenden Sturm, oder schaue ich auf Jesus, die Ruhe in Person?

Die Weisen sagen ihren Schülern: ‚Geh hinüber!' Das

heißt in diesem Zusammenhang: Überlaß dich nicht der Macht des Sturmes, sondern geh hinüber zu Jesus, und gib dich mit deinem Leben rückhaltlos in seine Hand. Dann wirst auch du sagen können: „Der Wind legte sich, und es trat eine große Stille ein." Auf diese Weise wird dein eigenes Leben zu einem Gleichnis für manch einen, der voller Angst ist und nicht weiß, wohin er gehen soll.

BEI WEM WÜRDE JESUS HEUTE BLEIBEN WOLLEN?

In einem seiner Romane erzählt Dostojewski von einem Alkoholiker. Marmeladow ist sein Name. Wie immer, so sitzt er auch an diesem Abend in einer düsteren Schenke. Nachdem er abgewartet hatte, bis es im Zimmer ruhig geworden war, erklärte er: „Es müßte doch so sein, daß jeder Mensch irgendwo hingehen könnte. Denn es kommen Zeiten, wo man sich unbedingt an irgend jemand wenden muß ... Es müßte doch so sein, daß jeder Mensch wenigstens eine Stelle hätte, wo man auch mit ihm Mitleid hat!"

Dieses Wort entspricht nicht nur der Wahrheit. Es zeigt zugleich, wie sehr sich jeder danach sehnt, wenigstens von einem angenommen, verstanden und menschlich behandelt zu werden. Aber damit war jener Alkoholiker noch nicht am Ende. In seinem Rausch erträumt er sich, wie es ihm im Letzten Gericht ergehen wird. Lallend sagt er:

„Mitleid aber wird der mit uns haben, der mit allen Mitleid hat und der alles und alle verstanden hat ... Und er wird allen der Richter sein und wird vergeben, wie den Guten so auch den Bösen ... Und wenn er mit allen schon fertig sein wird, dann wird er auch zu uns sprechen: ‚Kommt auch ihr! ... Kommt, ihr Betrunkenen, kommt, ihr Schwächlinge, kommt ...!' Und wir alle werden vortreten, ohne uns zu schämen ... Dann aber werden die Weisen und die Klugen ausrufen: ‚Herr, warum nimmst du denn diese auf?' Und er wird sagen: ‚Ich nehme sie auf, ihr Weisen, ich nehme sie auf, ihr Klugen, weil kein einziger von ihnen sich dessen für würdig gehalten hat ...' Und er wird uns seine Hände entgegenstrecken, und wir werden niedersinken ... Dann werden wir alles verstehen!"

Daß dies nicht nur der Traum eines völlig Verzweifelten ist, dafür tritt kein anderer als Jesus immer wieder in seinen Reden und mit seinen Taten ein. Und er tut es mit göttlicher Autorität. Wer also wissen will, wie Gott denkt und urteilt, der muß auf Jesus schauen. Das hat Zachäus getan (Lk 19,1-10).

Es mag zwischen jenem Alkoholiker Marmeladow und diesem Oberzöllner Zachäus viele Unterschiede geben. Der Hauptunterschied springt einem sofort ins Auge: Jener Trinker war bettelarm. Daher schickte er seine Tochter auf die Straße, damit sie mit ihrer Liebe den Männern das Geld aus der Tasche holte. Zachäus hingegen war sehr reich. Er machte sein Geld, indem er die Leute rücksichtslos überforderte. Daher hatte er das Unglück und die Tränen vieler auf dem Gewissen.

Wenn es aber stimmt, daß sich alle Menschen irgendwo begegnen, dann gilt es auch für diese beiden. Denn einsam, verlassen und allein fühlten sie sich beide. Aus diesem Grund sehnte sich nicht nur Marmeladow nach einem Stückchen Himmel; auch in Zachäus gab es diese Sehnsucht. Und weil auch er deutlich spürte, daß es Zeiten gibt, wo man sich unbedingt an jemand wenden muß, kletterte er auf einen Baum, um Jesus auf seinem Weg durch die Stadt wenigstens zu sehen.

Doch plötzlich und völlig unerwartet erfuhr er, was Marmeladow sich erträumte: Bevor er Jesus sehen konnte, hatte Jesus ihn, den reichen Mann mit dem kranken Herzen, bereits erkannt. Noch verwunderlicher aber war, daß Jesus ihn wie einen Freund ansprach: „Zachäus, komm schnell herunter; denn heute muß ich bei dir einkehren!" So ist Jesus: Von jedem Menschen hält er etwas. Selbst dem Sünder begegnet er mit Achtung und Zuneigung. Von dieser Zuwendung tief betroffen, stieg Zachäus eilig hinab und nahm Jesus freudig bei sich auf. Als das die Leute, die Weisen und Klugen, sahen, empörten sie sich und sagten: „Bei einem Sünder ist er eingekehrt!" Hätten sie Jesus gefragt, warum er das tue, er hätte ihnen gewiß geantwortet: „Ich tue es, weil er sich dessen am wenigsten für würdig gehalten hat."

Doch der eigentliche Grund lag tiefer. Jesus wollte in das Haus des Zachäus, um auf diese Weise in dessen Existenz einzukehren. Indem Zachäus Jesus in sein Dasein aufnahm, erfuhr er das Heil. Daher konnte er auf einmal loslassen, was er bislang krampfhaft festzuhalten suchte: „Herr, die Hälfte meines Vermögens will ich den Armen geben, und wenn ich von jemand zu viel gefordert habe, gebe ich ihm das Vierfache zurück." Hier zeigt sich: Die anderen sind für ihn keine Objekte mehr, die man ausnehmen kann, sondern Mitmenschen, die er zu verstehen und zu unterstützen sucht.

Was erfährt also derjenige, der Jesus – wie Zachäus – in seine Existenz aufnimmt? Es wird ihm etwas zuteil, womit er nie gerechnet hatte: Mit Jesus zieht der Himmel Gottes in ihn ein. Damit hat er alles, was seine Sehnsüchte erfüllt. Sein Suchtverhalten verflüchtigt sich, vor allem seine Selbstsucht, die die Wurzel aller Süchte ist. Das gilt für Marmeladow, das gilt für Zachäus, das gilt für uns; denn irgendwo zwischen diesen beiden hat jeder seinen Standort.

Vielleicht sagt hier der eine oder andere: „Das Ganze liegt doch schon zweitausend Jahre zurück. Und außerdem: Zachäus hatte Jesus vor sich; er war in sein Haus gekommen; er war ihm also greifbar nahe. Was aber habe ich? Wie weit entfernt ist Jesus uns Menschen von heute?"

Obwohl gut zu verstehen ist, was dieser Hinweis sagt, so sollten wir nicht übersehen, daß das Wort Gottes ein und dasselbe ist, gleichgültig, ob es damals durch den irdischen Jesus an Zachäus oder heute durch den auferstandenen Herrn an uns ergeht. In seinem Wort ist Jesus Christus gegenwärtig; in ihm geht er durch die Jahrhunderte; in ihm wird er wirksam; denn damals wie heute ist es sein Wille, in unser Dasein einzukehren. Wer also heute sein Wort hört und es in sich aufnimmt, der nimmt Jesus Christus auf, wie Zachäus ihn damals aufgenommen hat.

„Heute muß ich in deinem Haus bleiben", sagt Jesus. Und von Zachäus wird gesagt: „Er nahm ihn freudig bei sich auf." Wort Gottes und Antwort des Menschen: Wo beides sich verbindet, da verbinden sich Gott und Mensch, da kommt es zum Heil.

Wenn Jesus heute durch unsere Stadt ginge, bei wem würde er bleiben wollen? Wir können dazu nur sagen: Bei jedem, der sich irgendwo und irgendwie verloren weiß und sich nach einem Stückchen Himmel sehnt.

Die Wunder Jesu geschehen immer in uns selbst

Wer sich einmal ein paar Augenblicke Zeit nimmt, um irgendeinen Schlüssel anzuschauen und auf sich wirken zu lassen, dem kann bewußt werden, welch eine große Macht ein kleiner Schlüssel hat. Möglicherweise fällt ihm dabei die eine oder andere Situation ein, in der er vor einer verschlossenen Türe stand und plötzlich feststellen mußte, daß er den Schlüssel vergessen hatte. Der Schlüssel öffnet Räume, die uns entweder vertraut sind oder uns völlig Neues sehen lassen.

Doch das vermag nicht nur ein Schlüssel. Jedes gute Wort hat dieselbe Macht. Deshalb redet man von ‚Schlüsselworten'. Sie können einem sogar ganz neue Welten vor Augen führen. Ein solches Schlüsselwort findet sich im Schrifttum des bekannten Psychologen Carl Gustav Jung. Es lautet ungefähr so:

Daß ich einem Bettler, dem ich begegne, etwas zukommen lasse, daß ich dem vergebe, der mich beleidigt hat, daß ich im Namen Christi sogar meinen Feind liebe, das ist zweifellos eine sehr gute Tat und ein bewundernswertes Verhalten. Wenn man mir nun aber sagen würde, daß der ärmste aller Bettler, der verletzendste aller Beleidiger, ja der ärgste aller meiner Feinde in mir selber ist, daß ich mir also selber der zu liebende Bettler, Beleidiger und Feind bin, was dann? Dann werde ich das wahrscheinlich nicht für möglich halten und mich dagegen wehren. Doch so entziehe ich mir jene Liebe und Geduld, deren ich selber am meisten bedarf.

Was ist damit gesagt? Zunächst erahnt man hier, warum Jesus sagt: „Liebe deinen Nächsten wie dich selbst." Er hätte auch sagen können: Liebe vor allem dich selbst, dann wirst du auch deinen Mitmenschen lieben können; denn immer stehen wir zu einem anderen so, wie wir zu uns selber stehen. Das heißt, wer zu sich selbst ein liebevolles, gütiges und geduldiges Verhältnis gefunden hat, der wird ein solches auch zu seinem Mitmenschen finden können. Wer vor sich selbst Achtung empfindet, wird diese auch jenen erweisen, mit denen er hier oder dort zusammentrifft. Oder: Wer sich selbst verzeihen kann, wird sich damit auch hinsichtlich seines Nächsten nicht schwertun; denn die Nähe zu mir selbst ist immer das Maß für meine Nähe zu einem Du.

Daher sagt man zu Recht, die Annahme seiner selbst sei das Einfachste, aber auch das Schwierigste und deshalb das Höchste, was ein Mensch an Lebenskunst erreichen kann. Es sei der Drehpunkt allen moralischen Verhaltens und der Kernpunkt der christlichen Weltanschauung; denn wer zu sich selber nein sagt, kann weder seinen Nächsten noch Gott bejahen.

Aber das Wort von C. G. Jung öffnet uns die Augen für noch etwas anderes. Wenn nämlich der Bettler, der Beleidiger oder der Feind in erster Linie in uns selber sind, dann gilt das auch hinsichtlich aller Personen in der Bibel. Sie alle sind vor allem in uns selbst. Wem dies aufgeht, der gewinnt ein völlig neues Verhältnis zur Bibel und ihren Gestalten. Anders gesagt: Die biblischen Geschichten sind unsere Geschichten. Sie sind nicht zuletzt sichtbar gewordener Ausdruck für meine eigenen verborgenen Erfahrungen.

Aus diesem Grund muß man gar nicht weit gehen, um zum Beispiel zu jener Tochter des Jairus zu gelangen, die im Sterben liegt (Mk 5,35-43). Warum nicht? Weil es in jedem Menschen, mag er alt oder jung sein, etwas gibt, das im Sterben liegt. Vielleicht ist es schon starr, vielleicht ist es schon tot. Und was kann das nicht alles sein! Hoffnungen, Sehnsüchte, Träume, Erwartungen, Lebensfreude, Lebensmut. So müßte man sich einfach einmal fragen: Weiß ich, was in mir den Kopf hängen läßt, am Boden liegt, aus eigener Kraft nicht mehr hoch kann? Je tiefer ich auf diese Weise zu mir selber komme, um so mehr bekomme ich eine innere Beziehung zu dieser jungen Sterbenden, ja zu allen Sterbenden, um so mehr weiß ich mich diesem Mädchen verbunden und durch sie auch ihrem Vater. Wie nämlich die Not ihn bitten und beten lehrt, so erfahre ich es auch in mir.

Was bringt einen Menschen also auf den Weg zu neuem Leben? Die Tatsache, daß es auch Jairus in uns gibt. Als er sich nicht mehr zu helfen weiß, da schickte er keinen anderen, vielmehr machte er sich selbst auf den Weg und suchte Jesus. In seiner ganzen Ohnmacht fiel er vor ihm nieder und bat ihn um Hilfe. Und was tat Jesus? In unüberbietbarer Einfachheit wird gesagt: „Da ging Jesus mit ihm." Jeder, der sich schon einmal in solch einer Situation befand, weiß, wie beruhigend, wie wohltuend und trostreich es ist, erfahren zu dürfen: „Du bist nicht mehr allein. Einer, der dich versteht, ist bei dir, geht mit dir." Wieviel ist einem bereits damit geholfen.

Als die anderen, die es ebenfalls in uns gibt, ihm die Hoffnung nehmen wollen, da ermutigt ihn Jesus: „Sei ohne Furcht, glaube nur!" Das heißt: „Laß dir deinen Glauben nicht durch den Unglauben der anderen (in dir) nehmen." Von diesem Wort getragen, schwimmt Jairus gegen den Strom des Unglaubens. Ja, er glaubt trotz des Gelächters der Leute. Kraft seines Glaubens wird er völlig unabhängig von ihrer Meinung. In der Nähe Jesu ist er sich sicher: Selbst mit dem Tod ist nicht alles aus. „Das Mädchen", sagt Jesus, „ist nicht tot, es schläft nur." Denn für Gott gibt es keinen Tod. Wie der Schlaf der Übergang vom Abend in einen neuen Morgen ist, so ist der Tod der Hinübergang aus unserer Zeitlichkeit in Gottes Ewigkeit.

Dieser unerschütterliche Glaube, daß dem geholfen wird, der sich mit all seiner Not an Jesus wendet, hat nicht nur etwas Belebendes, sondern auch etwas Aufrichtendes an sich. Er weitet das menschliche Herz in Gottes Unendlichkeit hinein; er setzt ungeahnte Kräfte frei; er nimmt die Angst vor dem Leben, die meist eine Angst vor den Lebenden ist.

Wer nach dem Schlüsselwort von C. G. Jung die biblischen Personen in sich selbst erkennt, der wird sich bewußt, daß die Wunder, die Jesus in der Bibel wirkt, immer im eigenen Herzen geschehen und nirgendwo sonst. Wer sich also mit all dem Sterbenden in sich auf den Weg zu Jesus macht, den wird er begleiten. Unterwegs wird er ihm sagen: „Hab keine Angst, glaube nur." Dieser Glaube öffnet das Herz für das wunderbare Geschehen, durch das Jesus den am Boden liegenden Menschen wieder aufrichtet, damit er nun das eigentliche Leben beginnt.

Wehrlos legt er sich in unsere Hand

In jedem Menschenleben kommt es immer wieder zu Situationen, in denen die Dinge nicht so laufen, wie man es erwartet hatte. Es sind Augenblicke, in denen ein Vorhaben unverhofft durchkreuzt wird. In ihnen zeigt sich unverhüllt, wer wir in Wirklichkeit sind. Ich erinnere mich an einen Mann in mittleren Jahren. Er war mit seiner Familie auf dem Weg in die Ferien. Als er unterwegs auf der Autobahn tanken wollte, mußte er sehr lange warten. Schließlich war er an der Reihe. Da kam der Tankwart zu ihm und teilte ihm höflich mit, das Benzin sei ausgegangen. „Ich hatte ein solche Wut, daß ich mich nicht mehr beherrschen konnte. Ich stieg aus und brüllte wie ein Irrer ..."

Im Gegensatz dazu steht die unvergeßliche Gestalt von Mahatma Gandhi, die personifizierte Selbstlosigkeit, Gewaltlosigkeit und Frömmigkeit. Beachtenswert ist zunächst, daß der Name ‚Mahatma' nicht der Vorname Gandhis war, sondern ein Ehrentitel, den man ihm verliehen hatte. Mahatma, das heißt: ‚große Seele'. Wie berechtigt es war, Gandhi so zu nennen, erweist die folgende Situation: Auf dem Weg zum Gebetshaus wurde er 1948 von einem fanatischen Hindu niedergeschossen. Sterbend wandte er seinen Kopf nach seinem Mörder um. Aber er sah ihn nicht. Da zog er seine kraftlos gewordene Hand über seine Brust, über sein Gesicht und legte sie auf seine Stirn: das Zeichen der Versöhnung. Das war die letzte Geste Gandhis an diese Welt.

Jener Autofahrer, ein Mann mit einer kleinen Seele; Gandhi, der Mann mit einer großen Seele. Wo stehen wir? Was ist zu unserer Seelengröße zu sagen?

Schauen wir von hier aus auf Jesus Christus. Jeder weiß, wie er gelebt hat. Immer wieder ist er bei den Menschen: bei den Fischern am See, bei den Frauen und Kindern, bei den Armen und Reichen, bei den Ausgestoßenen und Sündern, bei den Kranken und Toten, bei den Gesunden und Verkrüppelten, bei den Fröhlichen und Vereinsamten. Für alle ist er da. Es ist bekannt, wie er allerorts von der bedingungslosen Liebe Gottes zu jedem einzelnen erzählte und wie sehr dieser Gott, den er seinen Vater nannte, seine innere Heimat war. Und doch gab es auch für Jesus eine Situation, in der all das auf seine innere Echtheit überprüft wurde. Es war die Nacht, in der er verraten und von allen verlassen wurde. Es war jene Nacht, von der Sören Kierkegaard einmal sagte: „Das Menschengeschlecht müßte diese Nacht fortwünschen aus seiner Geschichte."

Wie hat sich Jesus in dieser für ihn so schicksalhaften Nacht verhalten? So, wie es keiner gedacht hätte: „In der Nacht, in der er verraten wurde, nahm er das Brot, sagte Dank, brach es und sprach: Das ist mein Leib, der für euch hingegeben wird."

In diesen Worten findet sich keine Spur von Anklage, Ungehaltenheit, Resignation oder Enttäuschung. Man möchte fast sagen: Nirgendwo erscheint Jesus gefaßter und ruhevoller als in dieser Situation. Ausgerechnet den Augenblick, da man im Begriff war, ihn aus der Welt auszustoßen, nimmt er wahr, um sich ihr vorbehaltlos zu übereignen, und er tut es in einer Weise, daß ihn künftig keine Macht der Welt mehr daran hindern kann, bei den Menschen zu sein. Jesus, der Gott, der für immer bei den Menschen sein will. Das ist das ‚Geheimnis des Glaubens'.

So zeigt Jesus gerade in jener Nacht, wer er wirklich ist: einer, der sich nicht reaktiv, sondern stets kreativ verhält, aus einer Situation etwas völlig Unerwartetes macht. Daran sollten wir uns zunächst erinnern, wenn wir zusammenkommen, um miteinander Eucharistie zu feiern: Laß dir das Gesetz deines Verhaltens nicht von außen aufdiktieren, egal, was ist oder kommt. Sei also nicht reaktiv, sondern kreativ in deinem Verhalten. Jeder weiß, wie schwer dies ist. Aber gerade deshalb ist uns die heilige Eucharistie gegeben: ‚Mit Jesus' wird es möglich.

Indem nun Jesus sagt: „Nehmt und esset alle davon!", liefert er sich heute wie damals wortlos und wehrlos in die Hand des Menschen aus. Es fällt nicht schwer, sich die Hände vorzustellen, in die er sich begibt. Wieviel Unrecht, wieviel Blut und Schuld kann an ihnen haften? Warum tut er es trotzdem? Joseph Ratzinger nennt drei Gründe, die es ein wenig verdeutlichen.

Zunächst: Seine Wehrlosigkeit soll in uns ein tiefes Gottvertrauen wecken: Komm zu mir mit deinem zerbrechlichen oder zerbrochenen Leben, überlaß mir deine Schuld, und ich gebe dir Gottes Liebe dafür. Ich hörte eine Frau sagen: „Es fällt mir schwer, mich selbst anzunehmen. Ich möchte nicht die sein, die ich bin. Zuviel Ungutes gibt es in meinem Leben." Was müßte man dieser Frau erwidern? Nichts als dieses: „Gerade in den Ausfallerscheinungen unseres Lebens will er einkehren, wie er auch gerade bei Zachäus wohnen wollte. Weil in Jesus ‚Gott als der ganz andere‘ zu dir kommt, deshalb kannst du dich annehmen, wie du bist." So erweist sich der Gang zur heiligen Kommunion als ein Bekenntnis: „Ich schaffe es nicht aus eigener Kraft!"

Der sich uns in seiner Wehrlosigkeit anvertrauende Gott will uns darüber hinaus sagen: „Wenn Gott sich dir wie ein Lamm ausliefert, dann darfst du dich nicht wie ein Wolf benehmen. Dann solltest du vielmehr versuchen, mit ihm angstlos ein Lamm zu werden." Von einem solchen Lamm kann man sagen, was Paulus von der Liebe sagt: „Sie ist langmütig und gütig. Sie ereifert sich nicht, sie prahlt nicht, sie bläht sich nicht auf (...) Sie sucht nicht ihren Vorteil, läßt sich nicht zum Zorn reizen. Sie trägt das Böse nicht nach (...) Sie erträgt alles, glaubt alles, hofft alles, hält allem stand" (1 Kor 13,4-7).

Der wehrlose Gott legt sich schließlich in unsere Hände, damit wir ihn in allen Wehrlosen, Leidenden und Bedrängten dieser Welt erkennen. Indem wir in Gedanken und mit helfenden Händen bei ihnen sind, sind wir zugleich bei Gott, der uns vor allem aus den ratlosen und hilfesuchenden Augen der Wehrlosen entgegenblickt. So ist die heilige Eucharistie die Initialzündung für ein Leben, in dem die Bergpredigt Wirklichkeit wird.

Bei dem Dichter Hermann Hesse finden sich zwei Sätze, die helfen können, noch einen Schritt tiefer in das Geheimnis der heiligen Eucharistie zu gelangen: „Die Erziehung, die wir vom Leben erfahren, fordert von jedem, der aus einem Kind ein Mann werden soll, die Fähigkeit der Unterordnung und des Opferns, die Anerkennung von Zusammenhängen, deren Erhaltung und Pflege wir unsre eigene augenblickliche Lust und Begierde opfern müssen. Wir werden innerlich erwachsen und erzogen in der Stunde, wo wir diese Zusammenhänge anerkennen und uns ihnen nicht gezwungen, sondern freiwillig fügen."

In der Feier der heiligen Eucharistie gibt es einen solchen Zusammenhang, in dem sich das Lebensgeheimnis Jesu birgt. Man kann ihn so formulieren: Ohne Opferung gibt es keine innere Wandlung; und ohne innere Wandlung gibt es keine tiefere Kommunikation. Hier liegt der Grund, weshalb die Christen immer wieder zusammenkommen, um miteinander Eucharistie zu feiern. Sie tun es, damit jenes Lebensgeheimnis Jesu zum Geheimnis ihres Lebens wird: Opferung, Wandlung und Kommunion.

„In der Nacht, da er verraten wurde, nahm er das Brot und sagte Dank, brach es, reichte es seinen Jüngern und sprach: Das ist mein Leib, der für euch hingegeben wird." Das sind die Wandlungsworte. Sie werden über jeden gesprochen, der mit gläubigem Herzen zur Messe kommt, um mit Brot und Wein sein eigenes Leben auf den Altar zu legen.

In der Erinnerung liegt unsere Erlösung

Septembertag" – so lautet der Titel einer Erzählung von Luise Rinser. Darin geht es nicht um irgendeinen Tag im Monat September, sondern um einen Tag im ‚September des Lebens' der seinerzeit 56jährigen Dichterin. Heiterkeit und Wehmut, Gelassenheit und zugleich ein wenig Angst, Bescheidung und Reife, das sind die Grundtöne dessen, der bewußt den September seines Lebens erlebt. Es sind zugleich die Grundtöne jener Schilderung, wie die in Rom lebende Dichterin ihren Tag im September ihres Lebens beginnt, nämlich mit dem Besuch der Frühmesse bei den Benediktinern in S. Anselmo auf dem Aventin:

„Die große Kirche ist fast leer. Die Studenten der Benediktiner-Universität sind noch in den Ferien. Einige Brüder knien im Schiff, und wir zwei Stammgäste: die alte Portiersfrau und ich, nebeneinander, schweigend, befreundet seit Jahren, eine die andere sorgenvoll vermissend, wenn sie einmal fehlt. Meine alte Freundin neben mir weiß nichts von Realpräsenz und hypostatischer Union, und fragte ich sie, wie denn ihr Gott da sei in dem weißen Brot, so würde sie gewiß eine Häresie sagen; was tut's, ihr Herz weiß die Wahrheit; genug, der Herr ist da, das Geheimnis ist tägliches Brot, dient zum Essen, wirkt Liebe; mehr zu wissen, mehr zu glauben: unnötig!"

Wer diese vier kleinen und einfachen Aussagen in seinem Herzen, das allein zur vollen Wahrheit findet, überdenkt, der weiß und glaubt von jenem Ereignis genug, das Jesus vor seinem Tod den Seinen als die Summe seines ganzen Lebens gegeben hat.

„Der Herr ist da!" Was heißt das? Es gibt einen, der immer auf mich wartet. Es gibt ein Du, das immer für mich da ist, zu dem ich kommen darf, wie ich bin. Jeder Mensch braucht ein solches Du, in das er sein Ich verlieren kann. Daher schreibt Dostojewski in seinem Roman „Arme Leute": „Wenn ich mich bedrückt fühle, dann bin ich immer froh, sprechen zu können. Das ist die beste Arznei: Ich fühle mich sofort erleichtert, namentlich, wenn ich alles sagen kann, was ich auf dem Herzen habe." Das Du ist also die beste Arznei für das Ich. Ohne sie ist es immer krank. Im Hinblick auf das göttliche Du, das Gott dem Menschen in Jesus Christus angeboten hat, schreibt Manfred Hausmann: „Alles darf der Mensch vor Gott bringen, auch das und gerade das, was er mit dem verständnisvollsten Menschen, mit dem Freund, mit dem Geliebten, mit der Ehefrau, mit dem Ehemann, nicht besprechen kann. Der Mensch darf Gott so tief vertrauen, daß er mit ihm sogar über das spricht, worüber er mit sich selbst nicht zu sprechen wagt, über die Gedanken, die er immer wieder schaudernd von sich selber wegschiebt; er darf Gott tiefer vertrauen als sich selbst." In diese Richtung müßten die Gedanken gehen, wenn man den Hinweis überdenkt: „Der Herr ist wirklich da, bereit, dich auf- und anzunehmen, wie du bist."

„Das Geheimnis ist das tägliche Brot!" Was ist das Geheimnis des Brotes? Es liegt in seiner Selbstlosigkeit. Man bedenke nur: Das Weizenkorn muß sterben, der Halm wird geschnitten, die Körner werden gemahlen, der Brotteig wird gebacken. Nur was in dieser Weise selbstlos ist, ist gut, geht in anderes ein, baut es auf, stärkt und belebt es. Daher sagen die Italiener und Tessiner zu einem wahrhaft guten und selbstlosen Menschen, er sei „gut wie das Brot". Das kann man nicht von jenem Korn sagen, das sich in der Scheune versteckte. Es wollte nicht gesät werden, sondern sein Leben für sich behalten. Eines Tages kam der Bauer, und mit dem Staub der Scheune fegte er das Weizenkorn hinweg. So wurde es nie zu Brot, nie schenkte es Leben und Freude. Jesus, der „gut wie das Brot" war, wollte im Brot über seinen Tod hinaus bei den Menschen sein, weil die Selbstlosigkeit des Brotes seinem Wesen vollkommen entspricht. Hier ist einer bereit, in den, der glaubt, einzugehen, um ihn zu stärken und ihm für die vielfältigen Situationen seines alltäglichen Lebens göttliche Kraft zu geben.

„Dient zum Essen!" Romano Guardini hat einmal geschrieben: „Wir müssen Christus essen, um als Gläubige aus ihm leben zu können." Gut, daß Guardini dieses Wort nicht nur niedergeschrieben, sondern auch ein wenig erklärt hat. Er sagt ungefähr so: Fragt man einen liebenden Menschen, ob er einem, der ihm lieb und teuer ist, alles geben würde, was er habe, so würde er dies bestimmt bejahen. Und würde man ihn fragen, ob er sich für ihn opfern würde, so würde er auch dem zustimmen. Würde man ihn aber fragen: „Willst du, daß er dich als Nahrung in sein Leben aufnimmt?", so würde er nachdenklich. Er mag großzügig sein und weder Feigheit noch Selbstsucht kennen; es käme ihm dennoch die Frage: „Bin ich denn so, daß ich den mit mir ausfüllen darf, den ich liebe?" Es würde ihm all das Verworrene, Böse und Unreine, das es in seinem Inneren gibt, bewußt. So würde er sich dagegen wehren, mit all dem in den anderen einzugehen, und das aus der Furcht, für ihn Gift zu werden. Jesus hingegen sagt: „Wenn ihr mein Fleisch nicht eßt, werdet ihr das Leben nicht in euch haben" (Joh 6,53). Hier zeigt sich, wer Jesus ist: der unbedingt Heile, der uns deshalb zu heilen vermag. Wer ihn in sich aufnimmt, in dessen Denken und Tun verwandelt er sich hinein.

„Wirkt Liebe!" In einem seiner Briefe kommt Paulus auf das zu sprechen, was Liebe ist: „Die Liebe ist langmütig, die Liebe ist gütig. Sie ereifert sich nicht, sie prahlt nicht, sie bläht sich nicht auf ... Sie sucht nicht ihren Vorteil ... Sie trägt das Böse nicht nach ... Sie erträgt alles, glaubt alles, hofft alles, hält allem stand" (1 Kor 13,4-7). Laotse hingegen sagt: „Die Liebe ist weich, deshalb bezwingt sie alles." So erklärt der chinesische Philosoph den Apostel und der Apostel den chinesischen Philosophen: Die Liebe Christi macht weich. Sie schwemmt allen Egoismus, der hart macht, aus uns heraus. Auf diese Weise werden wir gütig, geduldig, bescheiden und selbstlos.

In Jerusalem gibt es eine Gedenkhalle, die zu Ehren der Opfer des Nationalsozialismus errichtet worden ist. Man nennt sie „Halle der Erinnerung". Vor einer Urne, die mit Asche von Märtyrern gefüllt ist, brennt eine ewige Flamme. Man liest die Worte: „Das Geheimnis der Erlösung liegt in der Erinnerung." Dazu gibt es eine

Parallele: Denn jede Kirche, in der die heilige Eucharistie aufbewahrt wird, ist ihrerseits eine „Halle der Erinnerung", gebaut zur Ehre des gekreuzigten und auferstandenen Herrn. Nicht vor einer Urne mit Asche, sondern vor dem Tabernakel mit dem verwandelten Brot brennt das ewige Licht. Auch hier könnten die Worte stehen: „Das Geheimnis der Erlösung liegt in der Erinnerung", in der Erinnerung an die Eucharistie, die uns sagt: „Der Herr ist da, das Geheimnis ist tägliches Brot, dient zum Essen, wirkt Liebe."

III
TÜREN ZUM GLÜCK

Was wir gesehen haben, prägt uns

Eine Frau, die schwer erkrankte und für einige Zeit ihr Augenlicht verlor, schreibt: „Auf dem Höhepunkt meiner Krankheit war ich blind. Dunkelheit umhüllte mich. Der Tag erschien mir wie eine verlängerte Nacht. Tastend irrte ich umher wie in einer dunklen Höhle, die keinen Ausweg hat. Ich fühlte mich eingesperrt in mich selbst. Es fehlte mir der Blick in die Augen tröstender Menschen. Die Frage nach dem Warum, Wielange und Wozu wurde zunehmend von meiner Trostlosigkeit überspült. Als die Kunst der Ärzte mir das Augenlicht zurückerobert hatte, war ich ein anderer Mensch geworden: einer, der jeden Morgen Gott danken kann für das Licht der Sonne."

Zuweilen fragt man sich: Wovon lebt der leidende Mensch? Wie oft schon wurde darauf geantwortet! Aber hier wird etwas gesagt, das einen nachdenklich machen kann: Er lebt vom Blick in die Augen tröstender Menschen.

Oder da ist die Frage nach dem Warum, Wielange und Wozu so mancher leidvollen Situation. Diese in den Mantel der Dunkelheit gehüllte Frau sagt aufgrund ihrer durchlittenen Erfahrung: Zuweilen wird uns etwas genommen, damit uns die vielen Kostbarkeiten zum Bewußtsein kommen, die wir als solche gar nicht mehr bemerken.

Oder wir fragen: Wie werde ich ein anderer Mensch? Jene Frau sagt: Nur im leidvollen und einsamen Durchgang durch die Dunkelheit. Ohne Leid verändert sich in unserem Leben nichts zum Besseren, zum Wesentlichen hin.

Oder da ist schließlich die Frage: Wer ist eigentlich ein religiöser Mensch? Dazu heißt es: einer, der jeden Morgen Gott danken kann für das Licht der Sonne.

Bei alldem fällt auf: Die tiefsten Fragen unseres Lebens beantworten sich von unseren Augen her. Das lädt uns ein, über ‚die Augen und das Sehen' nachzudenken. Daß es dabei nicht um eine nebensächliche Thematik geht, verdeutlicht schon die Tatsache, daß das Licht das allererste ist, was Gott erschaffen hat. Das Licht überwindet die Finsternis und das Chaos. Das gilt nicht nur im Hinblick auf die ganze Welt, sondern auch für jeden einzelnen in ihr. Das Licht, das mir in die Augen fällt, überwindet auch das Finstere und das Chaotische, das es in mir selbst gibt. Das besagt: Öffne dich allem Lichtvollen; dann fängt deine Seele an zu leben.

Damit beginnt sich das Geheimnis der Augen auszusprechen. Obwohl sie so klein sind, kommt doch unglaublich Großes durch sie in uns hinein, ohne diese auch nur im geringsten zu verletzen: Kathedralen, ganze Städte, der Himmel mit unzähligen Sternen. Was ist nicht schon alles durch diese meine Augen in mich eingegangen? Welch ein pausenloses Beschenktwerden Tag für Tag! Und ist nicht auch dies bemerkenswert: Was wir einmal gesehen haben, prägt sich uns so tief ein, daß es durch keine Macht der Welt wieder aus uns herauszubringen ist. Der Mensch wird also, was er sieht. Wer Gutes sieht, wird gut; wer Schlechtes sieht, wird schlecht. Warum ist das so?

Zu Sokrates kam eines Tages ein Mann, dem es nicht gut ging. Der Weise aus Athen, der alsbald dem Übel auf den Grund schaute, sagte ihm: „Ist es nicht seltsam: Jeder hütet sich davor, giftige Nahrung oder verdorbene Speisen zu sich zu nehmen; denn jeder weiß, daß es nicht gleichgültig ist, was man in sich aufnimmt. Wie aber kommt es, daß viele meinen, verdorbene Vorstellungen und giftige Gedanken in die Seele zu lassen, das mache ihnen nichts aus? Und doch ist ihre Wirkung unvergleichlich schädlicher. Daher mein Rat: Laß dich nicht zum Spielball dunkler Machenschaften erniedrigen, sondern sei Herr in dem Haus, das du selber bist."

Man könnte diese Feststellung eine der ‚ewigen Wahrheiten' nennen; denn sie gilt heute nicht weniger als damals. Wenn wir heute durch die belebten Geschäftsstraßen unserer Stadt gehen, welch eine Vielfalt unterschiedlichster Eindrücke vermittelt sich uns da innerhalb kürzester Zeit? Welche Wünsche, Erregungen und Begierden werden in uns lebendig? So versteht man, warum die Lehrer des geistlichen Lebens immer wieder von der ‚Kontrolle der Augen' sprechen. Sie meinen damit, daß man nicht alles in sich hineinlassen darf, daß man zwischen den Geistern unterscheiden muß; zwischen dem, was gut und was häßlich ist; zwischen dem, was erhebt und was erniedrigt; zwischen dem, was uns aufbaut und was uns zerstört.

Der Mensch ist, was er sieht. Das ist die eine Seite der Wahrheit. Es gibt aber noch eine andere, und diese lautet: Der Mensch sieht, was er ist. Jedenfalls haben die Vorgänge in unserem Herzen einen ausschlaggebenden Einfluß auf das, was wir sehen. Ein Bildwort sagt es so: „Wenn ein Gefäß nicht rein ist, wird alles, was du hineintust, bitter." Nur wer frei geworden ist von aller Begehrlichkeit, von Neben- und Hintergedanken, sieht die Dinge und die Menschen, wie sie sind. Er bemerkt, wie in allem etwas Bewundernswertes ist. Allerorts entdeckt er etwas, das ihn in die Knie zwingen könnte, weil in allem etwas Göttliches in Erscheinung tritt. Der Mensch sieht, was er ist. Diesen Zusammenhang zwischen Sein und Sehen hat Jesus in seiner ‚Bergpredigt' gepriesen: „Selig, die ein reines Herz haben; sie werden Gott schauen!" (Mt 5,8). Nicht erst in der jenseitigen Welt, sondern bereits in allem Wahren, Guten und Schönen dieser Welt.

Diesen Hinweis finden wir bei dem indischen Philosophen Hasrat Inayat Khan wieder: „Überall fühle ich deine Gegenwart. Wohin ich gehe, treffe ich dich. Wohin ich komme, finde ich dich. Wohin ich schaue, erblicke ich dein strahlendes Bild. Was ich anfasse, ich berühre deine Hand. Wer immer mir etwas gibt, ich nehme es von dir entgegen. Wer auch zu mir kommt, du selbst bist es, der da kommt. Und an wen ich mich auch wende, ich wende mich an dich." Demgegenüber schreibt Antoine de Saint-Exupéry in seinem ‚Märchen für Erwachsene': „Die Menschen bei dir zu Hause", sagte der kleine Prinz, „züchten fünftausend Rosen in ein und demselben Garten ... und doch finden sie dort nicht, was sie suchen ... Und dabei kann man das, was sie suchen, in einer einzigen Rose oder in einem bißchen Wasser finden ... Aber die Augen sind blind. Man muß mit dem (reinen) Herzen suchen."

Wo der Mensch den Schöpfer in seiner Schöpfung vernimmt, da wird in ihm die Sehnsucht lebendig, den einmal von Angesicht zu Angesicht zu sehen, den das reine Herz in dieser Welt immer nur andeutungsweise erkennt: „Herr, wasche uns mit deinen lichtvollen Schönheiten die Augen unserer Herzen aus; denn immer ist es nur das reine Herz, das dich erkennt, jetzt wie in Ewigkeit."

Nicht Wörter suchen wir, sondern immer nur das Wort

Vor einiger Zeit las ich von einer Handvoll Weizenkörner, die in einem alten Pharaonengrab gefunden wurden. Nachdem man sie in frischen Boden senkte, sollen sie zu neuem Leben erwacht sein. In einem Gespräch mit einem Biologen mußte ich dann erfahren, daß dies ein Unding sei. Damit war mir eine Illusion genommen. Später kam mir in den Sinn, daß es in der Tat Samenkörner gibt, die selbst nach Jahrtausenden nichts von ihrer Kraft verloren haben. So ist es mit den Worten. Selbst uralte Worte können neues Leben entfalten. Ein solches Wort soll hier zur Sprache gebracht werden.

Zuvor möchte ich jedoch von einer jungen Frau erzählen, die als Krankenschwester in einer Sozialstation arbeitet. Ein gutes Elternhaus hatte sie nicht. Vater und Mutter verstanden sich nie. Daher gab es in ihrer Kindheit mehr Angst und Strafe als Vertrauen und Liebe. Heute sagt sie: „Ich wohnte gleichsam in einem ‚Schneckenhaus‘, nach außen gut abgeschirmt. Und doch war ich stets auf der Suche nach ‚etwas‘, wußte aber nicht, was es war.“ Bis vor kurzem pflegte sie eine schwerkranke Frau. Eines Abends holte diese die Schwester zu sich und sagte ihr: „Ich weiß um Sie; Sie haben ein gutes Herz; ich hab’ Sie gern!“ Ein solches Wort hatte sie noch nie in ihrem Leben gehört. Ihr war, als wäre ihre Festung mit einem Schlag zerstört und die Tür zu einer neuen, ihr unbekannten Welt geöffnet worden. Die kranke Frau ist inzwischen tot; doch lebendig geblieben ist ihr Wort im Herzen jener Schwester.

Was ein einziges Wort bewirken kann! Es kann aus der Einsamkeit befreien und eine neue Welt eröffnen.

So ist es bei jeder echten Freundschaft. Wo es so etwas gibt, da waren gute Worte im Spiel. Wie viele gute Worte werden beispielsweise zwischen einem Liebespaar gewechselt, bis sie sich schließlich in dem einen Ja-Wort sammeln, das es in ein Ehepaar verwandelt?

Jeder weiß aber auch, daß das Wort nicht nur Gemeinschaft stiften kann; es kann sie auch zerstören. Denn es gibt nicht nur Worte, die helfen, öffnen, aufbauen und erheben, die Vertrauen schenken und versöhnen, sondern auch solche, die treffen, verletzen, erniedrigen, verschließen. Ja, man spricht sogar davon, daß Worte töten können. Wie viele Worte dieser Art müssen gefallen sein, bis ein Ehepaar sein Ja-Wort vor dem Scheidungsrichter in ein endgültiges Nein zurücknimmt? Was ist das Wort, daß ihm eine solche Macht gegeben ist?

Wenn Menschen miteinander reden, meinen sie zuweilen, dem anderen einmal gründlich die Wahrheit sagen zu müssen. Dabei kann es geschehen, daß man dem anderen die Wahrheit in einer unerträglichen Weise sagt. Spätestens in diesem Augenblick erkennen wir, daß längst nicht jeder die ‚ungeschminkte Wahrheit' verträgt; denn die ‚ungeschminkte Wahrheit' ist in der Regel recht unhöflich und lieblos. Nur die Wahrheit, die in Liebe vermittelt wird, ist annehmbar. Daher lautet ein Satz der Pädagogik: „Man lernt nur von dem, von dem man sich geliebt weiß." Zudem stellt sich hier die Frage, ob man die Wahrheit ohne die Liebe erkennen kann.

Aber seien wir behutsam, denn es ist auch möglich, daß man vor lauter Liebe die Wahrheit verschweigt. So kann es bei Menschen sein, die sehr liebesbedürftig sind. Sie verschweigen nicht selten die Wahrheit, um nicht die Liebe und die Gunst der anderen zu verlieren. Daraus ziehen die Schmeichler ihren Nutzen. Bei all ihren ‚Liebeserklärungen' haben sie etwas ganz anderes im Sinn. Einen solchen Menschen skizziert Dostojewski in einem seiner Romane. Schließlich läßt er ihn sagen: „Ich habe mein Leben lang gelogen ... Ich habe nie um der Wahrheit willen geredet, sondern nur um meinetwillen." Mit solchen Menschen kann man keine Freundschaft schließen; denn ohne Wahrheit gibt es keine Liebe.

Lieblose Wahrheit – unwahre Liebe: eines haben diese Verhaltensweisen gemeinsam. Sie dienen weder uns noch anderen. Was aber hilft uns weiter?

Zur Beantwortung dieser Frage führt uns ein altes Wort, das in diesem Zusammenhang zu neuem Leben erwachen kann. Es findet sich am Anfang des Evangeliums von Johannes und lautet: „Und das Wort ist Fleisch geworden!" (1,14). Im menschgewordenen Gott, in Jesus Christus, hat sich Gottes Wahrheit über uns mit seiner Liebe zu uns unauflöslich zusammengeschlossen. Deshalb vermag uns sein Wort zu helfen und zu heilen.

Gottes Wort schmeichelt uns nicht. Es deckt das Dunkel in uns auf. Doch dies geschieht in einer Art und Weise, daß wir uns nicht entblößt vorkommen. Es hält uns die Wahrheit hin, wie man einem Freund den Mantel hinhält. Das kommt daher, daß Jesus nie die Achtung vor einem Menschen verliert. Nie sieht er zuerst den Schmutz, in den die kostbare Perle gefallen ist, sondern immer hat er die kostbare Perle im Auge, die in den Schmutz geraten ist.

Wieviel könnte man hier von Jesus lernen! Wahrscheinlich gibt es keinen Menschen, der sich nicht an ein Wort erinnert, das ihm wesentlich weitergeholfen hat. Aber wahrscheinlich gibt es auch keinen, der sich nicht auch noch an ein anderes Wort erinnert, an ein Wort, das ihm heute noch weh tut. Man müßte einen Christen an seinen Worten erkennen können. In seinen Worten müßte sich das Geheimnis der Menschwerdung Gottes wiederholen. Wo sich Wahrheit und Liebe in unseren Worten verbinden, da wird das Wort Gottes Fleisch durch unser Wort. Da wirkt unser Wort eine

Verwandlung, indem es aus einem Schneckenhaus befreit und Türen zu einer neuen Welt öffnet, in der man miteinander leben kann in Glück, Friede und Freude: „Ich weiß um dich; du hast ein gutes Herz; ich hab' dich gern!“

Es sei erlaubt, dem Gesagten drei Merkworte kommentarlos nachzuschicken; denn jedes von ihnen spricht für sich, zugleich aber erklärt eines das andere:

– Wenn dir ein Wort auf der Zunge brennt, dann laß es brennen.

– Ein Wort ist leichter zurückgehalten als zurückgenommen.

– Sage nie etwas Böses von einem Menschen oder zu einem Menschen, wenn du es nicht mit Sicherheit weißt. Und wenn du es mit Sicherheit weißt, dann frage dich: Warum erzähle ich es?

„Nur zugehört hat er mir nicht“

Der evangelische Theologe Jörg Zink hat ein Büchlein geschrieben, das eine kleine Kostbarkeit ist: „Mehr als drei Wünsche“. Schon der Titel erinnert an jene Geschichten, in denen ein Gast von der Straße bei armen Menschen einkehrt, um ihnen bei seinem Abschied zu sagen: „Ihr habt drei Wünsche frei. Seht zu, daß ihr euch etwas Gutes wünscht.“ Und dann wird erzählt, wie sich die einen in ihr Unglück hineinwünschen, die anderen hingegen ins Glück, je nachdem, ob sie sich von der Torheit oder von der Klugheit leiten lassen. Weil es also gar nicht leicht ist, das Richtige zu wünschen, unternimmt es der Verfasser, dem Leser ein paar nützliche Hinweise für eine gute Wahl zu geben. Kurz und gut: Wenn Sie drei Wünsche offen hätten, was würden Sie wählen?

Im Alten Testament gibt es eine Stelle, die in diesem Zusammenhang erwähnenswert ist. Dort geht es allerdings nicht um drei Wünsche, sondern um einen einzigen. Darüber hinaus haben wir es nicht mit einem ‚Gast von der Straße‘ zu tun, sondern mit dem ‚lebendigen Gott‘:

„In Gibeon erschien der Herr dem Salomo nachts im Traum und forderte ihn auf: ‚Sprich eine Bitte aus, die ich dir gewähren soll.‘ Salomo antwortete: ‚... Ich bin noch sehr jung und weiß nicht, wie ich mich als König verhalten soll (...) Verleih daher deinem Knecht ein hörendes Herz, damit er dein Volk regieren und das Gute vom Bösen zu unterscheiden versteht ...‘ Es gefiel dem Herrn, daß Salomo diese Bitte aussprach. Daher antwortete ihm Gott: ‚Weil du gerade diese Bitte ausgesprochen hast und nicht um langes Leben, Reichtum oder um den Tod deiner Feinde (...) gebeten hast, werde ich deine Bitte erfüllen (...) Aber auch das, was du nicht erbeten hast, will ich dir geben ...‘“ (1 Kön 3,5-13).

Diese Geschichte ist von großer Bedeutung, weil darin ein menschlicher Wunsch in den Augen Gottes als optimal befunden wird. Mit anderen Worten: Wer in eine Situation kommt, da er nur einen einzigen Wunsch äußern kann, könnte nichts Besseres erbitten als ein ‚hörendes Herz‘. Was bringt es ihm? Es ermöglicht ihm einen glücklichen Umgang mit all seinen Mitmenschen. Das schon erspart ihm manchen Ärger und schenkt ihm viele Freunde. Das ‚hörende Herz‘ hilft ihm zudem, das Gute vom Bösen zu unterscheiden. So weiß er, was er zu tun und was er zu lassen hat. Das trägt ihm das Glück, die Freude und den Frieden des Himmels ins Herz. Schließlich wird ihm mit der königlichen Fähigkeit des Hörens alles gegeben, wonach sich sein Herz unausgesprochen sehnt. So könnte man in Abwandlung eines Wortes Jesu sagen: „Wähle ein hörendes Herz, und alles andere wird dir dazugegeben.“ Von dieser Erfahrung her schreibt der Prophet Jesaja: „Hört, dann werdet ihr leben“ (55,3). Er hätte auch sagen können: „Durch Hören kommen wir zum Leben.“ Das besagt zugleich: „Wer nicht hört, weiß nicht, was Leben ist.“

Vielleicht darf man auch sagen: „Wer nicht hört, weiß nicht, was Liebe ist.“ Etwas davon ist aus dem Brief eines Mädchens zu spüren, in dem dieses schreibt: „Ich hatte einen Freund. Wir verbrachten eine schöne Zeit miteinander. Nur zugehört hat er mir nicht. Daher wußte er nicht, was mir wichtig ist. Ich möchte nämlich einem Menschen gehören, der zu mir hält, der mich versteht, der nicht nur Fragen stellt, sondern der auch von sich erzählt, was er erlebt, woran er sich freut. Er hat nur an sich gedacht. Nie hat er begriffen, daß auch ich mich nach ein wenig Liebe sehne.“

„Ich hatte einen Freund“, so schreibt jenes Mädchen. Wo ist er geblieben? Wir wissen es nicht. Wir wissen nur, daß jene Freundschaft zerbrach, obwohl beide eine schöne Zeit miteinander verbrachten. Wie konnte es dazu kommen? Verräterisch ist in diesem Brief das kleine Wörtchen ‚nur‘. Zweimal kommt es in diesen wenigen Zeilen vor. „Nur zugehört hat er mir nicht!“ Und: „Er hat nur an sich gedacht.“ Diese beiden Hinweise gehören offensichtlich zusammen; denn wer nicht zuhört, denkt nur an sich. Wie viele Ehen sind schon aus diesem Grund auseinandergegangen? Und wie viele Kinder haben schon aus diesem Grund ihr Elternhaus vorzeitig verlassen?

Des Zuhörens ist also derjenige fähig, der nicht nur an sich selber denkt. Was immer der andere sagt, der Zuhörende vernimmt, was diesem wichtig ist. Menschen, die sich ‚zusammenhören‘, gehören zusammen, bleiben zusammen und halten zusammen. Sie verstehen und bejahen einander, weil sie den anderen mit ihren Fragen weder einfangen noch haben wollen, sondern weil sie sich ihm schenken möchten, indem sie etwas von sich selbst in ihr Wort geben. Wer hingegen nicht zuhören kann, wird nie begreifen, was der andere braucht, wonach er sich sehnt. So erweist sich das Zuhören als die Seele einer jeden tiefen Liebe.

In der Dichtung von Hermann Hesse findet sich eine Erzählung, die dies auf eine nahezu unnachahmliche Weise verdeutlicht: „Siddhartha“ hatte sich auf seinem Weg durch die Welt mehr und mehr an Lust und Macht, an Weib und Geld verloren. Doch in diesem Kreislauf lief er sich müde. Obwohl noch jung, fühlte er sich alt und krank. Wertlos und sinnlos, so schien ihm, hatte er dahingelebt. Deutlich spürte er, daß in seinem Innern etwas gestorben war. Voll Überdruß und Ekel kam er schließlich an den Heiligen Fluß im Wald. Mit verzerrtem Gesicht starrte er hinein, ganz und gar von dem einen Wunsch erfüllt, sich loszulassen und unterzugehen. Da bemerkte er den Fährmann Vasudeva. Dieser lud ihn ein, sein Gast zu sein, in seiner Hütte zu wohnen und ihm zu erzählen, woher er komme.

Bis tief in die Nacht hörte ihm der Gastgeber zu: „Alles nahm er lauschend in sich auf (...), all das Suchen, alle Freude, alle Not (...) Ohne daß er ein Wort gesprochen, empfand der Sprechende, wie Vasudeva seine Worte in sich einließ, still, offen, wartend, wie er keines verlor, keines mit Ungeduld erwartete, nicht Lob noch Tadel danebenstellte, nur zuhörte. Siddhartha empfand, welches Glück es ist, einem solchen Zuhörer sich zu bekennen, in sein Herz das eigene Leben zu versenken, das eigene Suchen, das eigene Leiden.“

„Selten sind die Menschen“, sagte Siddhartha, „welche das Zuhören verstehen.“ – „Du wirst es lernen“, erwiderte ihm Vasudeva, „aber nicht von mir. Das Zuhören hat mich der Fluß gelehrt, von ihm wirst auch du es lernen.“ Oft saß Siddhartha am Fluß. Er lernte von ihm das Lauschen mit stillem Herzen, mit wartender, geöffneter Seele. Oft saß er mit dem Fährmann gemeinsam dort. Von Mal zu Mal wurde das Lächeln der beiden immer ähnlicher. Und oft geschah es, daß beide an dieselben Dinge dachten und beglückt waren, auf dieselbe Frage dieselbe Antwort gefunden zu haben. Das gemeinsame Hören hatte sie die tiefste Gemeinschaft erfahren lassen.

Versteht man jenen Heiligen Fluß als den Ort für die Gegenwart des Heiligen Gottes, dann wird einem bewußt, wo und wie man selbst die Kunst des Zuhörens erlernt. Der katholische Christ weiß, daß Gott in jeder Kirche in besonderer Weise gegenwärtig ist. Wer dort regelmäßig einkehrt, der wird in das schweigende Zuhören Gottes hineingenommen und seinerseits zu einem schweigenden Zuhörer. Er lernt verstehen, warum ein russisches Sprichwort sagt: „Gott hört gut zu, doch antwortet er nicht schnell." In Gottes Zuhören hineingenommen, wird einer für den anderen ein Vasudeva, weil uns zuteil geworden ist ein ‚hörendes Herz'.

Bade deine Seele in Schweigen

Auf dem Mailänder Bahnhof erlebte Albino Luciani, der spätere Papst Johannes Paul I., einmal einen Gepäckträger, den er dann nicht mehr vergessen hat. „Er lag mit dem Kopf auf einem Sack Kohlen an einem Pfeiler und schlief selig. Züge fuhren mit schrillen Pfiffen los, andere rollten mit quietschenden Bremsen ein; durch die Lautsprecher kamen dauernd Durchsagen; die Leute kamen und gingen mit Lärm und Krach. Er aber schlief weiter, als ob er sagen wollte: ‚Macht, was ihr wollt, ich brauche Ruhe.' Dieser Mann war für mich eine Mahnung: Mitten im Lärm und in der Hetze der Welt bleibe, der du bist. Laß dich nicht zum bloßen Werkzeug machen, werde nicht zum Sklaven von Meinungen und Moden. Verschaff dir ein bißchen Stille, zum Wohl deiner Seele. Lärm bringt nicht das Gute, das Gute macht keinen Lärm."

Was hatte Luciani an diesem Mann so fasziniert? Offensichtlich seine Fähigkeit, mitten im Lärm zur Ruhe zu kommen. Wie es mit dieser Ruhe bereits vor etwa hundert Jahren bestellt war, erfahren wir durch Dostojewski, der in seinem Tagebuch schreibt: „Nur die Ruhe ist die Quelle jeder großen Kraft (...) Dem schenkt man aber bei uns gar keine Aufmerksamkeit (...) In den Köpfen ist keine Ruhe, und zwar in allen Schichten, und so haben wir auch keine Festigkeit, weder in unseren Überzeugungen noch in unseren Ansichten, unseren Nerven, und zu guter Letzt auch nicht in unseren Ansprüchen." Ob also damals oder heute: Jeder Mensch braucht mitten im Lärm eine Insel, auf der er zur Ruhe kommt, auf der er die Stille erfährt. In diesem Sinn ist Rabbi Mosche Löb zu verstehen, wenn er sagt: „Ein Mensch, dem nicht an jedem Tag eine Stunde gehört, ist kein Mensch."

Von der Stille wird alles getragen. Sie ist die Quelle jeder großen Kraft. Sie ist der schweigende Grund, aus dem alles ins Dasein tritt; sie ist das lautlose Ziel, in dem sich alles vollendet. Ohne Lärm nimmt der Fluß der Zeit seinen Weg zur Ewigkeit. In der Stille ruht unsere Vergangenheit; in ihr liegt unsere Zukunft. Die Stille umhüllt das Geheimnis Gottes. Nur wer in die Stille geht, erfährt, daß er „tiefer als der Tag" (Nietzsche) gedacht ist. Nur wer aus der Stille kommt, vernimmt das Reden aller Dinge: Der Stein am Wegesrand, die Blume auf dem Feld, die Wolken am Himmel – sie alle sprechen nicht und reden doch. Auch der Gepäckträger vom Mailänder Bahnhof sprach kein Wort und redete doch: „Verschaff dir ein bißchen Stille, zum Wohl deiner Seele."

Was bringt uns auf den Weg, der vom Alltagslärm zur Herzensstille führt? Allein die Kunst des Schweigens.

Nicht zu übersehen ist jedoch, daß es ein Schweigen

gibt, das keineswegs zur Stille führt. Es gibt beispielsweise das zurückweisende oder verbitterte Schweigen. Nichts kann das Naturell eines Menschen so sehr zerstören wie ein solches Schweigen. Es gibt ein Schweigen der Gleichgültigkeit. Wenn sich beispielsweise Ehepartner so auseinandergelebt haben, daß der eine nicht mehr an den Wünschen, Plänen, Sorgen, Leiden und Freuden des anderen interessiert ist, dann haben sie sich auch nichts mehr zu sagen. Hat man uns nicht ernst genommen oder wurde Anvertrautes weitererzählt, so sagen wir nicht selten: „Jetzt sage ich nichts mehr!" Das ist verständlich, aber es ist eine Versuchung. Liegen die Gründe für das Schweigen des anderen nicht auf der Hand, so kann es wegen seiner Vieldeutigkeit zu einer Qual werden.

Worum es hier geht, ist das ‚hörende Schweigen'. Von den alten Wüstenvätern ist ein Wort überliefert, das uns helfen kann, dieses zu erlernen: „Fuge, tace, quiesce – Fliehe, schweige, werde still!"

Fuge – Fliehe: Das ist der erste Schritt. Er führt an einen einsamen Ort. An ihm klingt das Zittern der Nerven ab. Der Mensch wird gelassen. Er bekommt ein Gespür dafür, was wichtig und was unwichtig ist. Er hört auf, sein Leben von außen steuern zu lassen. Auf diese Weise kommt er zu sich selbst. So lebt er langsamer, aber intensiver. Der Weg zur ‚cella interna' öffnet sich. Auch wer sich nicht aus der lauten Welt zurückziehen kann, findet in seiner inneren Zelle einen solchen Ort der Ruhe und des Schweigens. Der Gepäckträger vom Mailänder Bahnhof sagt es uns.

Tace – Schweige! Höre auf, mit dir selbst zu reden, dich mit dir selbst zu streiten. Im schweigenden Menschen haben sich die inneren Antriebe und Reize beruhigt. Sie drangsalieren ihn nicht mehr. So bekommt alles eine neue Qualität. Alexander Solschenizyn schreibt: „Erst wenn der Strom (...) in einer flachen Bucht verweilt oder in einem ruhigen, kleinen See, wo keine Welle sich rührt – dann erst gewahren wir in der spiegelnden Glätte ein jedes Blättchen des nahen Baumes, ein jedes Federchen des zarten Gewölks und die volle blaue Tiefe des Himmels."

Quiesce – Werde still in den Tiefen deines Seins. So kommst du mit Gott ins Schweigen: „Herr, nicht wie ich will, sondern wie du willst!" (Mt 26,39). Dahin fand schließlich jener Mann, der Gott lange Jahre um die Wiedererlangung seiner Gesundheit bat. Doch Gott in dieser Weise bittend, lieferte er sich ihm zunehmend aus. Ohne es selbst zu merken, hörte er schließlich auf, Gott um seine Gesundheit zu bitten, deren Fehlen ihm so bitter war. In der Übergabe an Gottes Willen hatte er etwas viel Größeres gefunden. Er fühlte sich in das Geheimnis Gottes hineingezogen und kam in ihm zur unbedingten Ruhe.

Erst wenn der Mensch mit Gott ins Schweigen gekommen ist, tritt dieser in der ihm eigenen Wirklichkeit hervor. Aus solch tiefem Schweigen ist die Einsicht des Apostels Paulus hervorgegangen: „Was kein Auge gesehen und kein Ohr gehört hat, was keinem Menschen in den Sinn gekommen ist: das Große, das Gott denen bereitet hat, die ihn lieben" (1 Kor 2,9).

‚Fuge, tace, quiesce – Fliehe, schweige, werde still.' Das sind nur drei Wörter, aber Wörter, die unser Leben von Grund auf ändern können.

„Ich bin mir selbst ein Freund“

Ein Afrikaforscher plante eine längere Expedition in ein noch unbekanntes Gebiet. Für seine umfangreiche Ausrüstung suchte er mehrere einheimische Träger. Da er mit seinen Angeboten nicht kleinlich war, fand er auch alsbald genügend Leute. Um nun möglichst schnell dorthin zu gelangen, wohin er kommen wollte, trieb er sie zur Eile an. Doch am siebten Tag war keiner der Männer mehr bereit, auch nur einen Schritt weiterzugehen. Erst nach längerem Drängen offenbarte einer von ihnen den Grund: „Wir können nicht mehr weiter, weil wir unsere Seelen verloren haben. Daher müssen wir jetzt warten, bis sie nachgekommen sind.“

Eine kurze Szene, die nachdenklich macht. Der Forscher trieb seine Leute zur Eile an, weil er keine Zeit verlieren wollte. Doch indem er Zeit gewann, verlor er seine Seele. Hier läßt sich ein wenig die Bedeutung des Wortes Jesu erahnen: „Was nützt es dem Menschen, wenn er die ganze Welt gewinnt, dabei aber Schaden leidet an seiner Seele?“ (Mt 16,26). Der Dichter Hermann Hesse kommentiert dieses Wort Jesu einmal mit der Feststellung: „Es ist vor langer Zeit gesprochen und gehört (doch) zu den wenigen Menschenworten, die zeitlos und ewig neu sind.“ Was an diesem Wort zeitlos und ewig neu ist, kann man auf die Formel bringen: Wer keine Zeit verlieren will, verliert nicht selten seine Seele. So gerät er unter vielerlei Zwänge und bereitet sich selbst und anderen ein leidvolles Dasein. Daher kann man in Anlehnung an eine sprichwörtlich gewordene Redensart sagen: „Nimm dir Zeit und nicht die Seele.“ Anders gesagt: „Laß dich durch nichts und niemanden treiben; denn alles hat seine Zeit, und alles braucht seine Zeit. Daher gib und laß allem seine Zeit.“

Das ist die Thematik, mit der sich ein Roman von Sten Nadolny beschäftigt. Er hat den Titel: „Die Entdeckung der Langsamkeit“. Daß gerade die Langsamkeit voller Wunder ist, darauf kam der englische Seefahrer und Arktisforscher John Franklin, die Mittelpunktsfigur dieses Romans. Bereits sein Lehrer schrieb über ihn: Langsam ist der Schüler Franklin, weil er sich für alles, was ihm einmal aufgefallen ist, viel Zeit nimmt. Seine Liebe gehört dem Detail. Alles andere läßt er unbesehen vorübergleiten. Tief nimmt er in sich auf, was er einmal angeschaut hat; es prägt ihn. In alles, was er tut, investiert er seine Seele. – Genauso wichtig wie des Lehrers Urteil sind die eigenen Erfahrungen, die er in sein Buch schreibt: „Ich bin mir selbst ein Freund. Ich nehme ernst, was ich denke und empfinde. Die Zeit, die ich dafür brauche, ist nicht vertan. Dasselbe gestehe ich auch den anderen zu.“

Das kann man auch von Jesus sagen. Nie hat man den Eindruck, er sei gehetzt. Nie hetzt er andere. In seiner Ruhe zeigt sich seine Überlegenheit: „Kommt mit an einen einsamen Ort, wo wir allein sind, und ruht ein wenig aus. Denn sie fanden nicht einmal Zeit zum Essen“ (Mk 6,31). Die Menschlichkeit, die diese Einladung zum Ausdruck bringt, wird sichtbar, wenn man bedenkt, wie wenig Zeit Jesus gegeben war, um die Botschaft von Gottes Liebe zu verkünden. „Ruht euch ein wenig aus!“ Er wußte, daß jeder eine Insel der Ruhe braucht, weil jeder im Grund seines Herzens eine Insel ist. Wer wüßte nicht, daß er im letzten und tiefsten einsam und allein und deshalb unvertretbar ist! Wer könnte beispielsweise sein Denken und Wollen, seine Entscheidungen und seine Verantwortung an einen anderen abtreten? Diese Augenblicke, die keinem erspart bleiben können, rufen den Menschen immer wieder zu jener Insel, die er selber ist, damit er sich seiner selbst und seines Tuns bewußt wird. Wer diesen Ruf nicht hört, kann schnell seine Seele und mit ihr sich selbst verlieren.

Eigentlich sollte man meinen, es sei eine ganz einfache Sache, ein wenig auszuruhen. Und doch macht dieses Ausruhen vielen Menschen Schwierigkeiten. Obwohl sich alle im Grunde nach Ruhe sehnen, finden viele sie nicht. Was macht es denn so schwer, zur Ruhe zu kommen? Zuweilen schämt man sich der Ruhe; sie macht beinahe Gewissensbisse. Die Arbeit schafft immer mehr das Gewissen auf ihre Seite: „Sitz nicht herum, und stiehl dem Herrgott nicht die Zeit." Oder: „Arbeit war sein ganzes Leben." Ob ein solcher überhaupt gelebt hat? Aber es gibt nicht nur das schlechte Gewissen, sich Ruhe zu gönnen. Nicht wenige Menschen haben vor der Ruhe Angst. Sie fürchten sich vor den verschütteten Tiefen ihres Herzens und vor dem, was aus ihnen plötzlich hochkommen kann.

Auch kann es sein, daß man die Augenblicke der Ruhe als etwas Sinnloses empfindet. Davon erzählt eine Frau, die an einem Sonntag mit Zeitschriften, Klebstoff und Schere an ihrem Tisch saß, um aus Papierschnitzeln ein Bild zu machen. „Nach zehn Minuten wollte ich alles hinwerfen. ‚Gibt es nichts Besseres und Vernünftigeres zu tun?' fragte ich mich. ‚Ist das nicht alles sinnlos?' Aber warum sollte es sinnlos sein? Ich wollte es doch einfach so zur Freude tun. Ich fing von neuem an. Zwei Stunden habe ich mich dann mit dem Bild beschäftigt, ohne auf die Uhr zu schauen. Ganz ruhig habe ich gearbeitet. Ich war ganz bei mir selbst. Doch die Frage vom Anfang tauchte wieder auf: Warum meinte ich, alles sei sinnlos? Ist nur das sinnvoll, was etwas bringt? Hat dieses Bei-sich-selbst-Sein nicht auch einen Wert? Es ging mir auf: Nur wer für sich selbst dasein kann, vermag auch dazusein für andere."

Wie kommen wir also zur Ruhe? Wie kommen wir auf jene Insel, die wir selber sind? Wie kommen wir zu uns selbst? Diese Frau zeigt einen Weg: dadurch, daß wir einmal völlig absichtslos ‚etwas ganz anderes' tun, etwas, das nichts bringt und doch so vieles gibt. Solche Hingabe an das ganz andere, zu der uns die Muße lockt, ist es, was verwandelt, bereichert und innerlich zur Ruhe kommen läßt. Warum? Weil in der absichtslosen Hingabe an das ganz andere ‚der ganz Andere‘, nämlich Gott selbst, das menschliche Herz berührt und es von allem heilt, was unruhig macht.

„Ruht ein wenig aus!“ Das bedeutet: Laßt euch von Gott berühren; denn nur die Begegnung mit ‚dem ganz Anderen‘ läßt den Menschen anders werden: ruhiger, sorgloser, selbstvergessener, gelassener, ausgeglichener, sicherer und heiterer.

„Wir traten für einige Minuten in den Dom“

Sicherlich gibt es in jedem Leben das eine oder andere unvergeßliche Erlebnis. Von Zeit zu Zeit taucht es aus der Versunkenheit auf und erfüllt das Herz mit seiner Wärme und mit seinem Licht.

Ich denke an Edith Stein, jene ungläubige Philosophin, die sich durch Gottes Liebe in eine gläubige Christin, eine unauffällige Karmelitin und schließlich in eine tapfere Märtyrin verwandelte. Als sie im Alter von 25 Jahren um den christlichen Glauben rang und sich in einem ziemlich trostlosen Zustand befand, hielt sie sich für einige Tage in Frankfurt am Main auf. In jener inneren Verfassung machte sie mit einer Freundin auch einen Besuch im Frankfurter Dom. Dort hatte sie das für sie unvergeßlich gewordene Erlebnis. Es sollte für ihren weiteren Lebensweg wie eine neue Weichenstellung sein. In ihrer Selbstbiographie erzählt sie: „Wir traten für einige Minuten in den Dom, und während wir in ehrfürchtigem Schweigen dort verweilten, kam eine Frau mit ihrem Marktkorb herein und kniete zu kurzem

Gebet in einer Bank nieder. Das war für mich etwas ganz Neues ... Hier kam jemand mitten aus den Werktagsgeschäften in die menschenleere Kirche wie zu einem vertrauten Gespräch. Das habe ich nie vergessen können."

So unscheinbar diese Szene ist, sie enthält doch überaus Wichtiges. Zunächst zeigt sie, daß Gott den Menschen in der Regel nicht unmittelbar berührt. Meist bedient er sich eines anderen, der seinen Glauben unbekümmert lebt. Durch das religiöse Verhalten einer gläubigen Frau hatte Gott das ungläubige, aber schweigsam gewordene Herz von Edith Stein betroffen gemacht. – Mit dem Schweigen fängt es also an. Wo der Mensch dem ehrfürchtigen Schweigen Raum in sich gibt, da läßt Gott nicht lange auf sich warten, da macht er sich in irgendeiner Weise auf den Weg. Und sonderbar: Jene hereinkommende Frau konnte nicht einmal erahnen, daß Gott sich ihrer bediente. So wirkt Gott in dieser Welt. Dabei bleibt es sein Geheimnis und das Geheimnis unseres Lebens, wie oft er sich des einzelnen von uns bereits bedient hat und noch bedienen wird, um in ähnlicher Weise in das Leben anderer hineinzuwirken: „Herr, benutze uns als lebende Bibel für diejenigen, welche die gedruckte Bibel nicht verstehen."

Und noch etwas anderes wird hier deutlich: Ob jene Frau, die mit ihrem Marktkorb in den Dom kam, alt oder jung, arm oder reich war, weiß keiner. Doch wie unwichtig ist all das im Vergleich zu dem, was von ihr gesagt wird! Mitten im Alltag lebend, war sie nicht alltäglich geworden, weil es für sie zur guten Gewohnheit geworden war, das alltägliche Vielerlei immer wieder hinter sich zu lassen und die Nähe dessen zu suchen, der in der Stille auf uns wartet.

An dieser Frau war Edith Stein aufgegangen: Ruhe im Vielen gibt es nicht; nur im Einen trägt sie sich uns zu. Später, und deshalb ging sie in den Karmel, wurde ihr klar, daß all unsere Beschäftigungen, so wichtig sie auch sind, nicht unser tiefstes Wesen ausmachen. Da ist zum Beispiel eine Mutter, die sich um das Vielerlei in ihrer Familie kümmert; da ist ein Geschäftsmann, der seine Kunden berät; ein Arzt, der sich um seine Patienten bemüht: Sie alle bewegen sich in Funktionen, in den Funktionen der Mutter, des Geschäftsmannes oder des Arztes, und können, wenn sie darin aufgehen, schnell zu Funktionären werden. Sie sind jedenfalls nicht diejenigen, die beispielsweise nach Feierabend eine Kirche betreten, um dort niederzuknien und in Stille zu beten, bis die Türen geschlossen werden. Allein in solcher Stille verlassen wir alle Funktionen, um vor Gott nur noch Mensch zu sein. Es mag sich eigentümlich anhören, aber die Erfahrung weist es aus: Nur vor Gott sind und bleiben wir Mensch.

Irgendwie spürt das jeder. Nur vor Gott sammelt sich unser ganzes Wesen. Wo das geschieht, da erfährt der Mensch sein Glück, da kommt er zur Ruhe, da findet er wie von selbst hin zum Gebet. Es ist das Glück und die Sicherheit eines Kindes, das – wie Edith Stein sagt – von einem starken Arm getragen wird. Um diese Erfahrung zu machen, „kommt es darauf an, daß man zunächst einmal in der Tat einen stillen Winkel hat, in dem man mit Gott so verkehren kann, als ob es sonst überhaupt nichts gäbe“. Daher: Wenn du wirklich beten willst, dann ziehe dich aus allen deinen Funktionen zurück, sammle dein ganzes Wesen vor den dich liebenden Gott, und verliere dein so gesammeltes Ich in sein unendliches Du hinein. Um so wirkungsvoller wirst du dann erneut deinen täglichen Auftrag erfüllen und den Menschen, mit denen du zu tun hast, begegnen. „Je tiefer jemand in Gott hineingezogen wird, desto mehr muß er auch in diesem Sinne aus sich herausgehen, das heißt, in die Welt hinein, um das göttliche Leben in sie hineinzutragen.“ Gebet ist also keine Flucht auf eine Insel der Seligen, sondern eine Quelle der Kraft für den Arbeitstag und seine Belastungen.

Vielleicht fragt jemand, wie man denn zu solchem Beten kommt. In ihrer kleinen Schrift über „Teresa von Avila" stellt Edith Stein drei Grundformen des Gebetes vor. Sie alle beginnen damit, daß der Beter zunächst innerlich zur Ruhe findet, indem er sich in Gottes Gegenwart versetzt.

Das ‚sprechende Gebet' hält sich an festgelegte Gebetsformen, beispielsweise an das Vaterunser oder das Ave-Maria oder ein anderes vertraut gewordenes Gebet. Das langsame und nachdenkliche Sprechen dieser Gebete kann dem Beter immer wieder neue Horizonte eröffnen. Edith Stein liebte vor allem das Vaterunser: „Alles, dessen wir bedürfen, ist zusammengefaßt in den sieben Bitten des Vaterunsers." – Im ‚betrachtenden Gebet' versenkt sich der Beter in ein Bild, um im Endlichen das Unendliche, im Zeitlichen das Ewige zu entdecken. Auf diese Weise kann man sich Bilder aus dem Leben Jesu vergegenwärtigen, um sein eigenes Lebensschicksal vom Lebensschicksal Jesu her zu deuten. – Im ‚mystischen Gebet' ist die Seele des Beters nur noch ein Gefäß, um Gottes Liebe in sich aufzunehmen. Es ist das Gebet der unbedingten Ruhe und Einfachheit. Der Mensch ist in Gottes Gegenwart und ruht in ihr, als ob es sonst nichts gäbe.

Ob man in dieser oder jener Weise betet, ist nicht wichtig. Wichtig ist allein, „daß wir es mehr und mehr lernen, jeden Tag und jede Stunde in die Ewigkeit hineinzubauen".

Wer alles loslässt, wird alles finden

Gelegentlich begegnen wir einem Menschen, der einen nachhaltigen Eindruck auf uns macht. Irgend etwas geht von ihm aus, das uns gefangennimmt. Es kommt uns der Gedanke: In seiner Nähe fällt es uns nicht schwer zu glauben; denn bei ihm spürt man Gottes Gegenwart. Man ist sich sicher, daß man sich einem solchen Menschen furchtlos anvertrauen kann, selbst wenn es um Dinge geht, die gegen uns sprechen. Fragt man nach dem innersten Geheimnis eines solchen Menschen, so erfährt man nur: Er ist ein Mensch des Gebetes.

Ich denke beispielsweise an den russischen Dichter Dostojewski. Warum kommt er in seinen Romanen immer wieder auf das Gebet zu sprechen? Weil er selbst ein großer Beter war. Aus diesem Grund suchte er oft die Kirche auf. Zum Gottesdienst kam er als erster und ging als letzter. Seine tiefe Überzeugung war, daß Gott dem betenden Menschen alles gewährt.

In seinem Roman „Rodion Raskolnikoff“ erzählt er von einem jungen Mann mit einer dunklen Seele. Im Gespräch mit Ssonja, die sich bei allem die Reinheit des Geistes bewahrt hat und der er alsbald seine ganze Schuld offenbaren wird, fragte er: „So betest du denn wohl sehr zu Gott, Ssonja?“ Ssonja schwieg. Er aber stand neben ihr und wartete auf die Antwort. „Was wäre ich denn ohne Gott?“ flüsterte sie schnell, nachdem sie ihn mit ihrem Blick gestreift hatte. „Und was tut Gott dafür für dich?“ fragte er, um sie weiter auszuforschen. Ssonja schwieg abermals. Doch schließlich sagte sie leise: „Alles tut er für mich.“ Er tut es für jeden betenden Menschen.

Das ist einer der Gründe, weshalb die großen Beter dazu einladen, dem Gebet im täglichen Leben eine sorgfältige Pflege zu schenken. „Orationi vacare non debeas – Vernachlässige niemals das Gebet!" schreibt Thomas von Aquin. Warum verleiht er dieser Aufforderung einen solchen Nachdruck? Er hat seine Gründe. Er weiß, daß das Gebet die Seele des Glaubens ist, daß also der Glaube vom Beten lebt. Vernachlässigt man das Gebet, dann wird Gott langsam, aber sicher zu einem Niemand. Man kann dann nach außen hin so tun, als ob man noch ein religiöses Leben führt. In Wirklichkeit aber ist Gott schon längst ausgezogen. Er hat aufgehört, eine das Leben prägende Kraft zu sein.

„Vernachlässige niemals das Gebet!" Wer ein wenig sensibel ist, spürt noch einen anderen Grund für die Nachdrücklichkeit dieses Wortes. Beten ist auch eine Frage der Selbsterziehung und das schon deshalb, weil es in der Regel kein Vergnügen ist. Oft genug überfällt einen das Gefühl, man spreche doch nur mit sich selbst. Und noch etwas kommt einem hier in den Sinn. Worum haben wir nicht schon gebeten? Aber es hat sich nichts getan.

Und trotzdem sagt der Evangelist Lukas (18,1-8), daß wir alles unverzüglich von Gott erwarten dürfen, wenn wir ihn nur vertrauensvoll darum bitten. Wie kommen wir aus dieser schwierigen Situation heraus? Durch keinen anderen als durch Jesus. Weil er ‚der Weg' ist, weiß er immer einen Weg, der aus einer Bedrängnis herausführt.

Zunächst sei bemerkt, daß Jesus keine Theorien über Gott liefert. Vielmehr verweist er uns immer wieder auf unsere eigenen alltäglichen Erfahrungen. Dabei scheut er sich nicht, unseren Blick gelegentlich auf recht zwielichtige Gestalten zu lenken, um uns dann um so tiefer Gottes Handeln verständlich zu machen. So erzählt er seinen skeptischen Zuhörern von einem Richter, dem weder an Gott noch an den Menschen etwas lag. Daher wollte er auch nichts von einer Witwe wissen, die zu ihm kam, damit er ihr zu ihrem Recht verhelfe. Da sie aber keine Ruhe gab und der Richter befürchten mußte, daß die Frau handgreiflich wird, entsprach er schließlich ihrer Bitte. Nach dieser Situationsschilderung, die jeder gut nachvollziehen kann, fährt Jesus fort: „Sollte Gott tatsächlich einem solchen Richter nachstehen und den Seinen, die Tag und Nacht zu ihm schreien, nicht entgegenkommen? Vielmehr muß es euer Glaube sein, daß er ihnen unverzüglich helfen wird.“ Wer diesen Glauben hat, der setzt auf Gottes hilfreiche Macht. Aber zugleich stellt er es ihm anheim, wann er es für gut befindet, seine Bitten zu erfüllen. Dabei wird er nicht selten erst im nachhinein bemerken, wie er ihm geholfen hat. In solch unerschütterlichem Vertrauen können wir uns über alle Schwierigkeiten hinwegbeten.

Worum geht es also beim Gebet? Es geht um einen vertieften und vertrauten Kontakt mit dem lebendigen Gott. Um dorthin zu kommen, müssen Sie sich vor allem in Gottes Gegenwart versetzen. Er, mit dem Sie sprechen, ist wirklich da. Er sieht Sie; er hört Sie; er liebt Sie. Für den betenden Menschen ist Gott kein ‚Er‘, sondern sein vertraut gewordenes ‚Du‘, sein Weggefährte, sein Helfer, sein Tröster, sein Befreier, sein Friede … Das sind Namen, die er Gott gibt, weil er ihn in dieser Weise erfahren durfte.

Damit ist gesagt: Versuchen Sie so persönlich wie möglich zu beten. Seien Sie in Ihren Gebeten ehrlich und wahrhaftig. Sagen Sie Gott, was in Ihrem Herzen vor sich geht, was Sie unfrei und unfroh macht. Bringen Sie Ihre Wünsche und Ihr Begehren, Ihr Wollen und Verlangen vor. Erzählen Sie von Ihrem Kummer, von Ihren Sorgen. Sprechen Sie mit ihm über das, worüber Sie vielleicht mit dem besten Freund nicht sprechen würden. Wenn Sie so gebetet haben, dann sollten Sie alles Weitere einfach ihm überlassen. Da Sie sich ihm mitgeteilt haben, brauchen Sie sich nicht länger darum zu kümmern. So werden Sie leer von sich selbst und fähig, bei ihm zu sein. Sie werden erfahren: Wer alles losläßt, wird alles finden.

Nehmen Sie in Ihrem Beten schließlich Ihre Worte immer mehr zurück. So werden Sie vor Gott ein Schweigender, ein Hörender, ein Liebender. „Viel Liebe, nicht viel Worte, wenn du betest", sagt Augustinus. Als Therese von Lisieux gefragt wurde, was sie denn im Gebet Gott sage, antwortete sie: „Ich sage ihm nichts, ich liebe ihn." Auf seinem Sterbebett schrieb Peter Wust: „Das Gebet, als letzte Hingabe gefaßt, macht still, macht kindlich, macht objektiv." Das ist ein kurzes Wort, und doch kommt man an kein Ende, wenn man anfängt, über seine Bedeutung nachzudenken.

„Ich begann zu begreifen, wie man leben muss"

Zu den am meisten gelesenen Schriftstellern der Welt gehört Leo Tolstoi (1828-1910). Das hat seine guten Gründe. Die meisten seiner Werke zählen zu den unumstrittenen Meisterwerken der Weltliteratur. Man denke nur an die Romane „Krieg und Frieden", „Anna Karenina" oder „Auferstehung". Allein die Bücher, die über Tolstoi geschrieben wurden, könnten eine ganze Bibliothek füllen.

Die literarische Größe Tolstois kann jedoch nicht darüber hinwegtäuschen, daß er eine überaus rätselhafte Persönlichkeit war, und das vor allem wegen seiner großen menschlichen Schwächen sowie der vielen Widersprüche, die es zeitlebens in seinem Charakter gab. So wird verständlich, wenn er kurz vor seinem Tod schreibt: „Es klingt seltsam zu sagen: Mit 82 beginne ich zu begreifen, wie man leben muß, damit das Leben eine andauernde Freude bleibt."

Gerne hätte ich diesen alten Mann gefragt, wie man

denn seiner Meinung nach leben muß, damit das Leben eine andauernde Freude bleibt. Aber es ist müßig, einem Toten solche Fragen zu stellen; die Toten beantworten keine Fragen mehr. Dennoch gibt es eine Möglichkeit, an die gewünschte Antwort heranzukommen, und zwar mit Hilfe seiner ausdrucksstarken Erzählung: „Wieviel Erde braucht der Mensch?“ Beschränken wir uns hier auf das Wesentliche.

Pachom, so heißt die Mittelpunktsfigur, ist voller Unzufriedenheit und Unruhe, weil er sieht, was sich die anderen alles leisten können. So werden seine Augen immer größer und seine Ohren immer hellhöriger. Eines Tages wird er gewahr, daß man irgendwo für wenig Geld viel Land erwerben kann. Alsbald bricht er auf. Sein Erstaunen wächst, als man ihm vor Ort erklärt, für 1000 Rubel könne er sich soviel Land nehmen, wie er an einem Tag umgehe. Nur dies eine solle er nicht vergessen: Wenn er bei Sonnenuntergang nicht an jener Stelle eintreffe, von der er aufgebrochen sei, dann sei sein Geld verfallen und Land gebe es keines. Pachom legt sich früh zu Bett, um für den nächsten Tag gerüstet zu sein. Aber schlafen kann er nicht. Immer muß er an das Land denken. Bei Sonnenaufgang wird der Ausgangspunkt festgelegt, und mit einem Karren voller Markierungsstäbe zieht er los. Er schlägt einen möglichst großen Bogen. Obwohl sich die Hitze des Tages bald bemerkbar macht, beschleunigt er die Schritte. Doch auch die Sonne macht ihren Lauf und neigt sich mehr und mehr ihrem Untergang entgegen. Pachom aber ist noch weit vom Ziel entfernt. Da überfällt ihn die Angst. Sie treibt ihm die letzte Kraft in die Beine. Im letzten Augenblick erreicht er sein Ziel. Aber kaum angekommen, fällt er nach vorn. Man versucht ihn aufzuheben. Doch es ist zu spät.

Wieviel Erde braucht der Mensch? Jeder kann sich die Antwort selber geben.

Warum vergißt man eine solche Erzählung nicht?

Weil sie eine Symbolgeschichte ist, in der es um uns selber geht. Wir sind Pachom. Die Art und Weise, wie die Dinge bei ihm ihren Lauf nehmen, erinnert an ein altes Sprichwort, das aus einer umfangreichen Erfahrung hervorgegangen ist und als Schlüsselwort verstanden werden kann: „Ein kleiner Fehler am Anfang führt zu einem großen am Ende." Wo liegt der kleine Anfangsfehler bei Pachom? Er vergleicht sich mit jenen, denen es – wie er meint – besser geht. Unter wie vielen Gesichtspunkten ein solcher Vergleich vor sich gehen kann, zeigt sich bereits im Hinblick auf das Brüderpaar Kain und Abel. Es gibt in der Tat nichts, womit man sich nicht vergleichen könnte.

In einem kleinen Büchlein mit dem Titel „Was meinem Leben Richtung gab" schreibt u.a. Elisabeth Noelle-Neumann, die als Leiterin des Instituts für Demoskopie in Allensbach bekannt geworden ist, was für sie bestimmend war: „Ich beklagte mich bei meinem Vater, wieviel besser hätten es die anderen Kinder. ‚Nicht vergleichen', sagte er. Immer wieder: ‚Nicht vergleichen!', bis ich anfing, es mir selbst zu sagen, bei jedem Anflug von Selbstmitleid (...) Der Einzelne, der sein Leben am Vergleich mit den anderen mißt, der verkürzt die ganz einzigartige Welt, die er bildet, auf wenige ‚Merkmale', er bügelt sich gleichsam flach (...) Mit seinem Rat: ‚Nicht vergleichen!' hat mich mein Vater auf den Weg, Autonomie zu gewinnen, geschickt. Nicht nur bei jedem Anflug von Selbstmitleid hat mir sein Wort ‚Nicht vergleichen' geholfen, sondern auch bei jedem Anflug von Stolz."

Wer sich mit anderen vergleicht, sagt nicht ja zu sich selbst. Daher kommt er nicht zu sich selbst. Er sieht immer nur, was ihm fehlt. Wahrscheinlich leiden wir auch weniger an den gegebenen Tatsachen als vielmehr am Vergleichen und daran, was sich daraus ergibt: eine zermürbende Einsamkeit, die unzufrieden und unruhig macht, die Phantasien und Träume weckt und zu Neid und Eifersucht führt. Daher ist vor allem an diesem Punkt Wachsamkeit geboten.

Aus alldem ergibt sich eine lebensnotwendige Verhaltensweise: das gelassene Lassenkönnen. Dieses Wort gehört zu den wirklich großen Worten, die wir haben. Es befähigt das menschliche Herz nicht nur, alles loszulassen, sondern auch, sich selbst fallenzulassen. Meister Eckhart sagt wörtlich: „So lange lerne man sich lassen, bis man nichts Eigenes mehr behält. Alles Gestürm und aller Unfriede kommt allemal vom Eigenwillen, ob man's merke oder nicht. Man soll sich selbst mit all dem Seinen in lauterem Entwerden des Wollens und Begehrens in den guten und liebsten Willen Gottes legen.“ Ähnlich schreibt Edith Stein in ihrem Aufsatz über die ‚Wege zur inneren Stille‘: „Wenn die Nacht kommt und der Rückblick zeigt, daß alles Stückwerk war und vieles ungetan geblieben ist, was man vorhatte, wenn so manches tiefe Beschämung und Reue weckt: dann alles nehmen, wie es ist, es in Gottes Hände legen und Ihm überlassen. So wird man in Ihm ruhen können, wirklich ruhen und den neuen Tag wie ein neues Leben beginnen.“ Gelassenes Lassenkönnen bedeutet also: sich mit allem auf Ihn hin loslassen! Nur auf Ihn hin ist es möglich.

Wo dies geschieht, da öffnet sich eine neue Welt, ein anderes Land. Die Bibel spricht vom ‚Land meiner Ruhe‘. Es ist die Ruhe in jenem Einen, von dem Jesus in der Erzählung von Marta und Maria spricht (Lk 10,38-42). Während Marta, die sich in auffallender Weise mit Maria vergleicht und sicherlich daher sehr aggressiv wirkt, dem Vielen zugewandt ist, ist Maria im Einen still geworden. Ihre Herzensstille bewirkt Augenstille, Ohrenstille und Mundstille. Vor allem aber läßt sie den Willen still werden. Ohne solche Stille gibt es keinen bedeutenden Gedanken, kein künstlerisches Werk, keine menschliche Reifung und keine wahre Liebe.

Wie muß man also leben, damit das Leben eine andauernde Freude wird? Hier ist die Antwort: Vergleiche dich nicht! Übe dich ein in das gelassene Lassenkönnen! Lerne die Stille lieben!

Kleinigkeiten machen das vollkommene Leben aus

Zuweilen hat man den Eindruck, die Menschen früherer Zeiten hätten es einfacher gehabt. Ähnliche Gedanken können einem kommen, wenn man in andere Länder schaut. Doch solche Gedanken sind eine verlockende Täuschung. Sie übersehen, daß es zu allen Zeiten und in allen Ländern den mühsamen Alltag gibt. Man vergegenwärtige sich den ‚verlorenen Sohn' (Lk 15,11-24). Bevor er seinen harten Alltag floh, war er schon oft genug in seinen Träumen auf Reisen gegangen. „Dann brach er auf", heißt es. Das bedeutet: „Er reiste seinen Träumen nach." Doch mit einem Rucksack voller Ernüchterungen kehrte er eines Tages in das Alltagsleben zurück. Nicht die Flucht, sondern die Annahme des Alltags und die Vertiefung in ihn führen zum Grund des Daseins, in dem sich Unerwartetes birgt. Wie aber kommt man dorthin?

Zunächst: Entdecke die vielen Alltagswunder. Jeder Tag mit seinem vielfältigen Erwachen, jede Nacht mit allem, was es in ihr gibt, jeder Tautropfen, in dem sich die Strahlen der aufgehenden Sonne spiegeln, jeder Halm, der eine schwere Ähre trägt, ist ein Alltagswunder, das – wie Goethe einmal sagt – die Augen auswaschen kann. Das größte Alltagswunder aber ist, daß es dich, daß es mich, daß es jeden von uns überhaupt gibt. „Warum bin ich eigentlich, und warum bin ich nicht vielmehr nicht?" fragen sich die Philosophen. Und die Liebenden sagen: „Gut, daß es dich gibt – für mich!" – Entdecke die vielen Alltagswunder.

Daraus ergibt sich ein Zweites: Pflege einen liebevollen Umgang mit den vielen Kleinigkeiten, die deinen Alltag ausmachen. Als Michelangelo an einer Statue arbeitete, kam ein Besucher und schaute ihm zu. Nach einiger Zeit kam er wieder. Er hatte den Eindruck, in der Zwischenzeit sei nicht viel geschehen. Michelangelo aber sagte ihm: „Da irren Sie sich. Hier habe ich geglättet, dort etwas weggenommen. Jenem Zug habe ich etwas mehr Weichheit gegeben, diese Lippe ausdrucksvoller gemacht, jenen Muskel deutlicher hervortreten lassen." – „Aber das sind doch nur Kleinigkeiten", sagte der Besucher. „Mag sein", entgegnete Michelangelo. „Aber vergessen Sie nicht, daß die Kleinigkeiten die Vollkommenheit ausmachen und daß die Vollkommenheit keine Kleinigkeit ist." Der liebevolle Umgang mit den Kleinigkeiten, die der Alltag aufgibt, machen ein vollkommenes Leben aus. Dieses ist deshalb keine Kleinigkeit, weil die Treue zum Kleinen das Schwerste im Alltag ist.

Damit verbindet sich ein Drittes. Karl Rahner formulierte es so: „Bete im Alltag – bete den Alltag." Mit dem Gebet im Alltag meint Rahner jenes regelmäßige Beten, das ohne Rücksicht auf augenblickliche Lust und Laune geübt wird und das der Mensch sich selbst als liebe Gewohnheit abverlangt. Es ist jenes Gebet, das mit bestimmten Augenblicken selbstverständlich verknüpft ist, mit dem Morgen, mit dem Abend, mit dem Essen, mit dem stillen Besuch einer Kirche. Solches Beten ist nicht leicht, weil es so schnell der Vergeßlichkeit oder der Routine anheimfallen kann. Daher: Bete so, daß du in die Worte deines Betens eingehst. Dann trägt dich dein Beten in die Höhen Gottes hinauf.

Man übersehe zudem nicht: Die vielen gleichmäßig verlaufenden Stunden, die Eintönigkeit unserer Pflichten, die Arbeit, die jedermann selbstverständlich findet, das Sichverbrauchen im Alltag, all das kann zu einem Gebet werden, wenn man es auf Gott bezieht. So trägt man mitten im Alltag sein selbstsüchtiges Ich zu Grabe; man wird selbstlos, ohne daß es einer merkt. Diese Selbstlosigkeit ist es, die dem Leben Tiefgang gibt. Er wird, wie Jesus mit seinem ‚Gleichnis vom Schatz im Acker' (Mt 13,44) veranschaulicht, auf Unerwartetes stoßen, das sein bisheriges Leben verändert.

Stefan Andres erzählt einmal von einer Näherin, die dies auf ihre Weise erfahren hat. Für wenig Geld verbrachte sie Tag für Tag in einer Fabrik an der Nähmaschine. Plötzlich ging ihr auf, wie sich der obere Faden mit dem unteren in der Nadel verknüpft. Diese Erkenntnis wurde für sie zu einem überraschenden Gotteserlebnis; denn jetzt verstand sie ihr Leben als einen sichtbaren Faden, der seinen Halt von einem anderen bekommt, der unsichtbar mitläuft und sich in jedem Augenblick mit ihm verknüpft. Ohne diesen unsichtbaren Faden, so ging ihr auf, würde ihr Leben früher oder später auseinanderfallen. Da wurde ihr bewußt, daß das kleine und zerbrechliche Leben nur von Gott her seine Festigkeit und Beständigkeit erhält. Wer diesen Gott in seinem Alltag gefunden hat, dem wird alles andere nebensächlich. Der geistreiche russische Schriftsteller W. W. Rosanow formuliert es so: „Ich könnte auf das Talent verzichten, auf die Literatur, auf die Zukunft meines Ichs. Auf Anerkennung und Berühmtheit würde ich nur allzugern verzichten. Auf Glück und Gesundheit? Das weiß ich nicht. Aber niemals könnte ich auf Gott verzichten. Gott ist das, was mich am meisten wärmt. Mit Gott bin ich im Warmen. Man hat nie Langeweile, niemals ist es kalt bei Gott."

IV

HEUTE FÄNGT DEIN LEBEN AN

In jedem Heute liegt ein Paradies verborgen

Jeder Mensch will glücklich werden", so schreibt der griechische Philosoph Aristoteles, der etwa 300 Jahre vor Jesus Christus gelebt hat, in seiner „Nikomachischen Ethik". Viele Jahre sind seitdem vergangen, geblieben ist hingegen diese Sehnsucht. Man steht vor einem anderen und schaut ihn an. Möglich, daß man sich plötzlich fragt: „Was sollten wir gemeinsam haben?" Die Sehnsucht nach Glück. – Viele Menschen sind uns begegnet; wir haben in ihrer Nähe gelebt und sie oft wenig verstanden. Heute sind sie nicht mehr da. Man hat sie zu Grabe getragen. Was hat uns mit ihnen verbunden? Wieder ist es dieselbe Antwort: Die Sehnsucht nach Glück.

So tief diese Sehnsucht in jedem Menschen lebt, immer werden es nur wenige sein, die das wahre Glück erfahren. Woran liegt es? Die meisten suchen es in der Ferne, in der Arbeit oder in den Ferien, doch oft genug finden sie es weder hier noch dort. Daher ihr Zweifel, ob es das Glück überhaupt gibt. Und so leben sie im Grau des Daseins dahin, ohne unglücklich und ohne glücklich zu sein. Man müßte einen Menschen fragen, dem das Glück aus den Augen schaut. Was würde er zum Thema sagen? Möglicherweise dieses: „Das Glück liegt nicht in der Ferne, nicht jenseits der Meere, sondern vielmehr in dir selbst. Wenn du es dort findest, dann wirst du mit dem Glück Reichtum, Freiheit und Frieden erfahren. Zugleich wirst du für manch einen ein ‚Wegweiser zum Glück'."

Warum das so ist? Vielleicht weiß darauf nur der Glaube eine gute Antwort: „Glück gibt es nur in der Begegnung mit Gott, der in den oft verschütteten Tiefen des menschlichen Herzens wohnt." Aus durchlittener Erfahrung schreibt Augustinus in seinen „Bekenntnissen": „Du Schönheit, so alt und doch so neu, spät habe ich dich geliebt. Siehe, du warst in meinem Inneren, und ich war draußen und suchte dich dort." Sonderbar: Man trägt Gott und mit ihm das Glück in sich selbst und weiß es nicht. Wer also Gott dort sucht, wo er vor allem gesucht werden will, was wird ihm zuteil? „Dann kommt von selbst die Ruhe. Die Stille, die nicht mehr flieht. Das Vertrauen, das nicht mehr fürchtet. Die Sicherheit, die keine Versicherung mehr braucht. Die Kraft, die in der Ohnmacht mächtig ist. Das Leben, das im Tode aufgeht" (Karl Rahner). Und sonderbar: Wer Gott in sich gefunden hat, der nimmt ihn in allem und jedem wahr.

Es gibt nun aber etwas, das den Weg in die Tiefe immer wieder versperrt. Das sind die täglichen Sorgen. Man könnte glauben, die Sorgen gehörten zwangsläufig zu unserem Leben. Der Philosoph Martin Heidegger sagt sogar, jeder Mensch sei von Geburt an in die Sorge hineingehalten. Wie auch immer Heidegger seine Ansicht begründen mag, Jesus dachte anders. Er sagt: „Macht euch keine Sorgen" (Mt 6,31). Das mag einfältig klingen. Aber vielleicht ist es gerade diese Einfältigkeit, die allein von aller inneren Zwiespältigkeit und damit vom Unglücklichsein befreit.

Was ist denn das Eigentümliche eines Menschen, der voller Sorgen ist? Der Schwerpunkt seines Lebens liegt im Morgen, in der Zukunft. Daher erwächst aus seiner Sorge die Angst, und die Angst verbreitet wieder Sorgen. Franz Kafka, ein Mensch voller Angst und Sorgen, macht diesen Zusammenhang deutlich. In einer seiner Erzählungen schildert er einen Mann, der eine Botschaft überbringen soll. Kaum hat er sich auf den Weg gemacht, da sieht er sich vor tausend Schwierigkeiten gestellt. Sie hindern ihn am Weitergehen. Weder er noch die ihm aufgetragene Botschaft kommt durch. Auf einmal ist er nicht mehr da. Man fragt sich, wo er geblieben ist. Spurlos ist er vom Erdboden verschwunden. Offensichtlich haben ihn die Sorgen verschluckt. Dieser Mann ist ein Verwandter dessen, der einmal sagte: „Ich bin noch keinem Menschen begegnet, der mir soviel Kummer bereitet hat wie ich mir selbst."

Es gibt aber noch eine andere Geschichte. Man kann sie in der Bibel (Mk 16,1-8) nachlesen. In ihrem Mittelpunkt stehen drei Frauen, die am Ostersonntag in der Frühe aufbrachen, um den Gekreuzigten in seiner Grabhöhle zu besuchen. Auf dem Weg dorthin wurden auch sie von mancherlei Sorgen überfallen; denn alsbald erhob sich vor ihnen die Frage: „Wer wird uns den Stein aus dem Weg räumen?" Der biblische Schriftsteller fügt hinzu: „Er war sehr schwer." Aber das Besondere an diesen Frauen war, daß sie sich von ihren Sorgen nicht gefangennehmen ließen, sondern ihren Weg einfach weitergingen. So vergaßen sie ihre Sorgen. Mehr noch: Sie erwiesen sich bald als völlig unbegründet; denn als sie am Grab ankamen, war der Stein nicht mehr da. Ob nicht jeder so etwas schon einmal erleben konnte?

Sorge dich nicht; denn Gott sorgt für dich! Das bedeutet vor allem dies: Verlege den Schwerpunkt deines Lebens nicht in das Morgen, sondern in das Heute; denn in jedem Heute liegt ein Paradies verborgen. Wenn ein gläubiger Mensch den gegenwärtigen

Tag als ein einmaliges Geschenk Gottes bejaht und ihn mit allem Guten, aber auch mit allem Schweren annimmt, dann vertieft sich sein Leben in das Heute Gottes hinein. Er wird gewahr, daß Gott in einen Tag nie mehr hineinlegt, als der Mensch zu tragen vermag. Die Freude am Heute nimmt uns die Angst vor dem Morgen.

Von einem japanischen Krieger, der von seinen Feinden gefangengenommen und in eine Gefängniszelle geworfen wurde, wird erzählt, daß er nachts keinen Schlaf finden konnte, weil er damit rechnen mußte, am nächsten Tag grausam gefoltert zu werden. Plötzlich fielen ihm die Worte seines Zen-Meisters ein: „Morgen ist nicht wirklich. Die einzige Wirklichkeit ist die Gegenwart." So besann er sich auf die Gegenwart und fiel in einen tiefen Schlaf.

Wo Himmel und Erde einander berühren

Es gibt Geschichten, die man irgendwann einmal gelesen oder gehört und dann wieder vergessen hat. Aber seltsam: Von Zeit zu Zeit kehren sie ins Gedächtnis zurück, so als wollten sie sich in Erinnerung bringen. Offensichtlich liegt in solchen Geschichten etwas, das einem immer wieder neu gesagt werden muß.

So ist es auch mit jener alten russischen Legende, die von zwei Mönchen erzählt. Warum erzählt sie ausgerechnet von zwei Mönchen, da sie doch allen gilt? Wahrscheinlich, weil in der Tiefe eines jeden Menschen, also in jedem Mann und in jeder Frau, so etwas wie ein Mönch zu Hause ist.

Diese beiden Mönche, in uns allen gegenwärtig,

hatten miteinander in einem alten Buch gelesen, daß es irgendwo in dieser Welt einen Ort geben soll, an dem sich Himmel und Erde berühren, an dem also das große Glück zu finden ist. Sie beschlossen, diesen Ort zu suchen und nicht umzukehren, bevor sie ihn gefunden hätten. So durchwanderten die beiden die Welt. Sie bestanden unzählige Gefahren. Sie erlitten alle Entbehrungen. Alle Versuchungen, die sie vom Ziel hätten abbringen können, wehrten sie entschieden ab. Eine Tür sei dort, so hatten sie gelesen. Man brauche nur anzuklopfen und einzutreten. Schließlich fanden sie die Tür, die sie suchten. Bebenden Herzens sahen sie, wie sich diese öffnete. Als sie eingetreten waren, gingen ihnen die Augen auf: Jeder stand in seiner Klosterzelle. Da begriffen sie: Der Ort, wo Himmel und Erde einander berühren, wo also das große Glück zu finden ist, liegt nicht am Ende der Welt, sondern an der Stelle, wo man hingehört. Er liegt genau da, wo wir täglich unsere Pflicht zu erfüllen haben, wo wir nicht vor dem fliehen, was auf uns zukommt, wo wir das annehmen, was uns aufgetragen ist. Wie oft meinen wir, das Glück unseres Lebens warte überall auf uns, nur dort nicht, wo uns der graue Alltag fordert?

Laß dich also ganz auf das ein, was von dir an deinem Platz gefordert wird; dann wirst du die Erfahrung machen: Der Ort, an dem Erde und Himmel einander berühren, liegt vor deinen Füßen, ohne daß du es bemerktest.

Der Ort, an dem sich Himmel und Erde verbinden, kann aber auch anders verstanden werden. Darauf macht uns die biblische Verkündigung aufmerksam, die von der Verklärung Christi (Lk 9,28-36) erzählt. Sie veranschaulicht: Der Ort, an dem sich Himmel und Erde verbinden, ist der Ort des Gebetes.

Manch einer hält die Zeit, da er betet, für vertane, für verlorene Zeit. Er glaubt, sie bringe ihm nichts. Doch die Verklärung Jesu auf dem Berg Tabor offenbart etwas anderes. Sie macht deutlich, daß die Zeit des Gebetes zu den glücklichsten Augenblicken unseres Lebens gehört. Konnten wir dies nicht selbst schon oft genug erfahren?

Wenn wir einmal die Zeiten in unserem Leben zusammenrechnen, von denen wir sagen können, daß wir in ihnen wirklich voller Glück, Freude und Frieden waren, dann kommen wir wahrscheinlich nur auf eine kurze Zeitspanne. Und wenn wir dann noch einmal nachfragen, was denn das für Zeiten waren, die uns so mit Glück erfüllten, dann werden wir wahrscheinlich feststellen: Es waren nicht selten Augenblicke des Gebetes, in denen wir uns dem Himmel in besonderer Weise nahe fühlten. Das sind die unvergeßlichen ‚Taborstunden' unseres Lebens.

Von Jesus her erfahren wir, wie wir zu solchem Beten kommen. Schauen wir näher zu: Jesus war damals in einer schwierigen Situation. Er stand vor der Entscheidung, nach Jerusalem zu gehen oder nicht. Das war eine Frage auf Leben und Tod. Denn in Jerusalem hatte sich inzwischen alles so zugespitzt, daß er mit einem tödlichen Ausgang seines Lebens in dieser Stadt rechnen mußte. Da Jesus aber nie den leichteren, sondern immer den schwereren Weg wählte, war er bereit, den Weg nach Jerusalem zu gehen.

Doch hier kommt noch etwas hinzu, das für Jesus ebenso charakteristisch war: Nie tat er etwas, ohne vorher mit Gott darüber gesprochen zu haben. Aus diesem Grund stieg er auf den Berg, um dort im Gebet Gott seine Wege offenzulegen und seinen Willen einzuholen. Durch das, was dann geschah, bestätigte ihm Gott: Du bist auf dem richtigen Weg. Mit dem Willen Gottes im Einklang, öffnete sich der Himmel, und das Licht der Ewigkeit umhüllte ihn. Beten bedeutet also: seine Wege vor Gottes Angesicht offenlegen, mit Gott darüber reden und ihn darüber befinden lassen.

Wer es tut, erfährt, wie das Gebet zur Klarheit führt.

Das Gebet aber, das klärt, verklärt den Beter. In solchem Gebet wird dem Beter zugleich die Kraft gegeben, den ihm von Gott gewiesenen Weg zu gehen. Solches Beten ist jedem möglich. Man braucht sich nur zu fragen: Welche Wege gehe ich? Sind es meine eigenen Wege, oder kann ich sagen, daß es die mir von Gott gewiesenen Wege sind? Auf diese Weise findet das Damalige heute statt.

Der Ort, an dem sich Himmel und Erde miteinander verbinden, ist schließlich der Ort, an dem wir uns von Jesus mitnehmen lassen, wie sich die Jünger von ihm mitnehmen ließen, indem sie taten, was Jesus ihnen sagte. Was ist der Mensch zum größten Teil in dieser Welt? Er ist ein Mitgenommener, und dies in den verschiedenen Tönen, die diesem Wort zu eigen sind. Von anderen mitgenommen, erfahren wir uns nicht selten als die Ausgenommenen. Jesus hingegen erweist sich als einer, von dem man sich wirklich mitnehmen lassen kann – bis in den Tod hinein.

Ein Mann, der sich nach langem qualvollem Herumirren schließlich von Jesus Christus mitnehmen ließ, wurde gebeten, etwas über sein Verhältnis zu ihm zu sagen. Er erklärte: „Er ist für mich zur Brücke ins Jenseits geworden. So kam ein ganz anderes Licht in mein Leben. In seinem Licht erkenne ich, woher ich komme, wer ich eigentlich bin, wem ich eigentlich gehöre und wohin ich letztlich gehe.“ – Immer werden wir so, wie die sind, die uns mitnehmen.

Die Treue geht von einem Tag zum anderen

Dietrich Bonhoeffer, der hochgelehrte evangelische Theologe und doch kindlich gläubige Mensch, verbrachte bekanntlich die letzten Jahre seines Lebens im Gefängnis. Trotz ergebnisloser Untersuchungen wurde er in verschiedenen Berliner Haftanstalten festgehalten und schließlich im Konzentrationslager Flossenbürg ermordet. Während seiner langen Haftzeit erlebte er immer wieder Stunden, die plötzlich am Frieden und der Gelassenheit, die ihn trugen, rüttelten, und er empfand sein gläubiges Herz als jenes verzagte Ding, das sich nicht ergründen läßt.

Man muß sich fragen, wie dieser Mann jene dunklen Stunden durchzustehen vermochte, ohne der Verzweiflung anheimzufallen. Bonhoeffer gibt in seinen Gefängnisaufzeichnungen „Widerstand und Ergebung“ selbst die Antwort. Täglich las er in der Bibel, vor allem im Buch der Psalmen: „Den Psalter lese ich wie seit Jahren täglich, es gibt kein Buch, das ich so kenne und liebe wie dieses.“

Wer schon des öfteren dieses Buch aufgeschlagen hat, wird darin immer wieder ein Wort gefunden haben, das gerade wegen seiner Einfachheit und Schlichtheit die Kraft besaß, ihn aus seiner Niedergeschlagenheit herauszureißen. Ein solches Wort sei hier vorgestellt. Es steht im 61. Psalm und lautet: „Ich will mein Versprechen erfüllen von einem Tag zum anderen.“

Der Mann, der so spricht, hat Gott ein Versprechen gemacht. Wir erfahren zwar nicht, worum es ihm im einzelnen ging. Es ist sein Geheimnis sowie das Geheimnis seines Gottes geblieben. Für uns ist einzig die Tatsache wichtig, *daß* er Gott etwas versprochen hat. Daran erkennen wir, daß er sein Leben ‚mit Gott und aus Gott‘ lebte. Dies machte ihn zu einem religiösen Menschen.

Wie leicht und schnell ist das gesagt? Doch wie schwer und langwierig ist es, bis es vollbracht ist? Weil der Psalmist darum weiß, wird er konkreter. Er sagt: „Ich will mein Versprechen erfüllen von einem Tag zum anderen.“ Was ist damit gesagt? Mir scheint, vor allem dies: „Ich will Gott treu sein für diesen einen Tag.“ Was morgen sein wird, es kümmert ihn heute noch nicht. Wichtig ist ihm allein der heutige Tag.

„Ich will Gott treu sein für diesen einen Tag“, das heißt: Ich will diesen Tag mit Gott beginnen und ihn mit Gott beschließen. Auf diese Weise anerkennen wir, daß Gott nicht nur der Ursprung und die Vollendung dieses einen Tages, sondern unseres ganzen Lebens ist. Wir leben nicht nur mit Gott und aus Gott, sondern auch ‚von Gott her und auf Gott hin‘.

Es heißt auch: Ich will an diesem einen Tag das Kleinste in großer Weise tun. Entsprechend sagt Theresia von Avila: „Der Herr sieht nicht so sehr auf die Größe der Werke als vielmehr auf die Liebe, mit der sie getan werden.“

Es heißt schließlich: Ich will auf diesem Weg bleiben, selbst wenn ich am Ende des Tages erkennen muß, daß nicht alles gut gewesen ist. Bei Thomas von Aquin lesen wir ein Wort, das uns dazu ermutigt: „Besser ist es, auf dem Weg zu hinken, als abseits vom Weg forsch dahinzuschreiten. Denn wer auf dem Weg humpelt, kommt zwar nur langsam voran, nähert sich aber dem Ziel. Wer jedoch abseits vom Weg geht, der entfernt sich um so weiter vom Ziel, je kräftiger er ausschreitet.“

Wer sich in seinem alltäglichen Leben von diesen drei Regeln bestimmen läßt, dem wächst die Kraft, die er braucht, wenn ein wirklich schwerer Tag auf ihn zukommt: wenn auf ihn zukommt der letzte Tag seines Lebens. Dann wird er auch diesen mit Gott beginnen und mit ihm beenden. Er wird auch an ihm noch das

Kleinste in großer Weise tun und nicht verzagen, wenn es dunkel um ihn wird.

Dietrich Bonhoeffer erlebte seinen letzten Tag am 9. April 1945. Als er mit den Worten: „Gefangener Bonhoeffer, fertigmachen und mitkommen!" aus seiner Zelle geholt wurde, sagte er den zurückbleibenden Freunden: „Das ist das Ende – für mich aber der Beginn des Lebens."

„Ich will dir treu sein für diesen einen Tag." Ob man mit diesem kurzen Wort nicht jeden neuen Tag beginnen sollte?

Nur wer einen Halt hat, kann Haltung bewahren

Eine solche Wahrheit kann man sich nicht im Kopf zusammenreimen. Man schaut sie vielmehr im Verhalten derer, die in eine extreme Situation getrieben wurden und selbst im Fallen stehen blieben.

Edith Stein: Als sie für ein paar Tage im Lager Westerbork untergebracht worden war, um von dort aus nach Auschwitz transportiert zu werden, begegnete ihr ein holländischer Beamter, der später seine Eindrücke so formulierte: „Ich wußte sofort: Das ist ein wahrhaft großer Mensch (...) Bei einem Gespräch sagte sie: ‚Die Welt besteht aus Gegensätzen ... Letzten Endes (aber) wird nichts bleiben von diesen Kontrasten. Die große Liebe allein wird bleiben. Wie sollte es auch anders sein können?' (...) Ein Gespräch mit ihr ... das war eine Reise in eine andere Welt. In solchen Minuten bestand Westerbork nicht mehr (...) Ich sah ihr Lächeln – ihre ungebrochene Festigkeit ..., die sie nach Auschwitz begleiteten."

Thomas Morus: Nachdem man ihn zum Tod verurteilt hatte, fragte man ihn, ob er noch etwas zu sagen habe. Da antwortete er: „Mehr nicht als dies: In der Apostelgeschichte lesen wir, daß Paulus beim Tod von Stephanus zugegen war und die Kleider derer bewachte, die ihn steinigten. Heute sind beide im Himmel und werden dort ewig Freunde bleiben. Es ist nun meine Hoffnung, daß auch wir, ich und Ihr, die Ihr mich verurteilt habt, uns im Himmel begegnen werden. Darum bitte ich Gott."

Nehmen wir also zu diesen beiden Stephanus hinzu, dann haben wir drei Menschen, die zu sehr unterschiedlichen Zeiten lebten und denen doch viel gemeinsam ist.

Zunächst fällt auf, daß sie selbst in extremer Situation nicht ihre Würde verloren. Das kann man nicht von ihren Gegnern sagen. Von den Gegnern des heiligen Stephanus heißt es: „Sie waren über ihn aufs äußerste empört (...) sie erhoben ein lautes Geschrei, hielten sich die Ohren zu und stürmten wie ein Mann auf ihn los" (Apg 7,54-57). Stephanus hingegen wie auch Thomas Morus und Edith Stein blieben gefaßt und ruhig. Sie hielten sich daran, daß es über ihrem Leben einen gibt, der sie in jedem Fall hält. Der Glaube, von Gottes Hand gehalten zu werden, ließ sie Haltung bewahren. „Den Wert von Diamanten und Menschen kann man erst ermitteln, wenn man sie aus der Fassung bringt", sagt Marie von Ebner-Eschenbach.

Zu solcher Haltung kommt man nicht von heute auf morgen. Sie wird vielmehr in Alltagssituationen eingeübt. Wie wenig sind wir in solchen Situationen Stephanus? Wie oft gleichen wir seinen Gegnern?

Ein Sprichwort sagt: „Licht und Schatten liegen nahe beieinander." Sie liegen vor allem in uns selbst beieinander. Denn in jedem von uns gibt es neben den lichtvollen Bereichen auch die dunklen. An sie ist nicht einfach heranzukommen. Doch wenn man sich fragt, ob man innerlich wirklich so ist, wie man äußerlich erscheint, bekommen wir Kontakt mit ihnen. Tiefere Erfahrungen können wir machen, wenn man uns in Frage stellt, wenn man uns kritisiert, verleumdet, beschimpft oder gar entehrt. In solchen Augenblicken geht uns auf: „Das bin ich also auch. Solche Empfindlichkeit, solche Unsicherheit, Unbeherrschtheit, Ungehaltenheit, solche Rachegefühle, solche Angst gibt es auch in mir."

Die Frage ist, wie wir mit dem Dunklen in uns umgehen. Wir können die Augen davor verschließen, es nicht wahrhaben wollen, es – wie die Psychologen sagen – verdrängen. Aber so kommen wir nicht zu uns selbst. Und was noch unheilvoller ist: Wir sind nicht auf der Suche nach dem, was wir zum Guten hin verändern, sondern was wir verwunden können. Von hier aus verstehen wir etwas von den Vorgängen im Innern derer, die sich gegen Stephanus erhoben. Bevor diese Leute zu den Steinen griffen, haben sie ihm ganz andere Dinge an den Kopf geworfen. Sie schleuderten ihm ihre eigenen Unzulänglichkeiten entgegen. Die fliegenden Steine sind also nur Ausdruck für ihre inneren Verhärtungen.

Wer seine Wirklichkeit sieht und sie annimmt, weil er sich von Gott angenommen weiß, in dem lösen sich alle Verhärtungen. Er bekommt ein neues Gesicht. In ihm leuchtet das auf, was man menschliche Größe nennt. „Ich wußte sofort: Das ist ein wahrhaft großer Mensch", sagte der holländische Beamte von Edith Stein. Wer ist also ein großer Mensch? Der, der sich in das Licht der Wahrheit stellt, der sich mit seinen Licht- und Schattenseiten in das göttliche Du verliert und sich in allen Situationen seines Lebens von diesem getragen und gehalten weiß.

„Das Leben fasziniert mich immer mehr“

Der dänische Philosoph Sören Kierkegaard erzählte einmal von einem guten Mann, der in den schwierigen Situationen seines Lebens immer nur um das eine bat: „Herr, gib mir einen großen Gedanken.“ Er war sich nämlich bewußt, daß nur ein großer Gedanke helfen kann, die Last des Lebens zu bewältigen. Schon von daher empfiehlt sich, mit einem großen Gedanken in einen jeden neuen Tag hineinzugehen; denn es ist der große Gedanke, der Schweres in Tragbares verwandelt.

Natürlich gibt es auch kleine Gedanken. Aber ihnen fehlt die entscheidende Kraft. Sie haben keine Hebelwirkung. Außerdem muß man annehmen, daß es ohne einen großen Gedanken auch kein großes Leben gibt. Daher ist es gut, sich dann und wann zu fragen: „Gibt es in meinem Leben einen wirklich großen Gedanken?“ Ein solcher soll hier vorgeführt werden. Er findet sich in der „Nachfolge Christi“ von Thomas von Kempen und lautet: „Semper incipe – Fange immer wieder an!“ Dieses Wort mag harmlos klingen. Aber man lasse sich nicht täuschen; denn es reicht bis in die letzten Tiefen menschlichen Daseins.

Der spanische Cellist von Weltruf Pablo Casals (1876-1973) erzählt in seinen Lebenserinnerungen „Licht und Schatten auf einem langen Weg“, wie es möglich ist, sich die Lebensfreude bis ins hohe Alter hinein zu bewahren: „Ich bin jetzt über dreiundneunzig Jahre alt, also nicht mehr jung, jedenfalls nicht mehr so jung, wie ich mit neunzig war. Aber Alter ist überhaupt etwas Relatives. Wenn man weiter arbeitet und empfänglich bleibt für die Schönheit der Welt, die uns umgibt, dann entdeckt man, daß Alter nicht notwendigerweise Altern bedeutet, wenigstens nicht Altern im landläufigen Sinn. Ich empfinde heute viele Dinge intensiver als zuvor, und das Leben fasziniert mich immer mehr (...) Selbstverständlich fahre ich fort, zu spielen und zu üben. Auch wenn ich nochmals hundert Jahre leben sollte, würde ich das tun. Ich würde meinen alten Freund nicht im Stich lassen: das Cello."

Was erhält uns also unsere Lebendigkeit? Was bewahrt uns vor dem Altern? Nicht zuletzt die Empfehlung: „Semper incipe – Fange immer wieder an!" Kommen wir in unserem Leben überhaupt über bloße Anfänge hinaus? Ja, je älter der Mensch wird, um so mehr hat er den Eindruck, mit dem Leben überhaupt erst zu beginnen. „Das Leben fasziniert mich immer mehr", sagte Pablo Casals. „Je älter ich werde, desto größer wird das Geheimnis!" schrieb Romano Guardini.

Sonderbar! Man könnte meinen, mit den Jahren werde man sich selbst immer vertrauter und durchsichtiger; doch das Gegenteil ist der Fall. Von hierher relativiert sich auch die Bedeutung des Wortes ‚Ende'. Denn wie die Erfahrung ausweist, ist jedes Ende nur ein neuer Anfang. Warum sollte es also mit dem Ende unseres Lebens anders sein?

Die biblische Botschaft bestärkt uns in dieser Annahme. Immer wieder zeigt sie, wie Gott jedes Ende in einen neuen Anfang verwandelt. Das ist das Geheimnis seiner Liebe. Sie macht nicht Schluß mit uns. Daher schreibt Paulus: „Die Liebe hört niemals auf!"

„Semper incipe – Fange immer wieder an!" Wer sich dazu entschließt, der bleibt dem Geheimnis seines Lebens treu und damit auch dem Geheimnis der Liebe seines Gottes. Judas hat es nicht getan. Welche Hoffnung hätte er denen bringen können, die nur noch auf ein verpfuschtes Leben schauen! Gerade ihnen gilt das Wort: ‚Semper incipe!', wie es allen gilt, die in irgendeiner Weise meinen, das Leben sei für sie zu Ende.

Doch womit sollen wir anfangen? Schauen wir auf Gott! Womit fing er an, als er in diese Welt kam? Er wurde ein Kind. Daher lautet der ‚große Gedanke' in der Verkündigung Jesu: „Werdet wie die Kinder." Menschwerdung bedeutete für ihn wesentlich Kindwerdung. Was heißt das? Fang damit an, das in den Tiefen deines Herzens verschüttete Kind wieder zu beleben. Wer ist es denn, der in uns glaubt und hofft und liebt? Es ist das Kind, das wir im Grund unseres Herzens selber sind.

Was aber ist das Kindlichste am Kind? Das ist sein ‚Aufblick'. Weil es so klein ist, muß es zwangsläufig nach oben schauen. Damit öffnet sich sein Herz in Gottes Unendlichkeit hinein. So wird es empfänglich für das, was von oben kommt. Der Evangelist Lukas erzählt: „Man brachte auch kleine Kinder zu ihm, damit er ihnen die Hände auflegte. Als die Jünger das sahen, wiesen sie die Leute schroff ab. Jesus aber rief die Kinder zu sich und sagte: Laßt die Kinder zu mir kommen; hindert sie nicht daran. Denn Menschen wie ihnen gehört das Himmelreich. Amen, das sage ich euch: Wer das Reich Gottes nicht so annimmt, wie ein Kind, der wird nicht hineinkommen" (18,15-17). Weshalb hatten die Jünger die Leute mit ihren Kindern schroff abgewiesen? Weil sie das Kind in sich selbst nicht mehr zum Zuge kommen ließen; weil das Kind in ihnen erstarrt war; weil sie mit dem Kind in sich ‚fertig' waren. Daher auch ihre mangelnde Offenheit für das, was nur der Himmel geben kann.

Nach oben schauend, fällt das Licht in das kindliche Herz. Daher die lichtvollen Augen der Kinder. Weil es beim Erwachsenen oft anders ist, heißt es in einem kirchlichen Hymnus:

So soll, was in uns dunkel ist,
was schwer uns auf dem Herzen liegt,
aufbrechen unter deinem Licht
und dir sich öffnen, Herr und Gott.

Man muß also ein Kind werden, um zu können, wozu der Evangelist Lukas einlädt: „Richtet euch auf, und erhebt eure Häupter" (21,28). Darin sieht er den Anfang unserer Erlösung. Wer den kindlichen Aufblick zu seinem Wesensblick gemacht hat, der wird erlöst von der Anhänglichkeit an die Vergangenheit und von der Angst vor der Zukunft. Es wird ihm möglich, im ‚Heute Gottes' zu leben. Auf diese Weise werden, wie der Evangelist sagt, alle Rausch- oder Betäubungsmittel überflüssig.

Und auch dies fällt auf: Kinder sind ganz bei dem, womit sie gerade beschäftigt sind. Saint-Exupéry schreibt von den Kindern: „Sie verwenden ihre Zeit an eine Puppe aus Stoff-Fetzen, und die Puppe wird ihnen sehr wertvoll, und wenn man sie ihnen wegnimmt, dann weinen sie." Durch die Hingabe an das Werk, das uns aufgegeben ist, lösen sich unsere inneren Verhärtungen, Verkrampfungen und Feindseligkeiten gegen uns selbst. So erweist sich das Kindlichste am Kind als das Menschlichste am Menschen. Das läßt mich an den englischen Mathematiker und Physiker Sir Isaac Newton (1643-1727) denken, der einmal sein alltägliches Leben mit dem Spiel eines Kindes verglich, das sich am Strand eines Meeres eifrig mit Muscheln und Steinen beschäftigt, während vor ihm der Ozean rauscht. Dieses Bild verdeutlicht, wie sehr sich Newton bewußt war, all seine Arbeit vor einem unendlichen Mysterium zu tun. Daher vermochte es einen tiefen Einfluß auf sein ganzes Wesen, all sein Tun und seinen Umgang mit den Dingen des alltäglichen Lebens zu nehmen. Sagen wir es anders: Das Kind würde gewiß mit seinem Spielzeug anders umgehen, wenn es das Meer nicht vor sich hätte.

Fange immer wieder an, das Kind in dir zu pflegen, indem du aufblickst, im Heute Gottes lebst und dich hingibst an das dir aufgetragene Werk. Dann bist du ein erlöster Mensch, und du selbst wirst Erlöser vieler anderer werden.

Das Wort ‚plötzlich‘ kann unsere Situation völlig verändern

Auch Worte können durch häufigen Gebrauch abgegriffen werden. Auf diese Weise verlieren sie ihre Aussagekraft. Sie machen keinen Eindruck mehr. Doch gibt es ein Wort, bei dem es nicht so ist. Sobald es fällt, trifft es uns in unseren letzten Tiefen. Ich meine das Wort „plötzlich“. Plötzlich, das heißt: mit einem Schlag. Was in dieser Weise über uns hereinbricht, kann unsere augenblickliche Situation völlig verändern. Wir fühlen uns wie gelähmt. Nur allmählich kriechen wir aus unserer Sprachlosigkeit und Ratlosigkeit heraus und überlegen zaghaft, was jetzt noch zu machen ist.

Ein Mann, der durch einen Autounfall seine 34jährige Frau verloren hatte, erzählt: „Sie hatte die Vorfahrt nicht beachtet. Damit war in meinem Leben und im Leben meiner beiden Kinder von einer Sekunde zur anderen alles anders geworden. Immer wieder fragte ich: Warum? Ich konnte nicht verstehen, wie Gott so etwas zulassen kann, und sagte mich für mehrere Jahre von ihm los.“

In dieser Zeit machte er eigentümliche Erfahrungen. Sein ganzes Gottesbild baute sich um. „Mir ging auf einmal auf, wie mein Glaube ausschließlich an den kirchlichen Gottesdienst gebunden war, nicht aber an das alltägliche Leben. Wie oft habe ich in der Kirche gebetet: ‚Dein Wille geschehe!‘? Dann aber, als es passierte, habe ich gegen Gott gegrollt. Ich fing an, die kirchliche Botschaft im Alltag zu leben. Seitdem erfahre ich, wie meine Frau mir viel näher ist als früher. Ich danke Gott für die glücklichen Jahre, die ich mit ihr haben durfte. Jeden Tag erfahre ich heute als Geschenk. Ich habe ein tiefes Gottvertrauen gewonnen und bitte Gott, daß es mir durch nichts mehr genommen wird.“

Das Erlebnis jenes Mannes erinnert an etwas, das wir schnell vergessen, vor allem, wenn alles so läuft, wie wir es wünschen. Es zeigt, wie zerbrechlich und schutzbedürftig wir Menschen sind, wie all unsere Absicherungen und Versicherungen, unsere Absichten und Pläne durch den unverfügbaren Gott überholt werden können. Darauf hat Jesus wiederholt aufmerksam gemacht. Er sagte den Menschen von damals und sagt es den Menschen von heute: „Ihr kennt weder den Tag noch die Stunde" (Mt 25,13).

Am Trierer Dom hat man das Wort „Ihr wißt nicht, zu welcher Stunde der Herr kommt" über die große Turmuhr geschrieben, damit jeder, der zu ihr hinaufschaut, erkennt, daß der Zeiger für ihn plötzlich stehenbleiben kann. Das ist jedoch nur ein vordergründiger Aspekt. Der eigentliche Grund ist, daß wir in jedem Augenblick in der Lage sein sollen, die Leihgabe unseres Lebens an Gott zurückzugeben. Wie steht es unter diesem Gesichtspunkt im Augenblick mit meinem Leben?

„Warum?" fragte jener Mann immer wieder, als sein Lebensglück plötzlich zerbrochen worden war. Und weil er Gott nicht verstehen konnte, ging er fort von ihm. – „Warum?", so fragen wir, und jeder Tag gibt uns Anlaß dazu. Oft genügt ein einziger Blick in die Tageszeitung. Wer aber Gott davonzulaufen sucht, weil er ihn nicht versteht, der kommt nicht weit. Irgendwann kommt er zu ihm zurück. Was ist es, das uns nicht von ihm loskommen läßt? Die Bibel kleidet die Antwort in eine Frage, die zunächst einmal unseren Groll Gott gegenüber verstummen läßt.

Im Buch Judit heißt es: „Nicht einmal die Tiefe des Menschenherzens könnt ihr ergründen (...) Wie wollt ihr dann Gott erforschen? (...) Wie wollt ihr seine Gedanken erkennen und seine Absichten verstehen?" (8,14). In dieselbe Richtung weist der Prophet Jesaja: „Wer kann Gottes Berater sein? (...) Seht, die Völker sind wie ein Tropfen am Eimer (...) Ganze Inseln wiegen nicht mehr als ein Sandkorn“ (40,13ff.). Und ein wenig später lesen wir: „Meine Gedanken sind nicht eure Gedanken, und meine Wege sind nicht eure Wege. So hoch der Himmel über der Erde ist, so erhaben sind meine Wege über eure Wege und meine Gedanken über eure Gedanken“ (55,8f.).

Das ist die Höhe, in die die menschliche ‚Warum-Frage‘ aufsteigen muß, um in sich selbst zur Ruhe zu kommen und den Fragenden zu bewegen, sich in rückhaltlosem Vertrauen diesem Gott zu überlassen, auch wenn er ihn nicht verstehen kann. Wer dies vollbringt, macht Erfahrungen eigener Art. So erging es jedenfalls jenem Mann. Er fing an, die kirchliche Botschaft im Alltag zu leben, und erfuhr, wie ihm in ganz anderer Weise wiedergegeben wurde, was ihm zuvor genommen worden war. Jetzt hatte er nur noch eine Bitte, nämlich: Sein Gottvertrauen möge ihm durch nichts mehr genommen werden.

Damit tritt deutlich hervor, warum Gott dann und wann durch plötzliche, unvorhersehbare Geschehnisse unseren Lebensweg durchkreuzt. Solche Geschehnisse wollen als ‚Weckrufe‘ verstanden werden. Sie wollen uns aus einer Lebensmüdigkeit herausholen und uns den Zugang zu einer bewußten Lebensführung öffnen.

Solche Lebensmüdigkeit leitet sich heutzutage nicht zuletzt von der unabsehbaren Macht her, die der ‚Diktatur des Man‘ zu eigen ist. Darauf hat der Philosoph Martin Heidegger hingewiesen: „Wir genießen und vergnügen uns, wie man genießt; wir lesen, sehen und urteilen über Literatur und Kunst, wie man liest und urteilt; wir ziehen uns … ‚vom großen Haufen‘ zurück, wie man sich zurückzieht; wir finden ‚empörend‘, was man ‚empörend‘ findet.“ Dieser Hinweis läßt erkennen, wie tief das ‚Man‘ den Menschen in seinen Verhaltensweisen bestimmt. Je mehr wir dieser unauffälligen Macht anheimfallen, um so mehr geht uns das uns Eigene verloren. Das ‚Man‘ entlastet uns von uns selbst.

So schläfert es den Menschen ein. Laß dich daher nicht durch das bestimmen, was ‚man' heutzutage tut. Laß dich vielmehr bestimmen von den vielen unvorhersehbaren Dingen, die Gott hineinlegt in jeden neuen Tag. So erwacht in dir die Lebensfreude; denn du erfährst, daß es stimmt: „Wer aufwacht, lebt auf!"

Die Geduld ist der beste Geburtshelfer

In jedem Haushalt gibt es das, was man eine ‚Rumpelkammer' nennt. In ihr findet sich zusammen, was augenblicklich nicht zu gebrauchen ist. Gut, wenn man dann und wann etwas genauer hineinschaut. Man wird unter dem alten Kram manches finden, was inzwischen zu neuer Aktualität gekommen ist.

Ob es nicht auch in unserem ‚seelischen Haushalt' so etwas wie eine ‚Rumpelkammer' gibt, in die ebenfalls alles hineinwandert, was im Augenblick nichts bringt: scheinbar überholte Vorstellungen, verstaubte Ideen, alte sittliche Auffassungen? So könnte es sein, daß unter dem Vielen, was man dorthin abgeschoben hat, auch manche scheinbar antiquierte Tugend zu finden ist und daß dazu auch jene gehört, ohne die es kein glückliches Leben geben kann. Ich meine die Kunst, warten zu können, genauer gesagt: die Geduld, die man den besten ‚Geburtshelfer' nennen kann.

Damit alsbald sichtbar wird, wie sehr das stimmt, wollen wir diese Tugend in jenen Horizont stellen, in den sie gehört. Dieser öffnet sich, wenn wir fragen: Warum hat Gott eigentlich die Welt geschaffen? Er braucht sie doch nicht. In ihrer jetzigen Gestalt besteht sie bereits seit 4,5 Milliarden Jahren. Gewaltige Entwicklungsstadien hat sie durchlaufen müssen, bis in ihr menschliches Leben möglich wurde. Seit etwa einer Million von Jahren lebt in ihr der Mensch. Doch so alt die Welt und der Mensch auch sind, Gott wird sie nicht leid. Er läßt sie nicht aus seinen Händen fallen. Warum nicht? Es muß in ihr etwas Großes heranwachsen. Es muß in ihr etwas im Werden sein, das diese lange Zeit braucht, bis es reif geworden ist. Und Gott läßt ihm diese Zeit. Das ist seine Geduld.

Geduld bedeutet demnach: einem anderen die Zeit lassen, die er braucht, um reif zu werden. Und auch dieses wird hier einsichtig: Reif ist, wer wachsen lassen kann. Unreif ist also, wer von ‚Geduld' nichts versteht.

Diese Welt, in der – wie wir vermuten – etwas Großes heranreift, hat Gott dem Menschen anvertraut. Wie aber geht der Mensch mit diesem Werk Gottes um? Das ist eine Frage, die uns heute ganz neu zum Bewußtsein kommt. Zerstörung, Verschmutzung, Vergiftung, das sind nicht nur politische, sondern eminent christliche Themen. Und dennoch trägt Gott nicht nur die Welt, er erträgt darüber hinaus den Menschen. In seiner Geduld erkennt er offensichtlich den Wert, der auch im Unvollkommenen liegt. Er weiß um den Sinn, den auch das Mißratene und Böse noch in sich hat. Hier erweist sich der Geduldige als einer, der unter dem bleibt, was ihm zur Last geworden ist, der Ungereimtes auszuhalten vermag, und dies, weil er die feste Hoffnung hat, daß alles einmal einen guten Ausgang hat.

Wer sich von dieser Geduld Gottes gehalten weiß, in dem wächst ein tiefes Gottvertrauen. In diesem Sinn schreibt Romano Guardini: „Mit seinem stillen Blick, seinem unbeirrbaren Urteil und seiner göttlichen Ehrfurcht vor der Freiheit hat er gesehen, wie ich fehlte. Er hat meine Vorsätze gehört, die unzähligen, immer wieder gebrochenen und erneuerten und abermals verlassenen. Er hat gesehen, wie ich meine Zeit, meine Fähigkeit des Liebens, meine Kräfte des Handelns an unzählige

Dinge gewendet habe, ruhelos und unstet in allem, beharrlich nur darin, den wirklich wichtigen auszuweichen. Und so geht es fort, und jeder, der diese Gedanken denkt, tut gut daran, sie ins Allerpersönlichste fortzusetzen."

In dem Gesagten liegt nun etwas verborgen, das für uns sehr tröstlich ist: Weil Gott mit uns Geduld hat, deshalb dürfen wir Geduld haben mit uns selbst. Wir empfinden es demütigend, und es ist deprimierend für uns, unsere Schwächen, unsere Armseligkeit und unser Versagen immer wieder neu erleben zu müssen. In einer solchen Situation sagt die Geduld: „Nimm dich an, halte dich aus, gib dich nicht auf; denn es ist dein Glaube, daß Gott um dich weiß und die Geduld mit dir nicht verliert; denn Gott liebt nicht nur den siegenden, sondern auch den ringenden, den kämpfenden Menschen." Wie viele Menschen könnten heute noch leben, wenn sie in der Kraft dieses Glaubens die Geduld mit sich selbst nicht verloren hätten?

Wer Geduld mit sich selber hat, wird sie erfahrungsgemäß auch mit anderen haben. Er kann sich tief in sie hineinfühlen. Auf diese Weise kann ihm bewußt werden, daß in ihm selbst gegenwärtig ist, was ihn am anderen stört. Dennoch kann es schwer sein, den anderen in Geduld zu ertragen, und das vor allem, wenn man täglich mit ihm zusammenleben muß. Hier erweist sich Geduld als Treue; ohne sie geht vieles in die Brüche.

Ich hörte von einem jungen Mann, der sich immer wieder über seine Verlobte geärgert hatte. Jetzt drohte ihm der Geduldsfaden zu reißen. Und da er es ihr schriftlich geben wollte, schrieb er ihr einen Brief voll bitterer Vorwürfe. Am Schluß stellte er es ihr anheim, ihre eigenen Wege zu gehen: „Ich mache das nicht länger mit!" Glücklicherweise beschloß er, eine Nacht darüber zu schlafen und den Brief gegebenenfalls am anderen Morgen einzuwerfen. Über Nacht ging ihm auf, wie egoistisch er seinerseits war. Er besann sich.

Dann verbrannte er den Brief und schickte die Asche mit den folgenden Zeilen an seine Braut: „Liebe Erika, beiliegend schicke ich Dir die Asche eines bösen Briefes, den ich Dir gestern abend geschrieben hatte. Du weißt, wie sehr ich Dich liebe. Daher habe ich diesen Brief verbrannt ...“ Noch am selben Tag kam seine Braut und entschuldigte sich. Zugleich brachte sie zum Ausdruck, wie sehr sie sich über seine Idee gefreut hatte, und versicherte, die Asche als Mahnung zu bewahren.

Die Geduld ist der beste Geburtshelfer. Sie bewahrt uns vor Kurzschlußhandlungen; sie schenkt uns Zeit zur Besinnung und zeigt uns Wege, auf denen wir glücklich werden können. Dom Helder Camara hat das kleine Gebet geschrieben: „Eine schlichte Wasserlache möchte ich sein und den Himmel spiegeln.“ Das heißt: die Geduld des Himmels spiegeln in meiner Geduld.

Wie man immer über Wasser bleibt

Wenn du versuchst, in dieser Welt den Willen Gottes zu erfüllen, dann wirst du verspottet werden wie der alte Noach beim Bau seiner Arche. Aber du hast noch etwas mit ihm gemeinsam: Du bleibst dabei immer über Wasser“ (Günther Siegel).

Diese uralte Noach-Erzählung aus dem ersten Buch der Bibel geht keinem aus dem Sinn, der sie einmal gelesen oder gehört hat. Gläubigen Herzens suchte Noach auf Gottes Wort hin seine Bretter zusammen und begann, daraus die rettende Arche zu bauen. Man kann sich tatsächlich gut vorstellen, wie die anderen sich ihm gegenüber verhielten und was sie ihm erklärten. Doch wußten sie nicht, daß sie alle in den plötzlich hereinbrechenden Fluten untergehen sollten. Die Quintessenz dieser Geschichte: Wer sein Tun auf den Willen Gottes abstimmt, den hält der Geist Gottes über Wasser, den trägt er zu anderen Ufern.

Aber in jener Geschichte, die von Noach erzählt, gibt es nicht nur den Hinweis, daß „Noach alles genauso tat, wie ihm Gott aufgetragen hatte“ (Gen 6,22). Vielmehr findet sich darin auch so etwas, was man als ein ‚Charakterzeugnis‘ bezeichnen könnte: „Noach war ein gerechter, untadeliger Mann unter seinen Zeitgenossen; er ging seinen Weg mit Gott“ (Gen 6,9). Ob man von einem Menschen etwas Besseres sagen kann? Ob es etwas gibt, das sicherer, glücklicher, zufriedener, ausgeglichener macht, als seinen Weg mit Gott zu gehen?

Von seinen Zeitgenossen hingegen werden drei Dinge hervorgehoben, die weit auseinander zu liegen scheinen und doch ganz dicht zusammengehören:

Erstens: „Alles Sinnen und Trachten in ihren Herzen war böse.“ Und: „Sie waren voller Gewalt“ (Gen 6,5 und 11). Die Gewalt ist nach dem Zeugnis der Bibel der Inbegriff des Bösen. Damit könnte auch gesagt sein, daß jeder Mensch viel gewalttätiger ist, als er glaubt.

Zweitens: Mag sich die Gewalttätigkeit in Worten oder in Taten zeigen, sie beginnt immer im Herzen, im verborgenen Sinnen und Trachten eines Menschen. Es sind also stets die Gedanken, von denen jedes Unheil ausgeht. Sie sind wie Saatkörner, aus denen die Taten erwachsen. Daher sagen die Meister des Lebens: Jede Erneuerung des Menschen beginnt damit, daß man seine Gedanken kontrolliert und seine negativen Vorstellungen in positive verwandelt.

Drittens: Wer das Gesagte im Zusammenhang der Noach-Geschichte sieht, erfährt: Der Böse hat keine Zukunft. Seine Tage sind gezählt. Das zeigen bereits die vielen Einzelschicksale in unserer näheren oder gar nächsten Umgebung. Das zeigt sich auch in den geschichtlichen Abläufen. Warum hat der Böse keine

Zukunft? Die Antwort, die die Noach-Geschichte gibt, ist einfach und tief zugleich: „Er geht seinen Weg ohne Gott."

Der Mensch ist immer so wie die Wege, die er geht. Das sieht man an Noach. Er war ein guter Mensch, weil die Wege gut waren, die er ging. Wie aber zeigt sich seine Güte? Wenige Hinweise mögen genügen:

Noach ist ‚weise'. Er glaubt daran, daß es keine Situation gibt, aus der durch Gottes Geist nicht wieder herauszufinden ist. Noach ist ‚sanftmütig'. Sein Wesen ist völlig frei von jeder Gewalttätigkeit. Er brauchte es auch nicht zu sein. Denn je mehr die Kraft des Geistes in einem Menschen gegenwärtig ist, desto gewaltloser kann er sich geben. Und Noach kann warten. Das wird zweimal hervorgehoben (8,10 und 12). So erweist er sich als ein Mann der Geduld. Sie brachte ihm wieder Boden unter die Füße.

Die Arche – wie kommt man an ein solches Rettungsboot? Dadurch, daß man tut, was Gott einem aufträgt. Ob man es merkt oder nicht: Auf diese Weise entsteht mehr und mehr das, was trägt, birgt und schützt, was auch immer einen umgeben mag.

So kommst du überall durch

Zuweilen hört oder liest man etwas, von dem man nicht genau weiß, ob es tatsächlich geschehen ist oder ob es erzählt wird, weil eine tiefere Wirklichkeit sichtbar gemacht werden soll. So ist es auch mit dem, was im folgenden erzählt werden soll. Ob es in der Tat so gelaufen ist, weiß ich nicht. Auf jeden Fall wird unsere Aufmerksamkeit auf etwas gerichtet, das viel wichtiger ist als das.

Zwei Fernfahrer kamen mit ihrem Lastzug zu einer Brücke. Da sie nicht wußten, ob sie darunter durchkommen würden, probierten sie es. Doch plötzlich blieben sie hängen. Nur wenige Zentimeter hinderten sie an ihrer Weiterfahrt. Die beiden stiegen aus und guckten einander ratlos an. Und während sie so dastanden, gesellte sich ein Junge zu ihnen. Nach einem kurzen Augenblick erklärte er: „Ich weiß die Lösung!" Die beiden Kraftfahrer schauten ihn ein wenig von oben herab an: „Na, wie denn?" – „Ihr müßt Luft herauslassen – aus den Reifen, dann kommt ihr durch!" Die beiden dachten, der Junge wolle sie verschaukeln. Dann aber sahen sie, daß er recht hatte. Ein Weiser hörte es und sagte: „Oft genug kommen wir nicht durch, bleiben wir irgendwo hängen, weil wir zu aufgeblasen sind. Wir sollten etwas Luft herauslassen, bescheidener werden, dann kommen wir überall durch."

Was jener Junge den beiden Männern riet und was im Anschluß daran der Weise zum Besten gab, hat etwas mit dem zu tun, was Jesus damals seinen Zuhörern vor Augen hielt; denn auch er wollte zeigen, wie man überall durchkommt, nicht nur bei den Menschen, sondern vor allem bei Gott. Er faßte dieses Kapitel seiner Lehre in den Satz zusammen: „Wer sich selbst erhöht, wird erniedrigt, und wer sich selbst erniedrigt, wird erhöht werden" (Lk 14,11).

Doch erhebt sich hier die Frage, worum es Jesus dabei eigentlich ging. Bei allem, was er verkündete, kam es ihm nie auf die äußere Größe an. Allein die innere Größe war ihm wichtig. Zu ihr aber gelangt man nur, wenn man aufhört, ‚aufgeblasen' zu sein.

Der französische Schriftsteller François Mauriac lädt einmal dazu ein, in die Vergangenheit seines Lebens zurückzuschauen. Auf diese Weise könnte uns bewußt werden, daß uns die Größe der menschlichen Seele weniger „durch berühmte Persönlichkeiten, mit denen umzugehen im übrigen eine Ehre und ein Vergnügen ist, enthüllt wurde, sondern durch ganz im Verborgenen lebende, ganz unbekannte Geschöpfe, Menschen, deren Tod nicht Vergessen bedeutet". Dabei dachte er an eine Frau, um die sich die Chirurgen vergebens bemüht hatten und die jetzt in ihrem Zimmer auf ihren Tod wartete. Obwohl ihr Gesicht bereits zerstört war, offenbarte es ihre innere Schönheit. Auffallend war vor allem das Feuer in ihren Augen. Weniger ihre Worte als vielmehr der Klang ihrer Stimme beeindruckte ihn nachhaltig. Wäre er nicht schon gläubig gewesen, diese unbekannte sterbende Frau hätte ihm den geheimen Beweis geliefert, daß ein Teil unseres Selbst die Vernichtung überlebt, ein Beweis, der für ihn überzeugender war als irgendeine verstandesmäßige Überlegung.

Was bedeutet also menschliche Größe, und wie kommt man zu ihr? An dieser Frau wird es sichtbar. Sie hatte nichts Unechtes, nichts Aufgeblasenes an sich. Bei aufgeblasenen Leuten genügt ja schon ein kleiner Stich, um sie zum Platzen zu bringen. Diese Frau aber verlor selbst durch den Todesstoß nichts von ihrer vornehmen Bescheidenheit. Sie blieb die, die sie war. An ihr offenbart sich, daß Bescheidenheit das unverwechselbare Kennzeichen eines innerlich großen Menschen ist. Ob man sie hat, bemerkt man nicht in Augenblicken, da es einem gutgeht, da man Erfolg hat oder Lob empfangen darf. Man merkt es vielmehr in den Augenblicken, da all das aufhört; wenn es einem also nicht mehr gutgeht, wenn vergebliche Mühe an die Stelle des Erfolges tritt, wenn man keinen Lobspruch mehr empfangen kann, weil die Zeit für Sprüche vergangen ist. Wer dann bescheiden bleibt, der ist es wirklich.

Damit hängt zusammen: Innerlich groß ist, wer sich nicht so wichtig nimmt. Wir kennen dieses Wort aus dem Mund von Papst Johannes XXIII. Als er unter der schweren Last seines neuen Amtes nicht mehr schlafen konnte, sah er auf einmal im Wachtraum seinen Schutzengel, der ihm zuraunte: „Giovanni, nimm dich nicht so wichtig!“ Seitdem konnte er wieder schlafen. – Warum hat dieses Wort eine solch befreiende Wirkung? Weil jeder dazu neigt, sich selbst zu wichtig zu nehmen, sich selber zu sehr aufzublasen. Davor will uns vor allem unser ‚Schutzengel‘ bewahren. Hier geht es offensichtlich um eine der größten Gefahren unseres Lebens.

Aber auch dieses sollte nicht übersehen werden: Innerlich groß ist, wer den Platz annimmt, der ihm durch das Leben, durch das Schicksal, durch Gott unabwendbar zugewiesen worden ist. Vielleicht hätte Jesus auch sagen können: „Nimm den Platz ein, der dir zugewiesen ist; dann wirst du auch in der Welt Gottes deinen Platz sicher haben.“

Um 180 v. Chr. schrieb der Weisheitslehrer Jesus Sirach: „Bei all deinem Tun bleibe bescheiden, und du wirst mehr geliebt werden als einer, der Gaben verteilt. Je größer du bist, um so mehr bescheide dich, dann wirst du Gnade finden bei Gott. Denn groß ist die Macht Gottes, und von den Bescheidenen wird er verherrlicht“ (3,17-18.20).

Wie ist die Schildkröte auf den Zaunpfahl gekommen?

Wenn ich an mein Elternhaus denke, erinnere ich mich nicht zuletzt an die Bilder, die in den verschiedenen Zimmern hingen und diesen eine eigentümliche Prägung gaben. Nie wurden sie gewechselt. Offensichtlich waren sie auch unter Berücksichtigung des Platzes ausgewählt worden, den sie einnehmen sollten. So begleiteten sie mich durch meine Kindheit und Jugendzeit.

Und auch dieses möchte ich hier erwähnen: Nie

wurde ich sie leid. Heute weiß ich den Grund. Je nach der Situation, der Jahreszeit oder dem Alter, in dem ich mich befand, sagten sie mir etwas Neues. Daher glaube ich, daß jedes Bild eine Vielzahl von Deutungen zuläßt, die alle richtig sein können. Diese Eigenschaft, unser Leben zu deuten, macht ein Bild bedeutsam.

Das bringt mir eine kleine Begebenheit aus dem Leben des amerikanischen Schriftstellers Alex Haley (geboren 1922) in den Sinn. Mit seinem Welterfolg „Wurzeln" wurde er über Nacht zu einem der gefeiertsten Schriftsteller Amerikas. In seinem Arbeitszimmer hängt das Bild einer Schildkröte, die auf einem Zaunpfahl sitzt.

Als ihn sein Freund John Gaines besuchte und sein Blick auf dieses Bild fiel, sagte er zu Haley: „Wenn du eine Schildkröte auf einem Zaunpfahl sitzen siehst, weißt du, daß sie das nicht ohne Hilfe geschafft hat." Dazu Haley: „Sobald ich mich bei dem Gedanken ertappe: ‚Junge, das hast du großartig hingekriegt!', werfe ich einen Blick auf das Bild, und gleich wird mir wieder bewußt, wie die Schildkröte – sprich: ich – da hinaufgekommen ist."

Ich weiß nicht den eigentlichen Grund, aus dem Alex Haley dieses Bild von der „Schildkröte auf dem Zaunpfahl" in seinem Arbeitszimmer aufgehängt hat und welche Deutung er ihm gab. Doch bleiben wir bei jener Deutung, mit der ihn sein Freund überraschte. Sie könnte auch für uns von Bedeutung sein; denn wie schnell kann uns selbst das leicht überhebliche Gefühl überfallen, das uns selbst auf die Schulter klopfen läßt: „Das hast du mal wieder toll gemacht; das sollen dir die anderen erst einmal nachmachen!"

Indem wir uns selbst mit solcherlei Gedanken in den Vordergrund schieben, übersehen wir, wie viele uns in irgendeiner Weise selbstlos behilflich waren, damit unser Werk gelingen konnte. Ohne sie hätten wir in unserem Leben nur wenig erreicht. Wir wären wie eine

Schildkröte, die ohne Hilfe nicht weit nach oben kommt. So öffnet uns dieses Bild für eine oft übersehene Wahrheit, die uns in Bescheidenheit und Dankbarkeit hält.

Würde man uns fragen, mit welchem Wort wir unser Leben beschließen wollten, was würden wir sagen? Wie immer unsere Antwort lauten wird, sie offenbart vieles über die Qualität unseres Lebens, so wie das letzte Wort des heiligen Johannes Chrysostomus (354-407) zu erkennen gibt, was für sein Leben bestimmend war: „Gott sei Dank für alles!" Wahrscheinlich hat er so am Ende eines jeden Tages gesprochen.

Leite alles aus dem Kopf ins Herz hinein

Vor kurzem begegnete mir ein 54jähriger Mann, dem man gerade in der Universitäts-Klinik Wien das Herz eines 40jährigen Tirolers eingepflanzt hatte. In einem Gespräch erzählte er, daß sein altes Herz nur noch 16 Prozent funktionstüchtig gewesen sei. Jetzt fühle er sich wie neugeboren. Von 30 Patienten, so sagte er, würden etwa 25 überleben. Das ließ ihn voller Hoffnung in die Zukunft schauen.

Nun ist es gewiß kein Zufall, daß die Menschen schon immer vom ‚Herzen' nicht nur im Hinblick auf diesen auswechselbaren Muskel reden. Im Buch der Sprichwörter heißt es beispielsweise: „Ein fröhlich Herz macht auch das Antlitz heiter; jedoch bei Herzeleid ist das Gemüt bedrückt" (15,13). Wer wüßte das nicht! Ist hingegen ein Mensch unnachgiebig, gefühllos oder kalt, so sagen wir, er sei hartherzig oder er habe kein Herz. Daher kann man verstehen, warum Gott den Propheten

Ezechiel sprechen läßt: „Ich schenke ihnen ein neues Herz ... ich nehme das Herz von Stein aus ihrer Brust und gebe ihnen ein Herz aus Fleisch“ (11,19). Ein Herz aus Fleisch, das ist ein Herz, das mitfühlen und mitleiden kann, fähig, die Not des anderen zu erkennen und mit ihm zu teilen.

Bei Blaise Pascal lesen wir das berühmte Wort: „Es ist das Herz, das Gott fühlt, nicht der Verstand; Gott ist dem Herzen spürbar, nicht dem Verstand.“ Das ist der Grund, weshalb Edith Stein den schmerzhaften Weg vom Verstand zum Herzen gehen mußte, um Gott begegnen zu können. Denn das Herz ist der einzige Ort, an dem anhaltende Beziehungen geknüpft werden können. Nur Beziehungen, die in der Tiefe des Herzens verankert sind, lassen sich nicht lösen, mögen es die Beziehungen von Mensch zu Mensch sein oder die Beziehung von Mensch zu Gott.

Erwähnt sei auch die kurze Beschreibung des Weges zum Herzen, die der Starez in den „Erzählungen eines russischen Pilgers“ gibt: „Ziehe dich in die Einsamkeit zurück; setze dich still hin; schließe die Augen und leite alles aus dem Kopf ins Herz hinein.“ Der Pilger schildert, wie er diese Anleitung befolgte und wie sich allmählich alles in ihm und um ihn herum zu verändern begann. Die Arbeiten, die ihm vorher mühevoll erschienen, gingen ihm nun mit Leichtigkeit von der Hand. Die Menschen schienen ihm wie ausgewechselt: „Alle waren jetzt viel gütiger zu mir; ich hatte den Eindruck, als hätten mich alle liebgewonnen.“ Eine bislang nicht gekannte Lebensfreude wurde in ihm wach.

Verknüpfen wir nun das bislang Gesagte, dann zeigt sich: Es gibt so etwas wie ‚das Herz im Herzen‘. Wir verstehen darunter den innersten Raum im Leben eines Menschen, „wo Liebe und Leid ihr Zuhause haben, wo Geborgenheit und Frieden zu finden sind, wo Entscheidungen fallen und Enttäuschungen ausgetragen werden, wo Zuneigung und Sympathie ihre Kräfte spielen lassen, wo Ängste durchgestanden werden und Erfolge reifen, wo Einsamkeit und Tränen wohnen, wo Seligkeit und Paradies ihre Inseln haben" (H. Wallhof). Man kann sich leicht vorstellen, wie einflußreich die Beschaffenheit des inneren Herzens auf das äußere Herz ist. Daher drängt sich hier die Frage auf: Könnte es nicht sein, daß eine der Hauptursachen für die vielen Herzkrankheiten unserer Zeit darin besteht, daß ‚das Herz im Herzen' nicht viel taugt?

Um diesen geheimnisvollen Zusammenhang, den wir heute wieder neu zu entdecken beginnen, wußte Jesus gut Bescheid. Ihm ging es letztlich allein um ‚das Herz im Herzen'. Dieses von allem Dunklen, Bösen, Gewaltsamen, Schmutzigen, Selbstsüchtigen und Gierigen zu heilen war seine eigentliche Absicht. Menschen, die es wagten, sich der heilenden Kraft seiner operativen Liebe rückhaltlos anzuvertrauen, bekennen einmütig, sie hätten den Eindruck, erst jetzt mit dem Leben zu beginnen. Um welche Erfahrungen geht es hier? Ich möchte vor allem drei nennen.

Dem neuen Herzen erwachsen neue Augen, Augen, die sehen, „daß auch die kleinen Dinge unsagbare Tiefen haben, Boten der Ewigkeit sind, immer auch mehr sind als sie selbst, wie Wassertropfen sind, in denen sich der ganze Himmel spiegelt, wie Zeichen, die über sich hinaus verweisen, wie vorauslaufende Boten, die, wie bestürzt von der Botschaft, die sie bringen, die kommende Unendlichkeit vorausverkünden" (K. Rahner). Welch eine Botschaft liegt beispielsweise in einem kleinen Saatkorn! Welch ein Reichtum kann aus ihm hervorgehen! Ein kleines Samenkorn, der Kern einer Frucht, das gefärbte Blatt an einem herbstlichen Baum, die Reihenfolge der Jahreszeiten, all das wird für den, der die Welt als Gottes Schöpfung versteht, zu unersetzbaren Sinndeutern seines Lebens.

Aus solcher Weltanschauung ergibt sich wie von selbst ein tiefer Dank. Er ist die beste Arznei gegen jede

Traurigkeit. Ein östlicher Mönch hat einmal darauf hingewiesen, daß kein Tag vergehe, ohne daß uns Gott nicht drei Dinge schenke, wofür wir ihm danken könnten. Das ist sehr kurz gegriffen, wenn man das Wort des Apostels Paulus bedenkt: „Was hast du, das du nicht empfangen hättest?“ (1 Kor 4,7). Die Erfahrung zeigt, daß solcher Dank mit den Lebensjahren wächst. Martin Buber schreibt dazu: „Je älter man wird, um so mehr wächst in einem die Neigung zu danken. Vor allem nach oben. Das Leben wird ja nun, so stark wie es nie zuvor möglich gewesen wäre, als eine unentgeltliche Gabe empfunden, und gar jede restlos gute Stunde nimmt man wie ein überraschendes Geschenk mit ausgestreckten, dankbaren Händen entgegen. Sodann aber verlangt es einen mal und mal, seinem Mitmenschen zu danken, selbst wenn er nichts Besonderes für einen getan hat. Wofür denn? Dafür, daß er mir, wenn er mir begegnete, wirklich begegnet ist, daß er die Augen auftat und mich mit keinem anderen verwechselte; daß er die Ohren auftat und zuverlässig vernahm, was ich ihm zu sagen hatte: Ja, daß er das auftat, was ich recht eigentlich anredete, das wohlverschlossene Herz.“

Mit dem Bewußtsein, daß alles letztlich Geschenkcharakter hat, wächst schließlich die Solidarität mit jenen, denen der Hunger die letzte Kraft zum Danken nimmt. Es sind nicht weniger als 100 000 Menschen an jedem Tag.

Sehen, danken, teilen – wer dies bedenkt, erfährt, ob sein Herz ein altes oder ein neues ist.

Wer nicht danken kann, kann auch nicht lieben

In einer seiner Skizzen erzählt der russische Dichter Iwan Sergejewitsch Turgenjew (1818-1883), ein feinsinniger Verehrer wahrer Schönheit, wie Gott eines Tages ein großes Gastmahl gab. Dazu lud er alle Tugenden ein. Ausnahmslos kamen sie, die kleinen und die großen. Je mehr das Fest in Gang kam, um so deutlicher wurde, daß der Umgang mit den kleineren Tugenden angenehmer und unbeschwerlicher war als der mit den großen. Doch glücklich und zufrieden waren sie alle. Sie unterhielten sich ungezwungen, wie es sich unter nahen und guten Verwandten gehört. Und Gott war mitten unter ihnen. Da fielen ihm zwei von ihnen ins Auge, die ungewöhnlich gut aussahen, sich aber offenbar noch nicht kannten. Daher nahm er die eine und führte sie zur anderen: So standen sie sich auf einmal gegenüber: die Güte und die Dankbarkeit. Beide waren sehr erstaunt; denn solange es Menschen in dieser Welt gibt, waren sie sich noch nicht begegnet.

Ob übertrieben oder von persönlichen Enttäuschungen inspiriert, Turgenjew veranschaulicht in dieser kleinen Erzählung die bekannte Erfahrungstatsache, daß Güte und Dankbarkeit sich nicht sehr nahestehen. Das kann an der Güte liegen; denn es gibt eine Güte, die es schwermacht zu danken. Wer erinnert sich nicht an Situationen, da er das ihm Geschenkte am liebsten wieder zurückgegeben hätte, weil ihn der Geber mit seiner Gabe verletzt und gedemütigt hatte?

Aber der Grund, weshalb sich Güte und Dankbarkeit so fremd sind, kann auch bei der Dankbarkeit liegen, weil diese relativ selten in Erscheinung tritt. Ich denke beispielsweise an eine bekannte Sängerin. In ihrer Glanzzeit blitzten die Lichtreklamen großer Varietés ihren Namen in die Dunkelheit der Nacht. In ihrem Alter hingegen lebte sie in einer einsamen Mansardenwohnung und fühlte sich krank und allein gelassen. Man hatte sie vergessen. Sie, deren Stimme jeder kannte, mußte schließlich mit sich selber reden, um eine Stimme zu hören. Körbeweise erhielt sie in früheren Zeiten Post; später freute sie sich über eine Karte, die ihr jemand aus dem Urlaub schickte.

Übrigens stellt sich hier die Frage: Wo waren eigentlich die Freunde ‚des verlorenen Sohnes' geblieben, an die er sich in seiner ‚Glanzzeit' verschwendet hatte, als ihn selbst Armut und Elend gefangenhielten? Wir wissen es nicht. Man muß dem Schriftsteller des Buches Jesus Sirach recht geben, wenn er schreibt: „Mancher ist Freund als Gast am Tisch; doch am Tag des Unheils ist er nicht zu finden. In deinem Glück ist er eins mit dir, in deinem Unglück aber läßt er dich im Stich" (6,10f.).

Gibt es nicht zu denken, daß selbst Jesus damit gerechnet hatte, es wären auch die neun anderen, die durch ihn geheilt worden waren, zurückgekommen? Doch nur einer kam, und dieser war ein Fremder (Lk 17,11-19). Dieser Hinweis deutet an, daß der Dank oft von jenen kommt, von denen wir es am wenigsten erwartet hätten.

Warum kehrten die anderen nicht zurück? Ein Reporter ging dieser Frage nach. Er stieg in den ‚Zug der Zeit' und fuhr nach ‚damals'. Dort angekommen, ging er den einzelnen nach. Der erste sagte: „Ich bin von Natur nicht undankbar. Ich wollte zuerst meiner Familie und meinen Bekannten zeigen, daß ich auf einmal wieder gesund war. Dann wollte ich Jesus danken. Doch er war bereits weitergegangen." Der zweite meinte: „Ich wollte nicht mit leeren Worten danken, sondern mit einem Geschenk. Aber ich fand nichts Passendes." Der dritte erklärte: „Als ich erkannte, daß ich geheilt war, wußte ich nicht, ob es von Dauer sein würde. Deshalb ging ich nicht." Der vierte erwiderte: „Ich dachte, daß Jesus für das Gute, das er tut, keinen Dank erwartet. Darum unterließ ich es." Ehrlich mutet einen an, was der fünfte sagte: „In der Freude des Wiedersehens habe ich es glatt vergessen." Der sechste beteuerte: „Wirklich, ich wollte danken, aber die meisten kehrten nicht um, und ich folge immer der Mehrheit." Die Antworten der Restlichen können wir uns sparen; denn sie lauten ähnlich. Wichtig aber ist, was jener Samariter, der Fremde, sagte, den jener Reporter ebenfalls ausfindig machen konnte: „Ich konnte einfach nicht nach Hause gehen, ohne Jesus gedankt zu haben."

Dieses ‚Interwiew mit den zehn Aussätzigen', von dem Johnson Gnanabaranam erzählt, macht deutlich: Der undankbare Mensch kann sagen, was er will, er vermag seine Schwäche nicht zu vertuschen, die immer Ausdruck seiner Selbstsucht ist.

Nur nebenbei sei erwähnt, daß sich der Mensch mit dem Danken heute schwerer tut als früher. Vielfach will er nichts geschenkt haben. Er will vielmehr das, worauf er ein Recht hat. „Die Krankenkasse bezahlt ja alle Aufwände. Und das ist mehr als genug!" sagt der eine oder andere, der heute Heilung erfährt. Er packt seine Koffer und geht, ohne Dank zu sagen. Von wem geht er weg? Vor allem von seiner eigenen Menschlichkeit. Denn wo die Dankbarkeit schwindet, schwindet auch die Menschlichkeit.

Wofür aber könnten wir danken? Ich hörte einen danken für den Löffel Honig, den er morgens beim Frühstück zu sich nahm; denn er sagte sich: „Ein Löffel Honig, dafür hat Gott Tausende von Bienen Tausende von Stunden fliegen lassen. Tausend Blumen ließ er blühen, und die Sonne ließ er scheinen; denn bei Regen fliegen die Bienen nicht" (Phil Bosmans). Ich hörte einen beten: „Gott, ich danke dir, daß du die Erde schief gestellt hast, denn so kommt Abwechslung in unsere Welt. Es wird jedes Jahr Frühling, Sommer, Herbst und Winter, und jedes Jahr erleben wir das

Wachsen und Reifen und auch das Absterben und Vergehen. Immer haben wir etwas zu erwarten und zu hoffen; immer haben wir etwas, dem wir nachtrauern. Mit der kleinen Schiefstellung der Erde erreichst du alles. Sonst hätten wir immer und ewig die gleiche Jahreszeit." Ich hörte einen sagen: „Ich danke für alle Stunden meines Lebens, auch für die dunklen und die schweren; denn in diesen können tiefere Geheimnisse verborgen sein als in den hellen und leichten."

Wofür aber dankte eigentlich jener Fremde, von dem der Evangelist Lukas erzählt? Nicht nur und nicht einmal in erster Linie dafür, daß er durch die Heilung wieder gesund und normal geworden war, sondern vor allem für den Neuanfang seines Lebens, der für ihn darin bestand, daß er fortan ‚mit Gott' lebte. Darin liegt das eigentliche Wunder. Nimmt man alles zusammen, so kann man Paulus verstehen, wenn er schreibt: „Danket Gott, dem Vater, allezeit für alles im Namen Jesu Christi, unseres Herrn" (Eph 5,20).

Man müßte sich eigentlich ‚ein Tagebuch des Dankens' zulegen. Dann würde einem bewußt, daß nichts selbstverständlich ist. Man würde auf die vielen Wunder aufmerksam, aus denen sich jedes Leben zusammensetzt.

V

HINTER JEDEM SCHATTEN STEHT EIN LICHT

Das Gespür für den göttlichen Kern in jedem Menschen

In den letzten Tagen seines Lebens war der achtzigjährige Philosoph Immanuel Kant (1724-1804) sehr krank. Als der Arzt ihn besuchte, nahm er seine letzte Kraft zusammen, um sich von seinem Stuhl zu erheben und den Arzt zu begrüßen. Da bat der Arzt den geschwächten Mann, doch sitzen zu bleiben. Aber Kant erwiderte ihm: „Das Gefühl für Humanität hat mich noch nicht verlassen.“ Diese Äußerung machte den Arzt sehr betroffen.

Diese unscheinbare Begebenheit offenbart, wie tief dieser namhafte Philosoph an die Würde des Menschen glaubte. Gerade in den alten und kranken Tagen wird der Mensch von mancherlei verlassen. Seine Kräfte schwinden dahin. Auf vieles von dem, was einem lieb und teuer war, muß verzichtet werden. Die Wege werden immer kürzer, bis man schließlich überhaupt nicht mehr auf die Beine kommt. Daher zeigt sich gerade in solchen Tagen, was wirklich unser ist und uns durch nichts genommen werden kann.

Zu diesen Dingen gehörte für Kant das Gefühl für die

Würde des Menschen, ohne das es keine Menschlichkeit gibt. Es erwächst aus der Anschauung, daß im Menschen nicht nur das Hinfällige, das Armselige, das Menschlich-Allzumenschliche gegenwärtig ist, sondern auch das Gute, das Ewige, das Göttliche, weshalb ein Mensch immer mehr ist als ein Mensch. Diese Überzeugung hatte sich der große Philosoph zeitlebens bewahrt. Sie mobilisierte seine letzte Lebenskraft, um sich von seinem Stuhl zu erheben und den Arzt zu grüßen. So könnte gerade das Grüßen ein Zeichen dafür sein, wie es mit unserem Gefühl für die Würde des Menschen steht.

Das Grüßen ist weithin eine Formalität geworden. Wir sagen zwar noch oft: „Guten Morgen!", „Guten Tag!", „Guten Abend!" Aber was denken wir dabei? Vielleicht ist es gut, daß man es nicht sehen kann. In einem südafrikanischen Stamm grüßt man sich heute noch mit den Worten: „Ich sehe dich!" Hier deutet sich die Gesinnung des Grüßenden an: Ich öffne mich, gehe aus mir heraus, schenke dem andern meine Beachtung, neige mich ihm zu. Daher ist der Gruß Ausdruck mitmenschlicher Zuneigung.

Je tiefer ein Gruß aus dem Innersten des Herzens kommt, um so mehr wird er zu einem Lichtstrahl, der auf den anderen übergeht und neues Leben in ihm weckt. Jeder weiß, was ein einziger Sonnenstrahl in der Seele eines Menschen bewirken kann. Ein Gruß aber, der von Herzen kommt, ist mächtiger als ein Strahl der Sonne.

Was unsere Masken fallen lässt

Ein asiatisches Sprichwort sagt: „Der Mensch trägt sieben Masken." Warum gerade sieben? Ich weiß es nicht. Oft tut es auch schon eine. So war es bei jener Frau, die schreibt:

„Seit Jahren schon laufe ich mit einer Maske herum. Sie ist mein zweites Gesicht geworden. Ich habe gelernt, wie man es macht, seine Schwächen und Unstimmigkeiten zuzudecken, seine Gefühle zu verbergen. Ich lächle verbindlich, aber mein Lachen ist nicht echt. Ich lege Sicherheit an den Tag, aber in Wirklichkeit ist es Theater. Ich tue so, als hätte ich alles, was mich glücklich und zufrieden macht. Aber ich bin voller Sehnsucht und voller Heimweh. Warum gebe ich mich nicht so, wie ich wirklich bin? Wenn ich allein und für mich bin, fällt mir die Maske vom Gesicht. Wenn dann einer käme und sagte: ‚Ich mag dich trotzdem; ich will dich so, wie du bist; ich brauche dich …'?" (Christa Weiß).

Ja, was wäre dann? Jene Frau sagt es nicht direkt. Aber sie läßt es uns erahnen: Dann wäre das der Anfang eines ganz neuen, eines ursprünglichen Lebens.

Es gab einmal einen Zustand, in dem sich die Menschen geben konnten, wie sie waren, einen Zustand, in dem sie nichts zu verdecken und zu verbergen brauchten, in dem alles ‚Tun-als-ob' nicht nötig war, weil alles echt und ehrlich an ihnen war. Das war das Paradies. In ihm standen sich Adam und Eva unverhüllt – nicht nur äußerlich, sondern vor allem innerlich – gegenüber. Ausdrücklich wird hinzugefügt: „Aber sie schämten sich nicht" (Gen 2,25). Doch das ist lange her. Seit dem Auszug aus dem Paradies sieht die Sache anders aus. Keiner kann es sich seitdem leisten, sich unverhüllt so zu zeigen, wie er wirklich ist. Es gibt zu viele Unstimmigkeiten, Schwierigkeiten, Unzulänglichkeiten,

Schwächen, Unwahrheiten, Versagen und Schuld in uns. Daher bedürfen wir einer engmaschigen Hülle, um dahinter zu verschleiern, wie wenig paradiesisch es in uns ist. Man kann jedoch erahnen, wieviel seelische Energie dies kostet und daß es gerade das ist, was uns vorzeitig altern läßt.

Wer kann also jene Frau nicht verstehen, die fragt: „Warum gebe ich mich nicht so, wie ich bin?“ Nicht selten ist man verwundert, wie wenig offen selbst Ehepaare zueinander sind. Eine Frau sagte mir einmal: „Mein Mann ist wie eine geheimnisvolle Insel, die ich immer wieder umkreise, ohne eine Stelle zu finden, wo ich landen könnte.“ Wie schnell kann man sich auf diese Weise einander entfremden, und wie kurz ist der Weg, eines Tages ‚fremdzugehen‘! Offensichtlich haben ‚Entfremdung‘ und ‚Fremdgehen‘ etwas miteinander zu tun.

Aber es bleibt die Frage: „Warum gebe ich mich nicht so, wie ich bin?“ In jedem Menschen liegt ein unauslöschbares Verlangen, vom anderen geachtet und geschätzt zu werden. „Jeder Mensch, wer er auch sei und wie tief er auch gesunken wäre, verlangt doch (...) Achtung vor seiner Menschenwürde“ (Dostojewski). So ist es die Angst, die Liebe und die Wertschätzung des anderen zu verlieren, die Angst, als Mensch fallengelassen zu werden. Daher lieben sich nicht selten nur Fassaden, aber das Herz bleibt allein, das voller Sehnsucht ist und voll von ungestilltem Heimweh nach einer verlorengegangenen Ursprünglichkeit. Aber es gibt Wege, die zur Ursprünglichkeit zurückführen, auch außerhalb des Paradieses.

– Jene Frau nennt einen solchen Weg: „Wenn ich allein und für mich bin, fällt mir die Maske vom Gesicht.“ In diesem Zusammenhang zeigt sich die Heilsamkeit stillen Alleinseins. Vielleicht haben wir ein Zimmer, in dem wir mit uns selbst allein sein können. Oder wir kennen einen Weg, der zu einem Spaziergang einlädt. Oder wir haben eine Kirche, in der wir uns geborgen fühlen. Wer von dieser oder jener Möglichkeit Gebrauch macht, dem fällt wenigstens für Augenblicke die Maske vom Gesicht. In einem Interview sagte Lech Walesa einmal: „Zwischen 17 und 19 habe ich mich vom Glauben entfernt: Feste, Mädchen, Alkohol ... Dann passierte es eines Tages: Ich war müde, mir war kalt, ich habe einen Platz zum Ausruhen gesucht. Und da fand ich eine Kirche und ging hinein und fühlte mich auf einmal so wohl, daß ich aufgehört habe, leichtsinnig zu sein."

– Ein anderer Weg zur Ursprünglichkeit ist das Sakrament der Versöhnung. Es gibt uns die Möglichkeit, uns vorbehaltlos zu öffnen, ohne befürchten zu müssen, an einen anderen verraten zu werden. Im Roman von Max Frisch „Mein Name sei Gantenbein" heißt es: „Ein Katholik hat die Beicht, um sich von seinem Geheimnis zu erholen, eine großartige Einrichtung (...) Ich habe bloß meinen Hund, der schweigt wie ein Priester."

– Ein weiterer Weg zur Ursprünglichkeit ist die Betrachtung und Annahme des auf uns zukommenden Todes. Es stimmt, wenn man sagt: „Der Tod nimmt alle Masken weg." Warum? Auch er befreit zum ursprünglichen Leben. In seiner Erzählung „Der Tod des Iwan Iljitsch" schreibt Tolstoi: „Wie bei allen Toten war das Gesicht von Peter Iwanowitsch schöner und bedeutender geworden. Das Gesicht hatte den Ausdruck, als ob es sagen wollte: Alles, was geschehen mußte, ist geschehen, und es war recht so."

– Ein vierter Weg zur Ursprünglichkeit nennt der Psalmist: „Blickt auf zu ihm, so wird euer Gesicht leuchten, und ihr braucht nicht mehr zu erröten" (34,6). Er hätte auch sagen können: „Suchet das Antlitz Gottes, dann fällt alles Unechte und mit ihm jede Maske weg."

So verschieden diese Wege sind, etwas ist ihnen doch gemeinsam: Man kommt auf ihnen zu sich selbst; man erfährt seine eigentliche Wirklichkeit, seine Not, seine Menschlichkeit, seine Täuschungen und Enttäuschungen, seine Verfahrenheit, aber auch seine Chancen und Hoffnungen. Denn immer, wenn wir zu unserem Ursprung zurückfinden, kommen wir zur Wahrheit, aus der die Berufung zu einem neuen Leben hervorgeht. Was aber ist das Besondere an einer solchen Berufung? Es ist Gottes Zusage: „Ich liebe dich trotzdem; ich will dich so, wie du bist; ich brauche dich ...!" Mit diesem Wort beginnt jede Berufungsgeschichte, die alle Masken fallen läßt.

Wozu aber braucht uns Gott? Er braucht uns, damit wir sein Herz verschenken und das unsrige dazu. Daher ist es die Berufung eines jeden Christen, dieses Geheimnis des Glaubens durch die Lande zu tragen, und das vor allem durch ein österliches Leben. Auf diese Weise bleibt Gottes Liebe zu jedem Menschen in Erinnerung.

„Hell wird es, wenn du kommst"

Ein afrikanisches Sprichwort lautet: „Hell wird es, wenn du kommst!" Was damit gemeint ist, verdeutlicht sich durch einen 25jährigen Mann, von dem ein Medizinprofessor erzählt. Er litt an rasch fortschreitendem Muskelschwund. „Für uns alle war erstaunlich, wie sich die Atmosphäre des Krankenzimmers veränderte, sobald dieser bis zum Skelett abgemagerte Gelähmte es bezogen hatte. Der Umgangston der Kranken wurde ruhiger, ihr Verhalten zueinander rücksichtsvoller, ihre Stimmung zufriedener. Von dem neuen Zimmergenossen strahlte eine Gelassenheit aus, eine allen geöffnete Freundlichkeit, der sich niemand entziehen konnte. Obwohl er sich über die Unaufhaltsamkeit und die

Unheilbarkeit seines Leidens im klaren war, litt er in zuversichtlicher Geduld. Bei einer Abendvisite fragte ich ihn einmal: ‚Wie machen Sie das nur, trotz allem so zuversichtlich zu sein?‘ Die Antwort werde ich nie vergessen: ‚Ich weiß: Der Muskelschwund ist nicht aufzuhalten. Was macht es? Mir geht es von Tag zu Tag besser.‘ “

Jener junge Mann läßt uns durch sein Verhalten wie von ferne erahnen, was der Apostel Paulus meinte, als er seinem Freund und Schüler Timotheus schrieb: „Gott wohnt in unzugänglichem Licht“ (1 Tim 6,16). Paulus wußte, was er sagte; denn er, der in der Finsternis lebte, hatte Gott vor den Toren von Damaskus im Licht erfahren. Da „geschah es, daß ihn plötzlich ein Licht vom Himmel umstrahlte. Er stürzte zu Boden und hörte, wie eine Stimme zu ihm sagte: Saulus, Saulus, warum verfolgst du mich? ... Und er war drei Tage blind“ (Apg 9,1ff.).

Daß Gott im Licht wohnt, oder genauer, daß er Licht ist, bestätigen alle, die von ihm heimgesucht wurden. Man denke beispielsweise an André Frossard, einen der bekanntesten Journalisten Frankreichs, und an sein Buch: „Gott existiert, ich bin ihm begegnet“. Er, der Ungläubige, war in Paris in eine kleine Kapelle gegangen, um sie von innen zu sehen. Da wurde er plötzlich von einer Macht erfaßt, der er nicht widerstehen konnte. Er stand auf einmal in einer beinahe unerträglichen Helligkeit, vor der das Licht dieser Welt wie ein dunkler Schatten zurückwich. In diesem Licht erkannte er einen tiefgreifenden Sinn des Lebens und darin die Gegenwart Gottes, den er bislang geleugnet hatte. Zugleich erfuhr er eine milde, aber durchgreifende Güte, die fähig war, den härtesten Stein zu zerbrechen und – was härter ist als Stein – das menschliche Herz. Was ist damit gesagt? Wir sind vom ‚ewigen Licht‘ umhüllt und merken es nicht.

Vielleicht darf man es nicht so absolut formulieren;

denn in irgendeiner Weise kann man es täglich erfahren, beispielsweise wenn einem aufgeht: „Das war Zeitverschwendung; da habe ich mir zuviel erlaubt, das hättest du nicht sagen dürfen ..." Zuweilen bedient sich Gott auch äußerer Ereignisse, um einen Lichtstrahl auf unseren Lebensweg zu werfen. Wir lesen etwa ein Buch oder wir sprechen ein Gebet. Plötzlich leuchtet uns die Bedeutung eines Satzes auf. Wir fühlen uns von ihm so persönlich angesprochen, daß wir den Eindruck haben, er sei einzig und allein für uns geschrieben worden.

Licht und Leben gehören zusammen. Erstaunlich ist ja, was bereits ein paar Lichtstrahlen in der Seele eines Menschen bewirken können. Vielleicht gäbe es in unserem Leben viel mehr Licht, wenn wir den Wegbereitern, den Zubringern, den Lieferanten des Lichtes mehr Aufmerksamkeit, Wohlwollen und Wertschätzung entgegenbringen würden.

Ich meine hier beispielsweise die ‚Liebe zur Wahrheit'. Julien Green berichtet in seinem Tagebuch unter dem 23. Oktober 1955: „Besuch eines jungen Protestanten. Man hat ihn vom Gymnasium gejagt. Er hätte sich retten können, wenn er den Direktor angelogen hätte, der ihn zweifellos nur befragte, um den Skandal zu vertuschen. Doch er sagte die Wahrheit, und man hatte ihn davongejagt. ‚Hätte ich lügen sollen?' fragte er mich. Ich sagte ihm, wenn er gelogen hätte, wäre er nicht der, der er ist, und des weiteren, daß er so, wie ich ihn kenne, mit einer Lüge auf dem Gewissen nicht hätte leben können. Ich fragte mich, ob er an der Bewunderung zweifelte, die ich für ihn fühlte, als er mir seine Geschichte erzählte." Die Übereinstimmung mit der Wahrheit führt zur Identität mit sich selbst.

In seinem Roman „Die Brüder Karamasoff" schreibt Dostojewski: „Die Hauptsache ist, belügen Sie sich nicht selbst." Dann zeigt dieser große Menschenkenner, was passiert, wenn einer dem nicht folgt: Es schwindet in ihm das Licht, in dem die Wahrheit zu erkennen ist.

Seine Seele erblindet. Das führt zur Nichtachtung sowohl seiner selbst als auch der anderen. Da aber die Achtung das Herzstück der Liebe ist, ist ein solcher zugleich mit seiner Liebe am Ende. Er wird liebesunfähig. Wer aber nicht mehr liebt, muß sich zerstreuen. So ergibt er sich irgendwelchen dunklen Leidenschaften. Eine andere Folge der Unwahrheit sich selbst gegenüber ist, daß man sich schnell gekränkt und beleidigt fühlt. Das kann ein sehr angenehmes Gefühl sein. Doch es führt zur Verliebtheit in sich selbst. Und dabei wollte der andere ihn oft genug gar nicht kränken. Er hat den Zustand des Gekränktseins selbst geschaffen oder aber aus einer Erbse einen Berg gemacht. Zudem kann das Wohlbehagen dessen, der sich gekränkt fühlt, bis zur erbitterten Feindschaft führen.

So wird verständlich, wenn Dostojewski rät: „Vermeiden Sie die Lüge, die Lüge vor sich selbst ganz besonders (...) Das, was Ihnen in Ihrem eigenen Inneren schlecht erscheint, wird schon allein dadurch, daß Sie es in sich bemerken, geläutert.“

Es gibt einen Namen, der in diesem Zusammenhang erwähnt werden muß: Reinhold Schneider. Von ihm schreibt Werner Bergengruen: „Fragt man mich, welchem seiner Charakterzüge ich den absolut dominierenden Rang zuerkenne, so antworte ich ohne langes Besinnen: seiner Leidenschaft für die Wahrheit ... Betrat er ein Zimmer, so war es, als breche ein Strom der Lauterkeit in den plötzlich verwandelten Raum, der nun von einem gänzlich neuen Fluidum erfüllt war. In Reinhold Schneider schien die Wahrheit verkörpert, sie strahlte aus seinem Blick, seinem kraftvollen Händedruck, jedem seiner Worte (...) Es kündet sich zugleich an, daß die Wahrheit das Elementarste seines persönlichen Lebens gewesen ist, ohne das er nicht zu atmen vermocht hätte.“

Das Licht wird immer siegen

In einem Vortrag hörte ich den Redner sagen: „Wenn Licht und Finsternis zusammenkommen, siegt immer das Licht." Diejenigen, die es nicht glauben wollten, lud er zu folgendem ein:

„Stellen Sie sich vor, Sie befinden sich in einem lichterfüllten Raum, während es draußen ganz dunkel ist. Öffnen Sie die Fenster, öffnen Sie die Türen, lassen Sie die ganze Dunkelheit in den lichtvollen Raum hinein. Was geschieht? Verdunkelt sich der Raum? Wird das Licht im Raum von der einbrechenden Dunkelheit verschluckt? Nein! Die Dunkelheit vergeht im Licht. Oder stellen Sie sich dasselbe andersherum vor: Sie sind in einem dunklen Raum. Draußen ist es hell. Öffnen Sie wieder alle Fenster und Türen. Was geschieht? Das Licht strömt hinein und vertreibt die Dunkelheit. So geschieht es immer, wenn Licht und Finsternis einander begegnen. Das Licht wird immer siegen. Deshalb haben alle Mythologien darauf hingewiesen, die Finsternis meide das Licht, um nicht selbst zu Licht zu werden!"

Immer siegt das Licht! Wie trostreich und hoffnungsvoll ist dieses Wort im Hinblick auf geschichtliche Abläufe oder auf gegenwärtige Geschehnisse, die aussichtslos erscheinen; aber auch im Hinblick auf alles, was es an Unstimmigkeiten in unserem eigenen Leben gibt.

Man übersehe hier jedoch nicht, daß jeder Mensch dazu berufen ist, ein Licht in dieser Welt zu sein. Der Blick auf ein einfaches Kerzenlicht zeigt, wie dies möglich wird; denn mehr als vieles andere ist die Kerze ein Sinnbild unseres Lebens: Aufrecht steht sie da – nicht für sich selbst! In ihrer Flamme verzehrt sich ihr Dasein. Lautlos und selbstlos (beides hängt ja oft zusammen) verbreitet sie ein warmes und mildes Licht.

Sie fragt nicht nach Warum und Wozu. Auf diese Weise sagt sie: Das ist der tiefste Sinn des Lebens, sich zu verzehren, um für andere ein Licht zu sein.

Jacques Loew, Sohn eines freimaurerischen Arztes, war ein gefragter Rechtsanwalt in Nizza. Seine Nächte verbrachte er nicht selten in irgendeiner Bar. Später fand er zum katholischen Glauben und ließ sich taufen. Die Bücher von Léon Bloy waren der Anfang der Umwälzungen in seiner Seele. Später trat er in den Dominikanerorden ein. Als Arbeiterpriester war er mehrere Jahre als Docker im Hafen von Marseille beschäftigt. Vor einigen Jahren gründete er selbst eine religiöse Gemeinschaft und lebt heute in Freiburg in der Schweiz.

Einmal hatte ich das Glück, ihm zu begegnen. Im Rückblick auf seine Jahre als Docker im Hafen von Marseille erzählte er von einem seiner Arbeitskollegen, der seit einigen Tagen nicht mehr am Arbeitsplatz erschienen war. Da schickte er eine Neunzehnjährige, die ihm bei der Vorbereitung und Gestaltung des Gottesdienstes behilflich war, zu ihm. Sie sollte schauen, was mit ihm los sei. Sie fand ihn in einer elenden Behausung. Verwahrlost lag er auf einem Strohsack in der Ecke, ausgehungert, ungewaschen, unrasiert, am ganzen Körper tätowiert. Jeden Tag besuchte sie ihn, brachte ihm aus der eigenen Familie das Essen, säuberte sein Zimmer und kümmerte sich um ihn. Ein Dankeschön bekam sie nie. Im Gegenteil! Bei kleinen Verspätungen wurde sie ausgeschimpft, ansonsten herumkommandiert. Trotzdem kam sie immer wieder. Sie fragte nicht nach Warum und Wozu. Immer war sie gleich freundlich und hilfsbereit, so als wäre nie eine Szene vorausgegangen. Dieses gefaßte und lichtvolle Verhalten machte einen tiefen Eindruck auf jenen ungehaltenen Mann. Er ließ sich von irgendeinem eine kleine Aufmerksamkeit besorgen und gab sie der Neunzehnjährigen mit der Bemerkung: „Das ist für deinen Meister!" Offensichtlich war ihm aufgegangen: So etwas schafft man nicht aus eigener Kraft.

An dieser jungen Frau fällt in besonderer Weise auf, daß sie trotz allem immer wieder kam. In diesem ‚Trotzdem' geschieht die Verbrennung und Verwandlung des selbstsüchtigen Ichs, das so schnell Schluß mit allem macht, in jene lautlose Liebe, die Paulus im „Hohenlied der Liebe" (1 Kor 13,1-13) beschreibt. In ihm wird alles über die Liebe gesagt. Alles, was sonst noch über die Liebe gesagt worden ist, ist nur eine Variation zu diesem Lied. Keiner klage also über die Finsternis, die ihn umgibt; er stelle vielmehr sein Licht in sie hinein.

Solche Liebe bringt man nicht aus sich selbst hervor. Immer kommt sie auf uns zu. Dafür hatte jener Mann ein Gespür: „Das ist für deinen Meister!" Dieser Meister lehrt vor allem dies: „Du bist von Gott geliebt, bedingungslos geliebt, wer und wie immer du bist." Worin besteht also das ganze Tun eines gläubigen Menschen? Er läßt sich von Gott lieben. So kann er es seinerseits: lieben ohne Warum und Wozu. Weil solche Liebe von Gott kommt, deshalb führt sie auch zu Gott.

Es war in einem Armenviertel in Turin. Auf der Straße hockte ein Junge und sammelte mit seinem Taschenspiegel die Sonnenstrahlen. Er leitete sie weiter zum Fenster einer alten Dachstube, die sich auf der Schattenseite der Straße befand. Man fragte den Jungen, warum er dies tue, und er antwortete: „Hinter diesem Fenster liegt mein kranker Bruder. Ich schicke ihm ein wenig Licht und mit ihm ein wenig Freude."

Dieser Junge von Turin ist nicht nur eine Licht-, sondern auch eine Symbolgestalt für jeden einzelnen Christen wie auch für die ganze Kirche. Denn wie der einzelne Christ, so hat auch die Kirche das Licht des geöffneten Himmels zu sammeln, um es denen zuzuleiten, die auf der Schattenseite des Lebens sind.

Es gibt eine Sprache, die alle verstehen

Wer gute Bücher liebt, von dem kann man eigentlich nicht sagen, daß er ohne Freunde sei. Sie führen ihn über die alltäglichen Dinge hinaus. Sie sind ein Weg zu Wissen und Einsichten, zu vielen Freuden und manchen Schicksalen. Wir schlagen sie auf, geben uns hinein, und schon sind wir in einer anderen Welt. Gute Bücher sind wertvolle Reisen zu kaum nennenswerten Preisen.

Die Erfahrung zeigt zudem, daß es für den, der Bücher liebt, so etwas wie eine ‚Büchervorsehung' gibt. Wie ist das zu verstehen? In entscheidenden oder krisenhaften Stunden fällt einem ‚wie durch Zufall' ein Buch in die Hand, das einen auf einen ganz neuen Weg bringt und sich so als bester Ratgeber erweist. So erfuhr es Ignatius von Loyola. Nach einem oberflächlichen Leben fiel ihm, auf dem Krankenbett liegend, ein Buch in die Hände, in dem er von Franziskus und Dominikus las. Da sagte er sich: „Was sie konnten, kann auch ich!" Das war für ihn der Anfang eines radikal neuen Lebens. In ähnlicher Weise erging es Edith Stein. Nach ihrem Weg suchend, fand sie eines Abends im Bücherschrank ihrer Freundin Hedwig Conrad-Martius ein Buch von Theresia von Avila. Sie las die ganze Nacht. Am Morgen sagte sie: „Das ist die Wahrheit!" Was hatte sie in jener Nacht erkannt? Es war die Einsicht: Gott ist der einzige Schlüssel, der wirklich auf unser Leben paßt. – ‚Büchervorsehung' – ob auch Ihnen dieses Phänomen bekannt ist?

Schließlich sei erwähnt, daß es Bücher gibt, die niemals veralten. Zu ihnen gehört beispielsweise die Bibel. Daneben gibt es andere, gute Bücher, die kommen, um einen Auftrag zu erfüllen, und die dann spurlos verschwinden. Dazu gehört wahrscheinlich auch jenes Buch, von dem nun die Rede sein soll.

„Weil du nicht geflohen bist vor meiner Angst“, so lautet der Titel. Geschrieben wurde es von Ingrid Weber-Gast, einer 33jährigen Frau. Nach fünfjähriger Ehe fiel sie in eine tiefe Depression, in der ihr Mann ihr treu zur Seite stand. Das Buch kann dazu beitragen, daß gesunde Menschen ein wenig nachempfinden, was in einem depressiven Menschen vor sich geht. Dennoch, so wird uns gesagt, werden sie kaum die tiefe Einsamkeit erahnen können, die für die Depression so kennzeichnend ist.

Für die junge Frau begann sie mit einer schrecklichen Müdigkeit. Besonders die Morgen waren grauenvoll. Der Tag wollte nicht in Gang kommen. Noch hatte sie nicht mit der Arbeit begonnen, da war sie bereits erschöpft. Es überfiel sie die Angst, die Last des Tages nicht bewältigen und den Abend nicht heil erreichen zu können. Ihr war, als gleite sie in einen immer tieferen Abgrund hinein. Widersprüchlichste Gefühle wurden in ihr lebendig. Gleichzeitig war sie voller Unruhe und wie gelähmt.

Obwohl es ihre Krankheit war, ließ ihr Mann sie nicht allein. Er nahm Anteil an ihrem Geschick. Er blieb bei ihr, selbst auf die Gefahr einer Ansteckung hin. Häufig ließ er seinen Arbeitsrhythmus stören. Stundenlang saß er neben ihr. Sie lehnte sich an ihn und suchte bei ihm soviel Schutz wie möglich. Mit nahezu unendlicher Geduld hörte er ihr zu, machte ihr Mut. „Daß mein Mann mich liebte, war dafür notwendig, daß ich mich selber lieben konnte“, schreibt die Frau. Und ihr Mann fügt hinzu: „Es scheint mir eine Art Gesetz zu sein: Wenn einmal einer für das Wohl des anderen besonders viel Anstrengung, Energie, Mühe aufgewendet hat, wenn einmal Menschen miteinander Not und Angst durchstehen mußten, dann bindet gerade dieses Geschehen fester zusammen.“

Bemerkenswert ist, inwieweit jene Frau in diesen dunklen Tagen Gottes Nähe erfahren konnte. Diese Frage war für sie schwer zu beantworten. „Geholfen hat die Stimme meines Mannes, der mir versicherte, er gebe es nicht auf, auf Heilung zu hoffen." Ihr Mann: „Ich weiß nicht, ob es Zufall war, daß es meiner Frau einige Male am nächsten Morgen auffallend besser ging, wenn ich am Abend vorher ganz besonders grimmig gebetet hatte. Gott erschien mir als ein Gott, mit dem wir ringen dürfen." Seine Frau: „Eine Hilfe war es, es hat mir viel bedeutet, daß andere für die Kranken, für mich, beteten. Das hat mich wirklich beruhigt und mich ein wenig besser schlafen lassen. Als die schwärzesten Tage vorüber waren, begann auch der Glaube wieder aufzuleben. Ich freute mich, wenn ich Bibeltexte fand, aus denen eine ähnliche Erfahrung sprach, wie ich sie erlebt hatte."

Die Depression löste sich langsam auf. Für die junge Frau war es stets wie ein Wunder, wenn sie feststellen durfte, daß sie nun schon eine ganze Weile an etwas anderes als an ihre eigene Schwermut gedacht hatte. Sie konnte es nicht fassen, daß es für sie nach dieser ausweglosen Dunkelheit noch Licht, Freude und Unbefangenheit gab. Sie fühlte sich wie ein neugeborenes Kind, das nackt und schutzlos daliegt, erfüllt von der Hoffnung, daß das Leben endlich beginnen kann. Sie fing an zu lernen, die Zeit auszukosten, die sie in Gesundheit erleben darf. So kam sie zu einem intensiveren Leben. Sie hatte den Eindruck, daß die Blumen für sie bunter blühen, die Vögel lieblicher singen und das Meer tiefer rauscht.

Wer den Leidensprozeß dieser Frau auf sich wirken läßt, dem geht auf, daß es unter uns nicht selten stille Helden gibt, Menschen, die durchhalten, obwohl sie kein Licht mehr sehen. Wie unterschiedlich können also Menschen sein, die sich beispielsweise zu einem Vortrag oder zu einem Gottesdienst versammeln? In welch unterschiedlichen Situationen können sie sich befinden? Wie viele gibt es da, die selbst nicht mehr beten können, die aber darauf vertrauen, daß andere sie in ihr Gebet hineinnehmen? Hier wird deutlich, welche Wichtigkeit das Fürbittgebet hat.

Ein Mann, der längere Zeit von der Kirche nichts mehr wissen wollte und dann durch ein besonderes Ereignis zu ihr zurückfand, schreibt: „Ich fing wieder an zu beten und machte die Erfahrung, daß bei jeder Gelegenheit Zeit für ein kurzes Gebet ist, sogar beim Rasieren oder beim Autofahren. Irgendwie fand ich im Gebet meine Seele wieder: Ich bat Gott nicht nur um Kleinigkeiten, sondern auch um den Glauben für die Ungläubigen, für die Armen, die Kranken, für die Behinderten, die Alten, die Einsamen. Seitdem lebe ich in einer großen Gemeinschaft."

Jene Frau hatte den Eindruck, daß Gott sie nicht mehr erreiche. Dieser Eindruck erinnert mich an einen Traum, der uns trösten kann, weil er uns tiefer schauen läßt. Keiner weiß, von wem er stammt. Daher gilt er uns allen. „Eines Nachts träumte ich, ich ginge mit dem lieben Gott am Strand entlang. Am Himmel blitzten Szenen aus meinem Leben auf. Jedesmal entdeckte ich Fußabdrücke im Sand. Manchmal waren es zwei Paare, manchmal nur eines. Während den schweren Zeiten in meinem Leben sah ich nur ein Paar Fußabdrücke. Deshalb sagte ich: ‚Herr, du hast mir versprochen, mich stets zu begleiten. Warum warst du nicht für mich da, als ich dich aufs notwendigste brauchte? Warum?' Der Herr erwiderte: ‚Mein Kind, dort, wo du nur ein Paar Fußabdrücke gesehen hast, dort habe ich dich getragen!' " Gott trägt uns, ob wir es wissen oder nicht. Daher kann uns die Last des Lebens nur tiefer in seine Arme drücken.

Die sorgende Liebe, mit der jener Ehemann seiner Frau zur Seite stand, läßt uns schließlich verstehen, was Paulus meinte, als er in seinem Brief an die Galater schrieb: „Einer trage des anderen Last, so werdet ihr das Gesetz Christi erfüllen“ (6,2). Auffallend ist, daß er nicht sagt, wir sollten den anderen verändern. Wohl betont er, wir sollten ihn tragen. Vielleicht ändern wir ihn nur auf diese Weise. Wer trägt den anderen? Derjenige, der an der Seite des anderen hofft, sich für ihn abmüht, der nicht aufgibt, der versteht, sich Zeit nimmt, Zeit zum Zuhören, zum Trösten, zum Mutmachen. Solch tragende Liebe hat zwei Flügel: Vertrauen und Achtung. Vertrauen, daß alles gutgehen wird; Achtung, daß es sich lohnt, den anderen zu tragen. Wo Christen einander in dieser Weise tragen, da erinnern sie nicht nur an ihren Herrn; da ist der Herr gegenwärtig, da beginnen andere zu hoffen und zu glauben.

Tragen – ein Schlüsselwort des Lebens

Eine Geschichte erzählt von einem Sattel, der eines Tages im Kreise anderer erklärte: „Ich trage den Reiter!“ Und weil er wußte, daß es so ist, sagte er es mit Sicherheit und Selbstbewußtsein. Bis auf einen widersprach ihm keiner. „Bedenk's genau“, riet dieser ihm. Der Sattel tat's. In stillen Stunden dachte er über sich und sein Dasein nach. Schließlich ging ihm auf: „Es stimmt: Ich trage den Reiter; aber das Pferd trägt mich.“ Zudem leuchtete ihm ein, daß das Pferd nicht nur ihn, sondern darüber hinaus auch den Reiter trägt; denn deutlich erkannte er, daß er den Reiter nur zu tragen vermag, weil er selbst ein Getragener ist. Plötzlich wurde es ihm wohler. Er atmete tiefer und fühlte sich auf einmal wie befreit. Eine ganz neue Kraft stieg in ihm auf. Und das Tragen wurde ihm zur Freude.

Der Sattel hat keinen Namen. Vielleicht, weil er

unseren Namen trägt. Warum fühlte er sich plötzlich wie befreit? Mit der Meinung, er sei es, der die Last des Reiters trage, hatte er sich überschätzt. Im Blick auf sich selbst hatte er den ihn tragenden Grund aus den Augen verloren und sich von der vollen Wahrheit isoliert. „Ich trage den Reiter!" Wer so spricht, scheint stark zu sein. Doch er ist es nicht. Deutlich klingt in seinen Worten durch, wie einsam und allein, wie schwach und unsicher er in seiner vermeintlichen Stärke ist.

„Bedenk's genau!" – eine Einladung, die immer von befreiender Wirkung ist. Der Sattel wurde sich bewußt, daß er nur deshalb zu tragen vermag, weil er selbst ein Getragener ist. Darin spricht sich eine Wahrheit unseres menschlichen Lebens aus, die selbst von gläubigen Menschen übersehen werden kann. Möglicherweise ist dies ein Grund, weshalb sich manch einer – bei aller Macht, die er hat – nicht glücklich fühlt. Er meint, daß er es ist, der alles trägt, und übersieht dabei, daß er es nur zu tun vermag, weil er selbst getragen wird.

Viel haben wir von Gott verstanden, wenn wir ihn verstehen als den uns tragenden Grund, als einen ‚Gott des Tragens'. In einem der Bücher des Alten Testamentes lesen wir: „Der Herr, dein Gott, hat dich auf dem ganzen Weg, den ihr gewandert seid, getragen wie ein Vater seinen Sohn" (Dtn 1,31). Von dieser Erfahrung her sagt der Psalmist: „Gepriesen sei der Herr, Tag für Tag! Gott trägt uns, er ist unsere Hilfe" (Ps 68,20). Worin besteht also alle Hilfe? Im Tragen!

Offensichtlich geht es einem immer erst im Rückblick auf, daß Gott uns trägt, heraussträgt aus all unserer Not: „Ihr habt gesehen, wie ich euch auf Adlerflügeln getragen habe" (Ex 19,4). Selbst wenn wir meinen, wir seien die von Gott völlig Verlassenen, gibt er uns zu verstehen, daß er uns gerade in solchen Stunden in seinen Händen trägt. In Jesus Christus hat er unser Fleisch und Blut getragen, die Last unseres Lebens und nicht zuletzt all unsere Schuld. Daher betet Augustinus: „Du bist ein guter und freundlicher Gott. Weil du freundlich bist, erträgst du mich. Du trägst mich, bis ich in deinen Händen reif geworden bin."

Nur weil Gott uns trägt, vermögen auch wir zu tragen. Wen? Uns selbst mit all unserer Armseligkeit; unseren Beruf mit all seinen Belastungen; so manches Leid, das uns bedrückt; unsere Mitmenschen, die für uns nicht immer leicht zu ertragen sind. Doch bedenken wir, daß es ihnen mit uns ebenso ergeht. Im Tragen besteht das Wesen unseres ganzen Christentums.

Richtig leben heisst lieben lernen

Zu den Unterhaltungskünstlern, die nicht lange um die Aufmerksamkeit ihres Publikums zu werben brauchen, gehört der Zauberer. Ihm gelingt es, seine Zuschauer innerhalb weniger Augenblicke in eine ganz andere Welt zu entführen.

Zu den berühmtesten Vertretern dieser Zunft gehörte Howard Thurston (1869-1936). Er gilt als der König der Taschenspieler. Vierzig Jahre reiste er durch die ganze Welt und zog die Leute in den Bann seiner Persönlichkeit. Mehr als sechzig Millionen Menschen besuchten seine Vorstellungen, obwohl er von der Zauberkunst nicht mehr als seine Kollegen verstand. Einmal fragte man ihn nach seinem Geheimnis. Da sagte er: „Viele Zauberkünstler denken nach einem Blick in den Saal recht geringschätzig von ihrem Publikum: ‚Die werde ich mal wieder ganz schön aufs Ärmchen nehmen!' " Thurston machte es anders. Bevor er auf die Bühne ging, sagte er sich wiederholt: „Ich liebe diese Menschen. Ich bin ihnen dankbar, daß sie gekommen sind. Ich will mir Mühe geben, ihnen ein wenig Freude zu machen!"

„Ich liebe die Menschen!“ Das ist ein Zauberwort. „Ich liebe die Menschen, die mir heute begegnen werden“, so könnte man beispielsweise sagen, wenn man sich anschickt, morgens das Haus zu verlassen. Man selbst wäre durch diese positive Einstellung gut gelaunt und andere, die uns begegnen, würden unmittelbar aufgeheitert. Die Atmosphäre unserer zwischenmenschlichen Beziehungen würde sich wesentlich verändern. Das hat seinen Grund. Jeder Mensch braucht vielerlei, um leben zu können. Doch all das Vielerlei erfüllt ihn nicht, wenn nicht hinzukommt, worauf sein ganzes Sehnen geht, nämlich als Mensch angenommen und geliebt zu werden. Er mag intelligent sein und an einflußreicher Stelle sitzen; doch bei alldem wird er einsam und allein sein, wenn ihm dieses Eine vorenthalten wird. Irgendwie spürt es jeder: Nur die Liebe läßt den Menschen wirklich leben.

Was aber ist ‚Liebe‘, jenes Heilmittel, ohne das der Mensch erkrankt, das aber in keiner Apotheke zu kaufen ist?

Es ist heutzutage gar nicht leicht, auf diese Frage eine Antwort zu finden. Man bedenke nur, an welch unterschiedlichen Orten die Liebe von sich reden macht. Fast in jedem Schlager tut sie sich hervor. In jeder Boulevardzeitung stellt sie sich zur Schau. In vielen Filmen ist sie das Thema Nr. 1. In jedem Nachtlokal dreht sie ihre Runden. Wohin also soll man gehen, wenn man erfahren will, was ‚Liebe‘ ist? Das Beste ist, man geht zu dem, der ‚die Liebe‘ ist. Von ihm erfahren wir: Liebe ist die Aufnahme des anderen in das eigene Herz hinein.

Mir kommt Gruschenka in den Sinn, die Dirne, von der Dostojewski erzählt. Eines Tages sagt sie: „Ich habe geglaubt, daß irgend jemand auch mich lieben wird, mich Schlechte, und nicht nur um den Preis meiner Schande.“ – Auch sie ist geliebt, geliebt durch den, der sich in die letzten Tiefen menschlicher Schuld erniedrigt hat, um ein solches Leben in sich aufzunehmen. ‚Übersetzer‘ dieser Liebe sollen die Christen sein. Auf diese Weise werden sie zu einem Weg, auf dem Gottes Liebe zu den Menschen kommt. Um welche Menschen geht es hier? Es sind jene, mit denen man es jetzt gerade zu tun hat, gleichgültig, ob man sie mag oder nicht. Sie, so wie sie sind, in das eigene selbstlos gewordene Herz aufzunehmen, ist jene Liebe, die sich von Gott her versteht. Sie kennt keine Landesgrenzen. Vor Unansehnlichkeit oder Häßlichkeit schreckt sie nicht zurück. Keinen schließt sie aus.

Zu solcher Liebe gelangt, wer einübt, wozu Johannes der Täufer einlädt: „Denket um!“ (Lk 3,3-6). Dieses Wort lädt ein, alle geringschätzigen Gedanken in wohlwollende umzuwandeln.

Damit deuten sich die ‚Berge‘ und die ‚Täler‘ an, von denen der Täufer spricht. Sie stehen für die Unausgeglichenheit eines Lebens, das haltlos hin und her schwankt, weil es sich dem negativen Denken hingegeben hat. ‚Umdenken‘ bedeutet also die Umkehr vom negativen zum positiven Denken. Es besagt einerseits die Reinigung von allen unguten Gedanken und andererseits das Bemühen um ein lichtvolles und bejahendes Denken. Im Verhalten jenes Zauberkünstlers wird es sichtbar.

Wer dieses Umdenken mit der Entschiedenheit des Täufers vollzieht, gewinnt den Eindruck, wie neugeboren zu sein. Sein inwendiges Ödland verwandelt sich in Grünland; seine Lebensangst schwindet, und viele Konflikte lösen sich wie von selbst. Es wächst ein neues Selbstvertrauen. Ausgeglichenheit setzt sich mehr und mehr durch. Es wachsen neue Augen, die in allem Gewöhnlichen etwas Ungewöhnliches entdecken. Ein Mensch, der wirklich umzudenken beginnt, erfährt, wie sich in ihm Ruhe, Licht, Freude und Frieden ausbreiten und ihn befähigen, andere aufzunehmen und ihnen Heimat und Geborgenheit zu schenken. Er erfährt das Heil, das von Gott kommt, und kann es anderen vermitteln.

Ich hörte von einem zwölfjährigen Jungen, der seiner Mutter immer wieder beim Abtrocknen half. Eines Abends entglitt ihm eine große Platte und zerbrach am Boden. Nach einem kurzen Augenblick der Stille sagte seine Mutter: „Weißt du, Robert, seit du mir hilfst, ist dies das erstemal, daß dir etwas heruntergefallen ist. Ich finde, das ist eine tolle Leistung.“ Was war hier wertvoller: die teure Platte oder das positive, aufbauende und wohlwollende Wort der Mutter?

Denkt um; kommt vom negativen zum positiven Denken; dann könnt ihr das Zauberwort sagen: „Ich liebe die Menschen.“ Es ist das Wort, das die Menschwerdung Gottes in Gang brachte und auch uns ‚Mensch‘ werden läßt. Wer ist also ein Mensch? Derjenige, der sagen kann: „Ich liebe die Menschen!“

In allen Begegnungen begegnen wir uns selbst

Martin Buber erzählt einmal: „Wenn man mich in meiner frühen Jugendzeit gefragt hätte, ob ich es vorziehen würde, nur mit Menschen oder nur mit Büchern zu verkehren, hätte ich mich gewiß zugunsten der letzteren ausgesprochen. Später hat sich das mehr und mehr geändert. Nicht als hätte ich so viel bessere Erfahrungen mit Menschen als mit Büchern gemacht – im Gegenteil, rein erfreuliche Bücher kommen mir noch weit öfter als rein erfreuliche Menschen in den Weg –, aber die vielen schlechten Erfahrungen mit Menschen haben mein Lebensmark genährt, wie es das edelste Buch nicht vermöchte, und die guten haben mir die Erde zum Paradies gemacht.“

Diesen Worten Bubers liegt die Erfahrung zugrunde,

daß alles wirkliche Leben ‚Begegnung' ist. Durch Begegnungen lernen wir mehr als durch alles andere. Wir lernen vor allem uns selber kennen; denn in jeder Begegnung begegnen wir uns selbst. Von hier aus kann man die verstehen, die behaupten, daß unsere Feinde zu unserer Reifung möglicherweise mehr beitragen als unsere Freunde, weil uns jene mehr als diese zum Nachdenken bringen könnten.

Was aus unserem bisherigen Leben geworden ist, hängt somit zu einem guten Teil von den Menschen ab, denen wir bislang begegnet sind. Wenn Buber davon spricht, daß wahrhaft große Menschen ihm die Erde zum Paradies gemacht haben, dann könnte man dem hinzufügen: „Wer nie einem wahrhaft großen Menschen begegnen durfte, der wird es schwer haben, selbst ein wahrhaft großer Mensch zu werden."

Vor einiger Zeit begleitete ich einen meiner älteren Mitbrüder zu einer Untersuchung in eine Kölner Klinik. In seinem Körper hatte sich eine ungute Stelle abgezeichnet. Schon die Atmosphäre im Vorzimmer des Chirurgen hatte etwas Lösendes, weil Liebenswürdiges an sich. Nach einer gewissen Wartezeit kam es für mich zur Begegnung mit dem noch relativ jungen Arzt. Obwohl er ein anerkannter Fachmann auf seinem Gebiet ist, standen weder seine Stellung, seine Titel, seine Macht noch sein Wissen und Können zwischen uns. Das gab dieser Begegnung eine sonderbare Unmittelbarkeit. Wahrscheinlich ist es diese zwischenmenschliche Unmittelbarkeit, die – wie Buber sagt – die Erde in ein Paradies, in ‚eine heile Welt' verwandeln kann. Wann ist denn unsere Welt heil? Wenn zwischen uns Menschen nichts ist: keine Hügel oder Berge und keine Täler. Glücklich ist demnach eine Begegnung, in der es zwischen mir und dem anderen keine Hindernisse gibt. Dieser Arzt war einfach einer von uns. Er war ein Mensch, der sich zu unserem Schicksalsgefährten machte, der uns helfen wollte, ohne uns darüber im unklaren zu lassen, wie schwer der Eingriff sein wird. Auf dem Heimweg formulierte der eine, was der andere empfand: „Dieser Arzt war zu uns, als würde er uns schon seit dreißig Jahren kennen."

Wer ist wahrhaft groß? Derjenige, der etwas ‚ist' und deshalb etwas kann, der sich aber dennoch nicht hervortut, sondern sich einreiht und deshalb nicht nur ‚einer unter vielen', sondern ‚einer für viele' ist.

Wer im mitmenschlichen Umgang solche oder ähnliche Erfahrungen machen konnte, bekommt eine Ahnung, worin die menschliche Größe Jesu eigentlich liegt. Zugleich haben wir hier so etwas wie einen Schlüssel, der uns das Geheimnis seines Lebens erschließt. Denn schon immer hat man sich gefragt, warum Jesus, der Sündenlose, die Taufe ‚zur Vergebung der Sünden' empfangen wollte. Warum bestand er darauf? Weil er sich einreihen wollte, weil er mit den Sündern in einer Reihe stehen wollte, um ihr Schicksalsgefährte zu sein, um sie in ihrem Lebensmut zu stärken, um sie durch seine Nähe von der Fixierung an das Böse zu heilen. In gleicher Weise setzt er sich mit den Sündern an denselben Tisch, läßt er sich schließlich in einer Reihe mit zwei Verbrechern kreuzigen. Das ist seine Größe. Paulus kennzeichnet sie so: „Er war Gott gleich, hielt aber nicht daran fest, wie Gott zu sein, sondern er entäußerte sich und wurde wie ein Sklave und den Menschen gleich. Sein Leben war das eines Menschen; er erniedrigte sich und war gehorsam bis zum Tod, bis zum Tod am Kreuz" (Phil 2,6-8).

Wer ist also Jesus Christus? Er ist der eingereihte Gott. Dabei ist es unser österlicher Glaube, daß er als der auferstandene Herr auch unter uns gegenwärtig ist, um unsere Wunden zu heilen und uns von unserer Anhänglichkeit an das Böse zu befreien. Die einzige Voraussetzung ist, daß wir ihn dazwischen lassen, daß wir ihn unter uns aufnehmen, daß wir ihn an die wunden Punkte, die es in uns gibt, heranlassen, damit er uns vom Tödlichen, das in allem Bösen liegt, erlöst.

Wo wir das zulassen, da öffnet sich uns eine neue Welt; da leben wir als Menschen, über denen der Himmel offen ist. Wir spüren, wie wir mit Gott Kontakt bekommen und unsererseits kontaktfähig werden, indem auch wir uns nicht mehr hervortun, sondern uns einreihen und doch nicht nur ‚einer unter vielen', sondern ‚einer für viele' sind. Auf diese Weise wird sich über manch einem der Himmel öffnen.

Wer ist also ein Christ? Einer, der sich unter die anderen einreiht, um einfach für sie dazusein, damit sich über ihnen der Himmel öffne, der über ihm selbst aufging, weil er Jesus Christus begegnet ist.

Die Seele ernährt sich von dem, worüber sie sich freut

Wovon ernährt sich eigentlich die Seele? Die Antwort, die Augustinus darauf gibt, enthält eine Überraschung und das deshalb, weil wir selbst darauf wahrscheinlich nicht gekommen wären. Augustinus sagt: „Die Seele ernährt sich von dem, worüber sie sich freut." Mit anderen Worten: Die Freude ist die Nahrung jeder Seele. Daher kann man Dostojewski verstehen, wenn er in seinem Roman „Die Brüder Karamasoff" den zu Unrecht im Gefängnis sitzenden Dimitrij sagen läßt: Wir müßten „von neuem zur Freude auferstehen, zur Freude, ohne die es dem Menschen nicht möglich ist zu leben". Ohne Freude verwelkt die Seele. So verliert sie auch ihre Schönheit. Denn alle wahre Schönheit kommt von ihr.

Verwunderlich, daß Dimitrij selbst an jenem Ort zur

tiefen Freude findet. So behält Hölderlin recht, wenn er – sicherlich aus Erfahrung – sagt: „Es bleibt uns überall noch eine Freude." Den Grund nennt ein altes chinesisches Sprichwort: „Eine Freude vertreibt hundert Sorgen." Die Frage, wovon eigentlich unsere Seele lebt, hängt auch eng mit der Frage nach dem Sinn unseres Lebens zusammen. Man könnte sagen: Er besteht darin, das Leid zu vermindern und die Freude zu vermehren.

Diese Hinweise machen nicht nur anschaulich, was Freude ist; sie zeigen zugleich, was sie bewirkt. Wie also wird oder bleibt man ein froher Mensch?

Um auf den richtigen Weg zu kommen, sollten wir nicht übersehen, daß die Quelle der Freude in uns selber liegt. Möglicherweise ist sie aber zugewachsen, von vielem anderen überwuchert. Was muß weg? Vor allem unsere negativen Gedanken, Empfindungen und Einstellungen. Sie können sich unser so bemächtigen, daß wir völlig die Fähigkeit verlieren, hoffnungsvoll und bejahend ins Leben zu schauen.

Ich bekam vor einiger Zeit ein Blatt zugeschickt, auf dem zu lesen war: „Murphys Naturgesetze". Aufgrund seiner Erfahrung hat dieser amerikanische Ingenieur dreizehn Regeln aufgestellt, die er „Naturgesetze" nennt. Einige dieser Naturgesetze lauten so: „Alles, was schiefgehen kann, geht schief. Wenn verschiedene Dinge schiefgehen können, geht das schief, was am meisten Schaden bringt ... Wenn man die Dinge sich selbst überläßt, geht nur alles vom Schlechten zum Schlechteren. Wenn alles gut zu gehen scheint, hat man wahrscheinlich etwas übersehen. Das Brot fällt immer auf die geschmierte Seite."

Man könnte meinen, das sei ein Scherz, und das ist es auch. Doch es gibt nicht wenige, die sich mit ihren Gedanken ausschließlich in solchen Bahnen bewegen. Man muß jenem Arzt zustimmen, der sagt: „Die unheilvollste Krankheit des heutigen Menschen ist die Negativität seines Denkens. Vielen Patienten fehlt nichts außer ein paar gute Gedanken. Sie fühlen sich deshalb schlecht, weil sie schlecht denken.“ Daher ist die Beseitigung von allem Negativen die notwendige Voraussetzung, um die Quelle der Freude freizulegen.

Romano Guardini sagt einmal: „Die Freude ist die Schwester des Ernstes; wo sie ist, da ist auch er.“ Damit grenzt er die Freude von der Lustigkeit ab. Diese ist etwas Äußeres und verfliegt rasch wieder; die Freude hingegen ist etwas Innerliches und bleibt. Sie verläßt uns auch in den dunklen Stunden des Lebens nicht. Dafür sorgt der Ernst, der die Freude in die Tiefe führt. Aus ihr kommt ein Ruf, der den Weg zu einem gesunden Selbstwertbewußtsein weist, das uns wie nichts anderes innerlich frei, froh und glücklich werden läßt. Er besagt: „Laß das Böse; tu das Gute!“ (Ps 34,15).

„Laß das Böse!“ Das hört sich so einfach an und gehört doch zum Schwersten, was der Mensch vollbringen kann. Der Psychoanalytiker Albert Görres nennt drei Gründe: das Kleben an Dingen oder Personen, die wir für unaufgebbare Bedingungen unseres Glücks halten; die Verlust- oder Trennungsangst; der Mangel einer erleuchtenden und kraftvollen Motivation.

Ich las von einem Geschäftsmann, der bei einem Therapeuten in Behandlung war. Er hatte einen guten Ruf und spielte im öffentlichen Leben eine bedeutende Rolle. Was ihn jedoch quälte, war sein Verhältnis mit einer verheirateten Frau. Sein Gewissen mahnte ihn, diese Bindung zu lösen. Doch dabei stieß er auf den Widerstand seiner Partnerin. Sie drohte, seiner Frau von diesem Verhältnis zu erzählen, falls es abgebrochen würde. Dieses innere Zerwürfnis führte jenen Mann zu Übermüdung und Schlaflosigkeit, so daß er unfähig war, seine beruflichen Aufgaben zu erfüllen.

Der Therapeut schickte ihn zu einem guten Seelsorger. Dieser machte ihn darauf aufmerksam, daß er nicht auf einen guten Schlaf hoffen könne, solange er sich mit zwei unangenehmen Schlafgenossen zur Ruhe begebe.

„Wie meinen Sie das?" fragte der Betroffene. Der Seelsorger erwiderte: „An Ihrer einen Seite liegt die ‚Angst', und an ihrer anderen liegt die ‚Schuld'. Wenn Sie wieder gesund werden wollen, müssen Sie die Angst und die Schuldgefühle loswerden." Der Mann entschloß sich, seine Verbindung zu jener Frau abzubrechen, was auch immer die Folgen sein würden; denn er sagte sich: „Nie handelt man verkehrt, wenn man das Rechte tut." Es war erstaunlich zu sehen, wie er auflebte, nachdem er diese doppelte Belastung losgeworden war. Gesunder Schlaf stellte sich ein, und ein froher Mensch konnte wieder an seine Arbeit gehen.

„Laß das Böse!" Wo es mit Entschiedenheit geschieht, da wächst die Liebe zum Guten. Sie ist die stärkste Motivation, das Böse zu bewältigen. Albert Görres schreibt: „Der wichtigste Augenblick in unserer Entwicklung ist wohl jener, in dem wir zum ersten Mal die Liebe zum Guten und die Freude am Guten in uns entdecken."

„Tu das Gute, und tu es gern!" Das kleine Wort „gern" – wir sollten es bei allem sagen, was wir tun; denn es ist ein Verwandlungswort. Es befähigt zu manchem Opfer und zu manchem Verzicht. Es hilft, die Gegner der Freude zu überwinden. Denen, die sich von diesem Wort durchtönen lassen, gilt das Wort des Propheten Jesaja: „Ihnen wachsen Schwingen wie Adlern. Sie laufen und werden nicht müde, sie gehen und werden nicht matt" (40,31).

VI

ALLE BISHERIGEN VERHALTENSMUSTER LASSEN SICH VERÄNDERN

Ein Vorbild setzt ungeahnte Kräfte frei

Wer ein Vorbild hat, ist eigentlich nicht mehr allein. Es ist hier wie bei einem geliebten Menschen. Er ist uns immer gegenwärtig. Darüber hinaus kommt uns ein Vorbild in unserer Hilfsbedürftigkeit entgegen. Es zeigt uns Wege, wenn wir nicht mehr weiterwissen. Schließlich gehört es zum Eigentümlichen eines Vorbildes, daß es im anderen ungeahnte Kräfte freisetzen kann und ihn so zu einem ungewöhnlichen Handeln befähigt. So entstehen wieder neue Vorbilder, durch die sich das Gute fortpflanzt. Daher schreibt der Apostel Paulus in einem seiner Briefe: „Was immer wahrhaft, edel und recht, was lauter, liebenswert und ansprechend ist, was Tugend heißt und lobenswert ist, darauf seid bedacht ... Was ihr an mir gesehen habt, das tut" (Phil 4,8-9).

Ich las von einer jungen Frau, die am Krankenbett ihrer Mutter eine Erfahrung machte, die dann für ihr eigenes Leben bestimmend wurde. Da das Leben der Mutter mehr und mehr ausklang, fragten die Verwandten und Bekannten, was sie für die Schwerkranke noch tun könnten. Doch da begann die Mutter, die Umstehenden in einer Art und Weise zu trösten, daß alle erstaunt waren. Es ging ihr nicht um ihr eigenes Leid, sondern darum, das Leid der anderen zu mildern. Sosehr ihr Körper zerfiel, so sehr war sie doch die Starke, während die Ihrigen, die gesunden Leibes dastanden, in Wirklichkeit die Schwachen waren. Die Tochter bemerkt, durch das Verhalten ihrer Mutter seien in ihr Kräfte lebendig geworden, von denen sie heute noch in so manch dunkler Stunde zehre; denn wenn sie wegen einer Kleinigkeit verzagen möchte, dann falle ihr die ruhige und fast übermenschliche Gelassenheit ihrer Mutter in jenen Tagen wieder ein.

Was war das Vorbildliche im Leben dieser Mutter? Sie nahm sich selbst und ihr Schicksal nicht so wichtig. Im Hinblick auf die anderen verlor sie sich völlig aus den Augen. Das gab ihrem Leben eine eigentümliche Leuchtkraft und Leichtigkeit. Das Vorbildliche an dieser Frau war also ihre Fähigkeit, sich selbst mit all ihren Daseinsnöten und Zukunftssorgen loslassen zu können.

Das erinnert mich noch einmal an Paulus: „Sorgt euch um *nichts*, sondern bringt in *jeder* Lage eure Bitten mit Dank vor Gott" (Phil 4,6). Dazu paßt ein anderes Wort der Schrift: „Werft *alle* Sorgen auf den Herrn; denn er kümmert sich um euch" (1 Petr 5,7). Hier geht es wirklich um alles oder nichts: Wir müssen *alle* Sorgen loslassen, sonst werden wir keine einzige los. Und werfen wir sie nicht unbedingt auf Gott, sondern anderswohin („Wirf die Sorgen in ein Gläschen Wein ...!"), dann kommen sie mit Gewißheit wieder.

Jeder, der sich selbst ein wenig kennt, weiß jedoch, wie schwer es ist und welch tiefgreifende und leidvolle Umwandlungen notwendig sind, bis ein solches Loslassen nicht nur gewollt, sondern auch vollbracht ist. Man kann es eigentlich nur in dem Maß, als man zu einem unerschütterlichen Gottvertrauen gefunden hat.

Einer, der das Loslassen bis zur letzten Vollendung

vollbrachte, war Franziskus von Assisi: „Fortan kann ich in aller Freiheit sagen: Vater unser, der du bist im Himmel." Gelöst von allem, fand er zu jenem Glück, durch das er sich mit allem und jedem brüderlich verbunden fühlte. Selbst im Tod sah er nicht seinen Feind, sondern seinen Bruder. Er empfing ihn mit den Worten: „Willkommen, mein Bruder Tod."

Aus dem Gesagten ergeben sich einige Hinweise, die bedeutsame Zusammenhänge aufdecken:

– Wir bezeichnen die christliche Botschaft als ‚Frohbotschaft'. Um welche Freude geht es hier? Es ist die Freude, die der erfährt, der sich auf Gott hin losläßt, weil er fest daran glaubt, daß Gott für ihn sorgt.

– In diesem Zusammenhang wird einsichtig, was Jesus meint, wenn er sagt: „Wer sein Leben um meinetwillen verliert, wird es gewinnen" (Mt 10,39). Verlieren heißt hier loslassen. Daher schreibt Alfred Delp: „Mensch, laß dich los zu deinem Gott hin, und du wirst dich selber wieder haben."

– Loslassenkönnen hat schließlich etwas mit Sterbenkönnen zu tun. Das erinnert an ein paar Verse aus Goethes Diwan-Gedicht „Selige Sehnsucht", ein Preislied auf den Kreislauf des Lebens:

> Und solang du das nicht hast,
> Dieses: Stirb und werde!
> Bist du nur ein müder Gast
> auf der dunklen Erde.

„Sorgt euch um nichts!" Dafür steht der Name jener kranken Mutter, dafür steht der Name von Franziskus. Ob auch mein Name dafür stehen könnte?

Das Bild des Clowns gehört in jede Wohnung

In unserem alltäglichen Verhalten werden immer wieder ‚mechanische' oder ‚automatische' Abläufe sichtbar. Dieses Mechanische und Automatische ist es, was uns oft sehr unbeweglich macht und uns daran hindert, auf die Situation eines anderen einzugehen. So kann es leicht zu Mißverständnissen, Enttäuschungen und Ärgereien kommen, die jedermann voraussieht, nur der Betroffene nicht.

Ich las einmal von einem Mann, der mir hier in den Sinn kommt. Er hatte sich eine Hose gekauft, obwohl die Hosenbeine um etwa vier Zentimeter zu lang waren. Doch sie gefiel ihm. Zudem dachte er: „Ich habe in meinem Haushalt drei Frauen; eine von ihnen wird sie schon passend machen."

Zu Hause hängte er sie an den Haken. Dann ging er zu seiner Frau in die Küche und trug ihr sein Anliegen vor. Doch diese war gerade nicht in bester Stimmung und zeigte ihm die kalte Schulter. Etwas verärgert ging er zu seiner Schwiegermutter. Aber auch bei ihr fand er kein Gehör. Sie war gerade dabei, ein Kreuzworträtsel zu lösen, und wollte sich dabei nicht stören lassen. Als er ihr Zimmer verließ, stieß er auf seine Tochter. Es sah so aus, als hätten sich die Frauen gegen ihn verschworen; denn auch der Tochter kam die Sache äußerst ungelegen. Sie war, wie sie erklärte, auf dem Sprung zu ihrem Freund. In dem dreimal Abgewiesenen hatte sich der aufgestaute Ärger inzwischen zum Zorn gesteigert. Lautstark erklärte er, daß vor Mitternacht nicht mit ihm zu rechnen sei. Damit schlug er hinter sich die Haustür zu.

Es dauerte nicht lange, bis die Ehefrau erkannte, daß jetzt etwas geschehen muß. Beschämt und unauffällig griff sie nach der Hose, nahm die Kürzung vor und hängte sie an ihren Platz zurück. Aber auch in der Schwiegermutter wuchs die Reue. Geräuschlos griff nun sie zur Hose und schnitt vier Zentimeter weg. Als gegen 23.00 Uhr die Tochter nach Hause kam und ihr Auge auf die Hose fiel, dachte sie: „Was soll der Quatsch? Nimm dir die Zeit. Er wird sich freuen." Und wie er sich freute ...

Was ist das Komische an dieser Geschichte? In ihr läuft alles automatisch ab. Ehefrau, Schwiegermutter und Tochter reagieren auf die gleiche Weise. Sie alle sagen zunächst „Nein!", weil jede mit sich selbst beschäftigt ist und keine sich unterbrechen lassen wollte. Und da der Mann dafür kein Verständnis hat, läuft auch bei ihm alles wie von selbst. Auf diese Weise entwickelt sich aus einer Kleinigkeit eine tolle Schererei, die sich im zweiten Akt aus denselben Gründen wiederholt.

Damit stellt sich die Frage: Wie reagiere ich auf den, der mir ungelegen kommt, der möchte, daß ich etwas unterbreche, um für ihn ein wenig Zeit zu haben? Reagiere ich mit wohlwollendem Verstehen oder aber mit tierischem Ernst?

Es gibt nun kaum einen Menschen, dessen Verhaltensweisen völlig frei von Mechanismen sind. Das ist es, was uns komisch macht. Tragisch aber ist, daß wir selbst diese Mechanismen in der Regel nicht bemerken. Warum aber macht der eine den anderen darauf nicht aufmerksam? Edith Stein hat recht, wenn sie sagt: „Ich hatte es gelernt, daß man Menschen nur selten bessert, indem man ihnen ‚die Wahrheit sagt'." Warum nicht? Weil es schwer ist, einem anderen die Wahrheit so zu sagen, daß sie ihm nicht weh tut. Doch es gibt einen, der es kann. Das ist der Clown. Der Chanson-Sänger Udo Jürgens hat ihm ein Danklied geschrieben, in dem es heißt:

Der aus Großen wieder Kinder macht,
bist du, mein Freund, der Clown.
Er hält uns mit Humor,
wie im Spiegel vor,
Fehler, die wir machen ...

Schön, daß es einen gibt,
der die Menschen kennt
und sie trotzdem liebt.
Keiner, der wie du das Kunststück kann,
kalte Herzen aufzutaun.
Mehr als mancher große Mann
tust du für uns, mein Freund, der Clown.

Was also macht uns den Clown zum Freund? Die Tatsache, daß er die Menschen kennt und sie trotzdem liebt. Das zu bemerken ist nicht nebensächlich. Es fällt nämlich auf, wie oft man im Schrifttum der ‚Großen der Welt' einer eigenartigen Menschenverachtung begegnen kann.

Der Grund, weshalb die ‚Großen der Welt' die Menschen bei genauerer Beobachtung verachten, führt den Clown zum Gegenteil. Je deutlicher er im Menschen das Armselige und Gebrechliche, das Hinfällige und Kreatürliche, das Mechanische und Unvernünftige, das Komplizierte und Dumme, das Steife und Unbewegliche, das Erstarrte und Verhärtete, das Unreife und Ungeschickte erkennt, um so mehr fühlt er sich zu ihm hingezogen, um so mehr solidarisiert er sich mit ihm; denn er fühlt, daß es all das in ihm selber gibt. Daher verurteilt er nicht, sondern mildert, entschärft, sieht am Negativen noch das Positive, am Bösen noch das Gute und freut sich darüber.

Von dem Schriftsteller Otto Julius Bierbaum stammt das Wort: „Humor ist, wenn man trotzdem lacht." Das Geheimnis des Clowns reicht tiefer. Er sagt: „Humor hat der, der trotzdem liebt." ‚Lieben im Trotzdem', das ist die Quelle allen Humors.

Der Clown kennt uns, weil er uns liebt. Deshalb kann er uns auch etwas lehren. Er möchte nämlich, daß wir in seinem Verhalten uns selbst erkennen. Wer dies vermag, der beginnt, über sich selbst zu lächeln, der nimmt sich selbst nicht mehr so wichtig. Der englische Schriftsteller Gilbert Keith Chesterton (1874-1936) schreibt: „Engel fliegen, weil sie sich selbst leicht nehmen ... Der Mensch neigt ... dazu, sein Ich zu wichtig zu nehmen, denn das ist das Leichteste, was man tun kann ... Es ist bequem, schwer zu sein, doch schwierig ist es, leicht zu sein." Die Leichtigkeit ist also unsere Schwierigkeit.

Sich selbst zu wichtig zu nehmen ist eine Untugend, die unser persönliches Leben wie unser Zusammenleben sehr schwermachen kann. Wie viele Sorgen, Probleme und Konflikte entstehen allein aus diesem Grund! Machen wir die Probe: Spüren wir die Bereiche auf, in denen wir unzufrieden, unglücklich oder bedrückt sind, und fragen wir dann, ob es nicht daran liegt, daß wir uns selbst zu wichtig nehmen! Wir müßten einen in unserer Nähe haben, der uns immer wieder darauf stößt. Daher glaube ich: Das Bild des Clowns gehört in jede Wohnung.

Im Clown ist Gott uns nahe. Durch ihn will er uns sagen: „Liebe die Menschen; denn sie sind wie du. Laß dich von ihnen, von ihrer Hilfsbedürftigkeit immer wieder unterbrechen; denn so hat es auch Gott getan, da er seine Ewigkeit unterbrach, um sich Zeit für die Menschen zu nehmen. Doch bedenke: Das kann nur, wer sich selber nicht so wichtig nimmt!"

„Du hast das Gute in mir herausgehört“

Eigentlich hört man nicht viel von ihm. Die Zeitungen heben ihn selten hervor. Und die Litfaßsäulen werben für vieles, aber nicht für ihn. Doch er ist im Untergrund. Er ist wie Wurzeln, die im verborgenen bleiben und dennoch alles tragen. Der gute Mensch, er trägt die Welt.

Ob er nur noch in der Literatur in Erscheinung tritt? „Der gute Mensch von Sezuan“ nennt Bertolt Brecht eines seiner Stücke. In einer Erzählung von Alexander Solschenizyn begegnen wir Matriona, der guten Frau mit dem schönen Gesicht. Durch sie erfahren wir, wie man es bekommt: „Immer haben die ein schönes Gesicht, die mit ihrem Gewissen in Einklang leben.“ Das Wort ‚Einklang‘ fällt hier auf: Einklang zwischen Innen und Außen, das ist es, was uns gut sein läßt.

Der Schriftsteller Otto-Heinrich Kühner schreibt einmal an seine Frau, die Romanautorin Christine Brückner: „Du hast durch deine Gutheit das Gute in mir herausgehört, durch dein Vertrauen das meine. Ich möchte, seit ich dich kenne, ein guter Mensch sein.“ Das ist auch der Wunsch von Menschen, die Jesus begegnet sind. Sie sagen dasselbe. Kein Wort mehr und keines weniger. Doch spürt man darin ein anderes Gewicht.

„Vergeltet niemand Böses mit Bösem! Seid vielmehr allen Menschen gegenüber auf Gutes bedacht“ (Röm 12,17). Darum ist der gute Mensch bemüht; auf diese Weise wird er gut. Indem er das Böse in sich selbst zu überwinden trachtet, die Aggressionen, die Mißgunst, die Eifersucht, die Nadelstiche böser Worte, die dunklen Gedanken, wird er zum Guten fähig. Zugleich wird er offen, transparent auf Gottes Güte hin. An früherer

Stelle haben wir bereits auf das Bekenntnis von Charles de Foucauld hingewiesen: „Gott, deine Hand war über mir, und ich ahnte es kaum! Wie gut bist du! Du hast mich behütet. Du hast mich unter deinen Flügeln beschirmt, als ich nicht einmal an deine Existenz glaubte! So hast du mich während der Jahre behütet, bis du die Zeit für gekommen hieltest, mich in die Herde zurückzuführen.“

Das 13. Kapitel des Ersten Korintherbriefes zählt die Eigenschaften des guten Menschen auf: Er ist langmütig und gütig. Er ereifert sich nicht, prahlt nicht, bläht sich nicht auf. Er handelt nicht ungehörig, sucht nicht seinen Vorteil, läßt sich nicht zum Zorn reizen, trägt das Böse nicht nach. Er freut sich nicht über das Unrecht, sondern freut sich an der Wahrheit. Er erträgt alles, hofft alles, hält allem stand.

Den guten Menschen: wir finden ihn bei denen, die sich nicht mehr helfen können, bei den Kranken, Hilflosen, Schwachen, Entrechteten. Er springt ein, wie Maximilian Kolbe eingesprungen ist. Er baut Brücken, weil er noch Übergänge sieht, an die ein anderer nicht mehr glauben kann. Der gute Mensch: er scheint auf der Verliererseite zu stehen. Doch warten wir es ab.

Jeden Tag kann man etwas Gutes tun

Jelisawetha Anatoljewna, das ist der stellvertretende Name für alle, in denen etwas gegenwärtig ist, das sich rein menschlich nicht mehr erklären läßt. Alexander Solschenizyn, der in Amerika lebende russische Schriftsteller, erzählt von ihr in seinem Roman „Krebsstation".

Sie ist noch keine fünfzig Jahre alt. Doch auf der Straße würde man sie für eine alte Frau halten. Um ihre Augen und um ihren Mund haben sich inzwischen etliche Falten strahlenförmig eingegraben. Sie zeugen von tiefem Leid. Seit etlichen Jahren muß sie und ihre Familie in der Verbannung leben. Weshalb, weiß keiner von ihnen. Getrennt von ihrem Mann, lebt sie mit ihrem achtjährigen Sohn in einer armseligen Behausung. Ihre tägliche Arbeit verrichtet sie als Putzfrau und Pflegerin auf der ‚Krebsstation' einer Klinik irgendwo in Asien. Hier kriecht sie unter die Betten, um den Boden aufzuwischen. Das Wasser hat ihre kleinen aufgesprungenen Hände inzwischen ausgelaugt. Mit einem Lappen reibt sie die Wände ab. Sie leert die Spucknäpfe und macht sie sauber. Sie bringt den hoffnungslos Kranken die Gläschen mit den Etiketten. All das, was einer Schwester zu schwer, zu unhandlich oder zu unsauber ist, bringt sie herbei und trägt es wieder fort. Und je selbstverständlicher sie ihre Arbeit tut, desto weniger wird sie auf der Station beachtet.

Sieht man einmal von den Umständen ab, unter denen diese Frau leben muß (jedes Schicksal entfaltet sich ja unter den ihm eigenen Bedingungen und Umständen), so kann man sagen: Diese Frau tut die ihr täglich aufgegebenen Pflichten mit Selbstverständlichkeit und Sorgfalt, mit Liebe und Hingabe. Und sie tut es in einer Art und Weise, daß ihre Umgebung das Besondere an ihr nicht bemerkt. An dieser Frau kann einem aufgehen, daß alles Gute sich verborgen hält. Zuweilen kann es mächtig und kraftvoll hervortreten wie die Flamme aus der Glut; doch zieht es sich sehr schnell wieder zurück. Denn das Gute drängt sich nicht auf. Es spielt sich nicht in den Vordergrund, wie es der Selbstsüchtige zu tun beliebt. Es liebt vielmehr den Hintergrund. Man kann es auch so sagen: Der Gute stellt sich nicht ichbetont vor sein Werk, sondern er tritt selbstlos hinter sein Werk zurück.

So macht es Gott. Schauen wir auf den Schöpfer. Wo ist er? So sehr tritt er hinter sein Werk, daß nicht wenige glauben, es gäbe ihn überhaupt nicht. Schauen wir auf Jesus. Wo ist er zu finden? Er steht hinter seinem Wort; er verbirgt sich in seinen Sakramenten. Schauen wir auf den Heiligen Geist. Wo ist er? Er ist in seiner Kirche, aber auch in allen, die es lieben, Gutes zu tun.

Weil es die Eigenart des Guten ist, im Verborgenen zu leben und zu wirken, haben wir Grund zu einem unerschütterlichen Optimismus. Denn hier zeigt sich, daß es allerorts viel mehr gute Menschen gibt, als wir vermuten können. Nie wird man ihre Zahl ermitteln können. Die „Geheime Offenbarung“ spricht von „einer großen Schar, die niemand zählen kann“ (7,9). Obwohl sie einander nicht kennen, bilden sie doch eine große Gemeinschaft. Was ihnen gemeinsam ist, läßt sich mit einem Wort des Apostels Paulus sagen: Sie alle lassen sich nicht vom ‚Trieb des Fleisches‘, sondern von der ‚Kraft des Geistes‘ leiten (vgl. Röm 8,8ff).

Dahin fand ein Mann, von dem ich erzählen möchte. Eigentlich fehlte ihm nichts. Aber er war ein Egoist. Bei allem, was er tat, bewegte ihn die Frage: „Was springt dabei für mich heraus?“ Wichtig war ihm seine eigene Sicherheit; die der anderen kümmerte ihn wenig. Zudem brauchte er viel Anerkennung. Während er so lebte, vollzog sich in ihm ein merkwürdiger Prozeß: Sein Gefühlsleben wurde immer ärmer; seine Lebensfreude ließ auffallend nach; seine Tage reihten sich immer gleichförmiger aneinander; eine merkwürdige Starre der Gleichgültigkeit breitete sich in ihm aus.

Eines Tages machte er eine Erfahrung. In der Begegnung mit einer notleidenden Frau ging ihm plötzlich auf, wie einfach es ist, anderen Gutes zu tun, ihnen eine Freude zu machen und selbst aus der geschenkten Freude froh zu werden. Er erkannte, daß man sich nur dem guten Geist öffnen muß, und schon fließt von Menschen zu Mensch der Strom des Lebens. Daher sagte er sich: „Du kannst nicht jeden Tag etwas Großes tun, aber gewiß immer etwas Gutes." Und je mehr er unter diesem Gesichtspunkt zu leben begann, um so deutlicher fühlte er eine Leichtigkeit, als ob er hätte fliegen können. Mit einemmal achtete er auf alles; denn jetzt wußte er, daß es vor allem die Gleichgültigkeit ist, die den Geist auszulöschen vermag. Wie zum Leben, so fand er auch zum Tod ein neues Verhältnis. Der Gedanke an ihn konnte ihn nicht mehr erschrecken; denn er ahnte: Wer in der Liebe steht, der kann zu jeder Zeit hineinfallen in das Feuer der ewigen Liebe.

Hier haben wir beides: Erfahrungen jenes ‚alten' Menschen, der sich vom Fleisch bestimmen ließ; Erfahrungen jenes ‚neuen' Menschen, der sich dem Geist Gottes übergab. Dazwischen der Wendepunkt. Wo liegt er verborgen? In jedem Augenblick. Denn das ist eines jeden Augenblicks höchste Erfüllung: mit dem Guten zu beginnen und hinter ihm zurückzutreten.

Die beiden Weggefährten, die jedem mitgegeben sind

Offensichtlich beginnt in dieser Welt alles so klein wie ein Senfkorn, aus dem sich dann etwas entwikkeln kann, das man sich am Anfang nicht vorzustellen vermochte. Darüber dachte Sören Kierkegaard einmal nach.

Man könnte meinen, es klinge allzu jugendbewegt, was in seinen „Erbaulichen Reden" zu lesen ist. Aber möglicherweise ist es das einzige, was einen Menschen wirklich jung erhält, so alt er auch werden mag. Kierkegaard schreibt, jedem Menschen seien auf seinem Weg durch das Leben zwei Weggefährten mitgegeben; der eine rufe voran, der andere rufe zurück. Und obwohl sie uns Unterschiedliches sagen, nie verwirren sie uns durch ihren Ruf. Und auch dies ist eine Eigentümlichkeit der beiden: Nie bekommen sie miteinander Streit; immer sind sie sich einig in dem, was sie uns raten; denn „der eine ruft uns voran zum Guten, der andere ruft uns zurück vom Bösen" (GTB 615,18).

Sucht man in der Bibel nach einem ähnlichen Wort, so stößt man auf den Propheten Amos. Dieser prophezeite damals seinen Zuhörern: „Sucht das Gute, nicht das Böse; dann werdet ihr leben!" (5,14).

Sowohl das Wort des Philosophen als auch die Zusicherung des Propheten werden von der gleichen Erfahrung getragen: Nicht das Böse, nur das Gute läßt uns leben. Es lohnt sich, dieser Erfahrung nachzugehen.

Das erste ist dies: Es gehört zum Wesen des Bösen, daß es keine Ruhe und deshalb auch keine Heimat schenkt. Es treibt den Menschen vielmehr hin und her. Daher erreicht es seine Ziele immer nur über krumme Wege. Und weiter muß man sagen: Es schwächt den Körper und macht ihn schwerfällig. Es vernebelt die

Vorstellung und stumpft den Geist ab. Zudem zerstreut es das Gedächtnis. So lähmt es die besten Kräften, macht müde, lebensmüde.

Man denke an Augustinus, Inhaber eines begehrten Lehrstuhles für Rhetorik in Mailand. Auf dem Weg zu einem Vortrag kam er in einer der Gassen Mailands an einem angeheiterten Bettler vorbei. In sorgloser Fröhlichkeit machte dieser seine Scherze. Da fragte sich Augustinus, wer von ihnen glücklicher sei, der angeheiterte Bettler oder er, der innerlich zerrissene Professor. Er gab sich selbst die Antwort:

Gewiß, es ist ein Unterschied, woran sich einer freut. Doch ohne Zweifel war der Bettler von uns beiden der Glücklichere; denn er trank auf das Wohl der Leute, während ich nur etwas sehr Windigem nachjagte. Er war in Freuden, ich in Ängsten; er sorglos, ich voll innerer Unruhe. Weil mein Wille verkehrt war, erwuchsen aus ihm vielerlei Gelüste. Und da ich ihnen dienstbar wurde, kam es zur Gewohnheit. Und da ich der Gewohnheit nicht widerstand, kam es zur Notwendigkeit. Diese ineinandergefügten Ringe legten mich an die Kette; sie machten mich kaputt. Ich wollte vor mir fliehen. Doch wohin wäre ich mir nicht nachgefolgt? So war mein Leben. War's ein Leben?

Nur wer dies nachvollziehen kann, wird verstehen, was Augustinus sagen wollte, als er zu Beginn seiner „Bekenntnisse“ das berühmte Wort schrieb: „Ruhelos ist unser Herz, bis es seine Ruhe gefunden hat in dir.“ Es ist vor allem diese Erfahrung, weshalb viele andere, und zu ihnen gehören die größten Heiligen, sich bei allem Trennungsschmerz vom Bösen abwandten, um sich Gott zuzuwenden, der der Inbegriff des Guten ist. Sie alle kamen an einen Punkt, an dem sie unmißverständlich erkannten: Das Böse kann nicht das Wahre sein. Das ist der Hintergrund, aus dem das Wort stammt, zum Guten gebe es vor allem drei Wege: „Erstens durch Nachdenken: das ist der edelste. Zweitens durch Nachahmung: das ist der leichteste. Drittens durch Erfahrung: das ist der bitterste“ (Konfuzius). Zu dieser Bitterkeit gehört nicht zuletzt die Enttäuschung, daß das Böse nie hält, was es verspricht. So zwingt es in ein tiefes Alleinsein. Am Ende ist der Böse für das Böse von keinem Interesse mehr: „Was geht das uns an? Das ist deine Sache“ (Mt 27,4).

„Ruhelos ist unser Herz, bis es seine Ruhe gefunden hat in dir.“ Nur im Guten kann man wohnen; nur im Guten ist man zu Hause. Welch eine Ruhe spricht beispielsweise allein aus den drei Worten von Edith Stein, aufgeschrieben im Hexenkessel des Sammellagers von Westerbork: „Konnte herrlich beten!“

Man übersehe jedoch nicht: Auch das Gute hat seine Rückwirkung auf den, der es sucht, auf den, der es tut: Es heilt unsere Wunden. Es läßt das Zerbrochene wieder zusammenwachsen. Es löst nicht wenige Schwierigkeiten und Probleme in nichts auf. Es eint unsere Kräfte. So macht es stark. Es läßt viel Zeit gewinnen, weil alles Hin und Her aufhört. Damit kommt Geradlinigkeit in das Leben. Es macht sehend für die Geheimnisse Gottes, die uns allerorts umgeben.

Vielleicht denkt der eine oder andere: Was kann ich denn schon Gutes tun? Das Gleichnis Jesu vom Senfkorn (Mk 4,30-32) macht Mut. Es sagt: Ein Gramm Güte kann einen ganzen Berg zum Schmelzen bringen; denn im Guten, und mag es noch so klein sein, ist Gottes Kraft, ist Gott selbst gegenwärtig.

Daher kann bereits ein gutes Wort, eine kleine Aufmerksamkeit, ein freundlicher Gruß eine enorme Wirkung haben. Diese kleinen Dinge sind es, die uns selbst zu einem Baum emporwachsen lassen, der für manch einen zum Ort der Geborgenheit wird. Das prophezeit Amos mit prophetischer Gewißheit, wenn er sagt: „Sucht das Gute, nicht das Böse; dann werdet ihr leben.“

Wer bekommt also eine Ahnung dessen, was Leben

eigentlich ist? Der Sucher des Guten. Kann man über einen Menschen etwas Besseres sagen als dies: Er ist ein Sucher des Guten?

Jeder Mensch hat nur zwei Möglichkeiten

Vor einem westfälischen Dorf, so wird erzählt, stand eine hohe Säule mit einer Hand, welche seit vielen Jahren den rechten Weg zur Stadt wies. Neben dieser Säule begegnete eines Tages ein junger Reiter dem Dorfvorsteher und fragte ihn, wie er dazu komme, allen Menschen diesen Weg zur Stadt zu weisen. Jeder hätte seinen ureigenen. Er beispielsweise komme zur Stadt über Zäune und Gräben und das nicht nur auf einem schnelleren Weg, sondern auch unter dem Staunen der Leute.

Der Dorfvorsteher erwiderte ihm: „Unser Wegweiser zeigt den sichersten und ebensten Weg an, den jeder gehen kann. Denken Sie sich, wir würden ihn so stellen, daß alle, die zur Stadt wollen, Ihrem Weg folgen müßten. Wie viele würden sich den Hals brechen oder in diesem oder jenem Graben liegenbleiben? Daher ist es gut, daß wir von Amts wegen jedem Reisenden einen ebenen, richtigen und sicheren Weg zeigen und die Reiter ihrem eigenen Glück und ihrer eigenen Findigkeit überlassen."

Ein Philosoph hatte von dieser Unterredung gehört. Er fügte ihr folgende Anmerkung hinzu: „Die allgemeinen Regeln und Wege bleiben immer notwendig, auch wenn sich die Genies noch so weit davon entfernen."

Diese Begebenheit, mag sie geschehen oder erfunden sein, erinnert an eine Stelle in der „Geheimen Offenbarung“, dem letzten Buch der Bibel. Auch dort geht es um eine Stadt, um die Stadt Gottes, das himmlische Jerusalem. Zu ihrer Charakterisierung wird gesagt, daß es in ihr den Tod nicht geben wird und damit auch nicht Trauer, Klage oder Mühsal. Auch gibt es keine Nacht in dieser Stadt. Sie braucht weder das Licht der Sonne noch das Licht einer Lampe. Denn die Herrlichkeit Gottes leuchtet in ihr in alle Ewigkeit. Diese Stadt ist das von Gott gesetzte Ziel des menschlichen Lebensweges. Wer aber zeigt den Weg dorthin? Es ist Jesus Christus, der auferstandene Herr, der in seiner Kirche gegenwärtig ist und durch seine Kirche zu den Menschen über den Weg dorthin spricht.

Mit diesem Hinweis ist noch nicht alles gesagt; denn es gibt nicht wenige, die mit der Kirche nichts zu tun haben wollen und ihr Lebensziel auf eigenen Wegen zu erreichen suchen. Im Hinblick auf sie schreibt Karl Rahner in seinem Büchlein „Glaube, der die Erde liebt“: „Vom Aufgang und Niedergang ziehen Menschen ins Gottesreich auf Straßen, die in keiner amtlichen Karte verzeichnet sind. Wenn wir ihnen begegnen, sollten sie an uns merken können, daß die amtlichen Wege, auf denen wir ziehen, die sicheren und kürzeren sind.“

Es gibt ausgewiesenermaßen solche, denen man es anmerken kann. Es sind die Heiligen. Und vielleicht liegt darin ihre tiefste Bedeutung. Wer ist also ein Heiliger? Einer, dem man anmerken kann, daß die amtlichen Wege der Kirche die sicheren und kürzeren sind. In diesem Sinn sind sie die Wegweiser auf dem Weg zur Stadt Gottes. Sie sind es vor allem durch drei Eigenschaften, die ihnen allen gemeinsam sind. Je mehr diese unser eigenes Leben kennzeichnen, um so mehr werden wir unsererseits Heilige und als solche Wegweiser. Um welche Eigenschaften geht es hier?

An erster Stelle steht das tiefe Gespür für die menschliche Hinfälligkeit. Was damit gemeint ist, verdeutlicht sich an der Gestalt des heiligen Petrus. In einer entscheidenden Situation unternahm er es, Jesus von seinem Weg abzubringen. Da sagte ihm Jesus: „Hinweg mit dir, du Satan; denn du denkst nicht die Gedanken Gottes, sondern die der Menschen“ (Mt 16,23). Wie sehr Petrus die Gedanken der Menschen dachte, zeigt auch sein Verhalten im Vorhof des Gerichtsgebäudes, in dem man Jesus den Prozeß machte. Als man ihn dort mit Jesus in Zusammenhang bringen wollte, erklärte er: „Ich kenne den Menschen nicht“ (Mt 26,72). Man muß einmal überdenken, was mit diesem Wort gesagt ist. Und doch sagt Jesus ausgerechnet ihm: „Du bist Petrus, und auf diesen Felsen werde ich meine Kirche bauen, und die Mächte der Unterwelt werden sie nicht überwältigen“ (Mt 16,18). Wie ist so etwas möglich? Durch Jesus war ihm offensichtlich aufgegangen, was Chesterton einmal so formuliert: „Jeder Mensch hat nur zwei Möglichkeiten: entweder ein Verbrecher oder ein Heiliger zu werden.“ Und er wird es aufgrund der Gedanken, die er denkt: entweder die dunklen Gedanken der Menschen oder die lichtvollen Gedanken Gottes. Offensichtlich hat sich Petrus aufgrund des ihm eigenen Gespürs für seine Hinfälligkeit immer wieder von seinen menschlich-allzumenschlichen Gedanken zu den Gedanken Gottes durchgerungen.

Die Heiligen haben darüber hinaus ein Gespür, daß die Liebe die Sprache des Himmels ist und daß der Sinn unseres irdischen Daseins darin liegt, diese Sprache zu erlernen. Bei Thomas von Aquin lesen wir: „Die Heiligkeit besteht nicht darin, viel zu wissen ... Das ganze Geheimnis der Heiligkeit ist: viel zu lieben.“ Doch sagen die Heiligen auch, um welche Liebe es hier geht. Sie läßt sich auf die kurze Formel bringen: „Ich tue es für dich!“ „Ich für mich“, sagt der Verbrecher. „Ich für dich“, sagt der Heilige. Solche Liebe wächst allein im Schatten des Kreuzes, weshalb man die Heiligen immer wieder am Fuß des Kreuzes abgebildet sieht. Die Erfahrung, die von dorther kommt, faßt Leo der Große in dem Wort zusammen: „Dein Kreuz gibt den Gläubigen Kraft in der Schwachheit, Ehre in der Schmach, Leben im Tod.“

Schließlich ist zu sagen, daß die Heiligen Menschen der Treue sind. Sie verstehen, was Jesus meinte, als er sagte: „Wer die Hand an den Pflug legt und zurückschaut, ist meiner nicht wert“ (Lk 9,62). Treue ist also die Entschiedenheit, nicht mehr in die eigene Vergangenheit zurückzuschauen. Entsprechend sagt Paulus: „Ich vergesse, was hinter mir liegt, und strecke mich nach dem aus, was vor mir liegt. Das Ziel vor Augen, jage ich nach dem Siegespreis: der himmlischen Berufung, die Gott uns in Christus Jesus schenkt“ (Phil 3,13-14). Wer das Ziel vor Augen hat, der vermag treu zu sein bis zum seligen Ende.

Man sollte uns anmerken können, daß die amtlichen Wege, auf denen wir ziehen, die sicheren und kürzeren sind. So ist es bei dem, den nicht die Gedanken der Menschen prägen, sondern die Gedanken Gottes; der nicht sagt: „Ich für mich!“, sondern: „Ich für dich!“; der nicht zurückschaut, sondern nach vorn.

„Mein Ich kommt mir zuweilen recht fremd vor“

Es gibt wohl keinen, der nicht schon einmal durch eine Krise hindurchgegangen wäre. Doch sind es sehr verschiedenartige Gründe, die zu einer Krise führen.

Das Leben nimmt jeden mit auf einen Weg, der durch unterschiedliche Landschaften führt. Man muß die eine verlassen, um in eine andere zu gelangen. Daher gerät zwangsläufig in eine Krise, wer auf seinem Lebensweg nicht immer wieder aufbrechen, sondern stehenbleiben will. Der Dichter und Dramatiker Samuel Beckett hat diese Fehlhaltung dem Leben gegenüber in seinem weltweit diskutierten Stück „Warten auf Godot" sehr deutlich dargestellt.

Neben solchen Krisen gibt es andere, in die gerät, wer nicht sehen will, was sich mehr und mehr anzubahnen beginnt. „So möchte einer nicht wahrhaben, obwohl es sich da und dort deutlich zeigt, daß seine Beziehung zum Ehepartner sich aushöhlt; der andere übersieht ..., daß sich ihm die heranwachsenden Kinder entfremden; wieder ein anderer schließt die Augen vor einer sich anbahnenden Gewohnheit, die seiner Gesundheit und seiner persönlichen Entwicklung schadet ... Solche Krisen wachsen uns zu aus der Art, wie wir leben" (Theresia Hauser). Das dahinterliegende Gesetz beschreibt der große mittelalterliche Theologe Thomas von Aquin mit den Worten: „Ein kleiner (unbesehener) Fehler am Anfang führt zu einem großen am Ende."

Schließlich gibt es Krisen, weil plötzlich etwas über uns hereinbricht, das unser bisheriges Leben völlig verändert, Schicksalsschläge, die wir nicht voraussehen, auf die wir uns also auch nicht unmittelbar vorbereiten und einstellen können.

So unterschiedlich die Hintergründe sind, die zu einer Krise führen, einheitlich ist hingegen die Frage, die sich in all diesen Situationen stellt: „Wer bin ich eigentlich?" Sie stellt sich dem jugendlichen Menschen auf dem Weg zu seiner Selbstfindung. Sie stellt sich dem Erwachsenen, wenn er spürt, daß die Dinge nicht mehr so selbstverständlich laufen, wie er es gewohnt war. Sie stellt sich dem älteren Menschen, der sich selbst auf einmal fremd erscheint: „Zuweilen frage ich mich: Wer ist eigentlich dieses Ich? Es kommt mir manchmal recht fremd vor." Dieselbe Frage kann uns überfallen, wenn wir vor einem Spiegel stehen und uns selber in die

Augen schauen. Sie erhebt sich in Augenblicken des Leids, wenn eine Liebe zerbricht, wenn ein Freund uns von der Seite weggerissen wird. Als Augustinus das erlebte, schrieb er: „Da wurde ich mir selbst zur großen Frage.“

Es legt sich nahe, in solchen Augenblicken andere zu Rate zu ziehen: „Wie siehst du mich? Für wen hältst du mich?“ Wenn sie es uns sagen, können wir eine Überraschung erleben. Wir erfahren, wie wenig das Bild, das wir von uns selbst haben, mit dem Bild übereinstimmt, das sie von uns haben. Und doch: Der andere sieht uns immer durch die Brille seiner Subjektivität. In seine Meinung kann sich vieles von der eigenen Unzulänglichkeit hineinfärben. Eigentlich kann nur derjenige etwas unbedingt Wahres über einen anderen sagen, der vollkommen eins mit sich selber ist. Aber wer ist das schon? Daher scheint es angebrachter, die Antwort in sich selbst zu suchen.

Kipling erzählt einmal von einem jungen Mann, der in Indien lebte und sowohl seinen Vater als auch seine Mutter verloren hatte. Daher fühlte er sich oft einsam und verlassen. Im Winkel einer geräuschvollen Bahnhofshalle sitzend, überfiel ihn der Gedanke: „Keiner ist so allein wie ich. Würde ich heute sterben, keiner würde davon sprechen.“ Die Hände im Schoß gefaltet, versuchte er alle Gedanken loszuwerden. Nur noch eine Frage stand vor ihm: „Wer bist du eigentlich?“ Doch so tief er sich der Antwort auch entgegenfallen ließ, er erfuhr sie nicht. Da näherte sich ihm ein Hindu, ein heiliger Mann, der offensichtlich mitbekommen hatte, worum sich dieser junge Mann bemühte. „Ich weiß, es geht nicht“, sagte er ihm. „Was soll das?“ fragte der junge Mann, erhob sich und ging. Der heilige Mann aber rief ihm nach: „Gehe in Hoffnung, Bruder. Es ist ein weiter Weg zu den Füßen des Einen. Aber dahin wandern wir alle.“

„Es ist ein weiter Weg zu den Füßen des Einen.“ Es

ist ein unendlich weiter Weg. Daher, so sagt der christliche Glaube, haben sich die „Füße des Einen" auf den Weg gemacht und sind uns entgegengekommen. Es sind die Füße dessen, der Gott mit dem Menschen und den Menschen mit Gott eint. Es ist der Gottmensch Jesus Christus. Es ist der, auf den Johannes der Täufer hingewiesen hat, als er sagte: „Mitten unter euch steht der, den ihr nicht kennt und der nach mir kommt; ich bin nicht wert, ihm die Schuhe aufzuschnüren" (Joh 1,26-27).

Was ist damit gesagt? Je mehr ich mich mit dem Gottmenschen Jesus Christus in Glaube, Hoffnung und Liebe verbinde, um so tiefer geht mir auf, wer ich selber bin. Das ist es, was an der religiösen Persönlichkeit des Täufers sichtbar wird. Johannes mußte durch viele tiefgreifende Krisen hindurchgehen, bis er zu jenem wurde, von dem Jesus sagte, unter allen Menschen habe es keinen größeren gegeben. Oft genug mußte er mit der Frage: „Wer bist du eigentlich?" in der Wüste seines Herzens ringen, bevor er denen eine ebenso klare wie einfache Antwort geben konnte, die mit dieser Frage zu ihm kamen. Johannes der Täufer ist der Mensch, der in Jesus seine Einheit mit Gott gefunden hat. Er ist derjenige, der sich ganz von Gott her versteht. Daher sagt er: „Ich bin die Stimme, die in der Wüste ruft: Ebnet den Weg für den Herrn" (Joh 1,23).

„Ebnet den Weg für den Herrn", das heißt nach allem: Laß dich durch Jesus Christus mit Gott vereinen. Dann wirst du dich selbst und alles in deinem Leben von Gott her verstehen. Eins mit Gott wirst du eins mit dir selbst und darin den von dir ersehnten Frieden finden. So begreifst du, wer du eigentlich bist: ‚eine Stimme Gottes in der dürren Wüste dieser Welt'.

Entweder jetzt oder nie

Im Alter von 80 Jahren starb 1944 der norwegische Maler und Graphiker Edvard Munch, einer der Wegbereiter des Expressionismus. Munch hatte eine leidvolle Kindheit. Zudem war er zeitlebens ein einsamer und gefährdeter Mensch. So verwundert es eigentlich nicht, daß Angst und Liebe, Leid und Tod die wesentlichen Themen seiner Bilder sind. Ebenso kann man verstehen, wenn er schreibt: „Kunst wächst aus Freude und Leid, vor allem aber aus Leid."

Sein berühmtestes Bild hat den Titel „Schrei". Im Hintergrund sieht man rote und gelbe Sonnenwellen am Abendhimmel; darunter eine schwarzblaue Landschaft; in ihrer Mitte einen See, in dem sich die Sonne spiegelt. Im Vordergrund läuft eine Brücke schräg in das Bild hinein. Ganz vorn schwankt ein menschliches Wesen, von dem man nicht zu sagen vermag, ob es ein Mann oder eine Frau ist. Offensichtlich kann es jedermann sein, jeder Mann und jede Frau. Die schmalen, überlangen Hände sind an den blassen Kopf gepreßt. Der weit aufgerissene Mund ist Ausdruck eines unüberhörbaren Schreis. Dennoch läßt er die Spaziergänger, die weiter hinten auf der Brücke ruhig dahinschlendern, unberührt.

Das Bild ist ungemein ausdrucksstark. Wer es einmal gesehen hat, wird es nicht mehr vergessen. Aber es ist ein Bild ohne Hoffnung; denn der Schrei geht ins Nichts hinein. Niemand ist da, der bereit wäre, diesen Schrei mit allem, was er zum Ausdruck bringt, in sich aufzunehmen. So möchte man in Anlehnung an ein berühmtes Nietzsche-Wort sagen: Arm, einsam und verlassen ist, wer keinen hat, den er in Zeiten von Not, Schmerz und Bedrängnis anrufen oder gar herbeischreien kann. Daher die Frage: „Habe ich einen, der für mich da ist, wenn es mir nicht gut ist, wenn ich nicht mehr kann?“ Wie immer die Antwort ausfällt, sie stellt uns zwischen diese namenlose Gestalt von Munch und den blinden Bartimäus, von dem Markus (10,46-52) erzählt.

Wer ist dieser Bartimäus? Ein blinder Bettler, der am Wegrand hockt und mit ihm sein Schicksal. Nie mehr das Erlebnis des Lichtes, der aufgehenden oder untergehenden Sonne. Nie mehr die Möglichkeit, in ein liebevolles Antlitz schauen zu können. ‚Nie mehr!‘ Wieviel Trostlosigkeit und Schwermut sprechen aus diesem Wort? Doch hier liegt die eigentliche Überraschung der Erzählung von Bartimäus. Sie läßt sich in dem einen Satz zusammenfassen: „Sage niemals ‚nie‘ in deinem Leben; denn unverhofft können sich ganz neue Horizonte öffnen.“

„Sage niemals ‚nie‘ in deinem Leben!“ Wenn doch dieses Wort auch von denen gehört würde, die in einer Großstadt an den Rand geraten sind. Wieviel Schicksal gibt es da! Selbst dort, wo man meint, alles sei in bester Ordnung, ist nicht selten das Gegenteil der Fall. Vielleicht muß man sogar sagen: In irgendeiner Weise ist jeder Mensch ein Bartimäus, weil jedem Menschen irgend etwas in der Seele fehlt und weil das, was ihm fehlt, auch seine Sicht behindert, ihn in irgendeiner Weise erblinden läßt.

Es kam nun im Leben von Bartimäus zu einer Situation, in der alles unverhofft anders wurde. Das war der Augenblick, als er hörte, daß Jesus des Weges komme. Da fuhr es ihm durchs Herz: „Entweder jetzt oder nie!“ Dieser Gedanke sammelte die ganze Kraft des blinden Bettlers und trieb sie in seinen Schrei hinein: „Jesus, erbarme dich meiner!“ Das ist ein Schrei, der von einer Hoffnung getragen ist, die durch nichts zu brechen ist, auch nicht durch diejenigen, die ihn zum Schweigen bringen wollen, weil er ihnen lästig ist. Wer jedoch zum Schweigen bringen will, was gehört werden möchte, löst keine Probleme. Er verstärkt sie nur. Daher heißt es von Bartimäus: „Er schrie noch viel lauter."

Da bleibt Jesus stehen und sagt: „Ruft ihn!" Durch seine Jünger also erreicht er den Blinden, erreicht er uns. Markus hat festgehalten, was sie ihm sagten. Auch nach dieser langen Zeit haben ihre Worte nichts von ihrem Zauber eingebüßt: „Nur Mut, steh auf, er ruft dich!" Jeder sollte diese Worte auf sich selbst beziehen.

– „Nur Mut!" Diese Ermunterung sagt, daß es keine Situation gibt, aus der man nicht wieder herauskommen könnte, wenn man sich nur entschlossen mit Jesus verbindet. Sie ruft ins Vertrauen, daß durch Jesus alles überwunden werden kann, was einen Menschen gefangenhält.

– „Steh auf!" Das bedeutet: Fange neu an; nimm das Risiko eines neuen Anfangs auf dich; gehe das Abenteuer ein, dich in das dir Unbekannte hineinzuwagen. So beginnt jeder Glaube.

– „Er ruft dich!" Dieser Ruf ist das Wichtigste. Er gibt die Kraft zum Aufbruch. Auf diese Weise wird unser Leben wieder zu einem Weg, der hinführt zu Gott. Es hört auf, sich nur um sich selbst zu kreisen, was ja das Zermürbende eines jeden seelischen Leidens ist.

Da ‚warf' Bartimäus seinen Mantel ‚ab', er ‚sprang auf' und ‚kam' zu Jesus. Was müßten wir abwerfen, um aufspringen – und zu Gott kommen zu können? Den Mantel des Mißtrauens, der Zweifel, des Kleinglaubens, der Mutlosigkeit und der Angst.

Jesus heilt den blinden Bartimäus, indem er ihn ganz zu sich selbst zurückführt, das heißt, bis hin zu Gott als der tiefsten Mitte menschlichen Wesens. Das gibt ein ungeheures Gefühl innerer Freiheit, in der sich alles löst, auch die Blindheit. Jetzt sieht Bartimäus alles mit seinen eigenen Augen. Jetzt, da er zu sich selbst gefunden hat, ist er bindungsfähig.

Das gilt für alle Bindungen. Je mehr ein Mensch zu sich selbst zurückgeführt worden ist, um so bindungsfähiger ist er. Bei einer echten Bindung geht es ja nicht um ein Nachlaufen, ein Mitlaufen, ein Nebenherlaufen, sondern es geht darum, daß man dasselbe im Auge hat, daß man dasselbe liebt und erstrebt. Es geht um das gemeinsame Ziel, zu dem man unterwegs ist.

Bartimäus, durch Jesus er selbst geworden, kann gar nicht mehr anders, als fortan mit ihm den Weg zu Gott zu gehen; denn er hat erkannt: Der Weg, den Jesus geht, ist der einzige, der nicht im leeren Dunkel endet. Darum bleibt keiner, der sich auf ihn einläßt, ohne Licht und Hoffnung.

Gehen Sie in Ihrer Not nicht irgendwohin

Im Sommer 1953 gründete der österreichische Maler Oskar Kokoschka in Salzburg seine „Schule des Sehens". Jahrelang lobte und tadelte er seine Studenten aus Europa, den Vereinigten Staaten und Kanada. Bei jeder Gelegenheit schärfte er ihnen ein: „Jedermann weiß, wie Menschen aussehen. Dcshalb verlieren Sie sich nicht in Details, konzentrieren Sie sich auf das Wesentliche."

Einmal wurde er gefragt: „Wie kommt es, daß die Menschen auf Ihren Bildern alle so alt aussehen?" Kokoschka erwiderte: „Der Porträtmaler fühlt sich tief in die Seele des anderen hinein und versucht, deren Haupteigenschaften herauszuspüren, um sie dann verstärkt im Gesicht in Erscheinung treten zu lassen. Auf diese Weise macht er Dinge sichtbar, die sonst erst die Zeit herausarbeitet. Man hat mir schon oft gesagt: ‚Das Bild, das Sie von mir gemalt haben, wird mir von Jahr zu Jahr ähnlicher.' "

Damit ist gesagt: In jedem Menschen gibt es Haupteigenschaften, die unseren Charakter in besonderer Weise prägen und uns zunehmend unverwechselbar machen. Sie offenbaren sich in allen unseren Verhaltensweisen, vornehmlich aber in den Wesenszügen unseres Gesichtes. Meine Frage: Welches Bild hätte Kokoschka von jenem Mann gemalt, von dem die Bibel in einer ihrer schönsten Geschichten (Mt 8,5-13) erzählt? Ich meine den römischen Hauptmann von Kafarnaum, der zu den anziehendsten Charakteren der Evangelien gehört. Hätte er sich in die Seele dieses Mannes hineingefühlt und sich auf das Wesentliche in ihr konzentriert, er hätte mit Sicherheit in seinem Gesicht das Faszinierende eines entschiedenen Glaubens hervortreten lassen. Versuchen wir unsererseits, einige Charakterzüge des Glaubens dieses Mannes herauszuarbeiten, um deutlich zu machen, wie der entschiedene Glaube dem Leben eines Menschen eine göttliche Gestalt verleiht. Auf diese Weise kann uns aufgehen, was es heißt, ein gläubiger Mensch zu sein.

Bei jenem Hauptmann fällt auf, daß die Differenz zwischen dem, was er sein sollte, und dem, was er in Wirklichkeit geworden ist, so gering war, daß Jesus erstaunt war. Mit anderen Worten: In diesem Mann gab es keinen Zwiespalt zwischen seinem Inneren und seinem Äußeren. Er hatte seine Widersprüche überwunden. Daher war er mit sich selbst identisch. All sein Tun erwuchs aus der Einheit mit sich selbst. Wie hatte er es dazu gebracht?

Dieser Mann glaubte zunächst an die Würde, an das Göttliche in jedem Menschen. Dieser Glaube ist die Vorstufe unseres Glaubens an Gott. Daß jener Hauptmann an die göttliche Würde des Menschen glaubt, erkennt man an der unverstellten Herzlichkeit, mit der er sich für den Diener engagiert, der in seinem Haus angestellt war und jetzt im Sterben lag. Obwohl von diesem Diener nichts mehr zu erwarten war, war er ihm nicht gleichgültig. Er überließ ihn nicht einfach seinem Schicksal.

Wie schnell können wir gerade diejenigen, die einmal für uns gearbeitet und uns Gutes erwiesen haben, dann aber nicht mehr können, weil sie krank oder alt geworden sind und sich in ein Altersheim zurückziehen mußten, vergessen! Kommen wir aber nicht gerade dadurch auf den Weg zu Gott, daß wir zu solchen Menschen ein persönliches Verhältnis pflegen, uns um sie kümmern und sorgen, uns für sie auf den Weg machen? Das ist nicht nur etwas sehr Menschliches, sondern auch etwas typisch Christliches; denn Christsein ist ‚Pro-Existenz', das heißt: ‚Dasein für andere'. Der Hauptmann ist für seinen Diener da, indem er für ihn geht, indem er ihm seine Stimme leiht und somit ihn als den Notleidenden zur Sprache bringt.

Aber dieser Hauptmann geht mit seiner Not nicht irgendwohin. Er geht vielmehr zu Jesus, dem er unbedingten Glauben schenkt. Zu solchem Glauben kommt, wer gegen den Augenschein glaubt. Was der Hauptmann sieht, ist nur Krankheit, qualvolle Schmerzen und hilflose Zuschauer. Was wir sehen, ist oft nichts anderes. Aber der Hauptmann glaubt nicht dem, was ihm in die Augen fällt; er glaubt dem, was er von Jesus gehört hat. So verdeutlicht er, daß der Glaube nicht vom Sehen, sondern vom Hören kommt. Gegen den Augenschein auf das Wort Gottes setzen, und dies mit letzter Entschiedenheit, das heißt glauben. Diese Entschiedenheit, in der es keinen Zweifel, kein Hin und Her und kein Mißtrauen gibt, ist das Wichtigste, aber auch das Schwerste am Glauben.

Kraft seines gläubigen Vertrauens verwandelt er seinen Kummer und seine Sorgen in Gebet. Gebet bedeutet für ihn: seine Sache in Jesu Hände legen. Wer ist also ein betender Mensch? Derjenige, der sich und alles, was er hat, in jedem Augenblick den Händen Gottes überlassen kann. Solches Gebet kann nicht ohne Erhörung bleiben. Daher sagt Jesus: „Ich will kommen!" Immer ist Jesus im Kommen, wenn einer unbeirrbar darauf setzt, daß er die ganze Situation verändern wird.

„Glaubst du – so tu den ersten Schritt" (Dietrich Bonhoeffer). Aber tu ihn in Entschiedenheit. Sie bringt dich über die Grenze; sie bringt dich zu deinem Gott, bei dem nichts unmöglich ist. Wer in dieser Weise glaubt und nicht zweifelt, wer sich auf Gottes Macht verläßt und alle Eigenmacht losläßt, die letztlich doch nur Ohnmacht ist, dem wird Unglaubliches zuteil. Solcher Glaube bringt uns nicht nur ganz zu Gott, sondern zugleich ganz zu uns selbst. Damit schenkt er uns die vollkommene Identität, die uns unverwechselbar macht. Durch solchen Glauben vollzieht sich unsere ursprünglichste Berufung: „Werde, der du bist."

Der irische Schriftsteller George Bernard Shaw (1856-1950) war gewiß kein Heiliger. Dazu fehlte ihm jener Glaube. Aber er war ein interessanter Mensch, der auf gewöhnliche Fragen immer ungewöhnlich zu antworten verstand. Kurz vor seinem Tod besuchte ihn ein Journalist. „Mr. Shaw", fragte ihn der Reporter, „wenn Sie Ihr Leben nochmals leben und irgend jemand sein könnten, den Sie gekannt haben, oder irgendeine Persönlichkeit aus der Geschichte, wer wollten Sie dann sein?" Ohne zu überlegen, antwortete Shaw: „Ich würde wünschen, der Mann zu sein, der George Bernard Shaw hätte sein können, aber niemals war."

Womit aber fängt man an, um der zu sein, der man sein kann? Eben darauf gibt uns die Erzählung vom Hauptmann von Kafarnaum Antwort. Sie möchte, daß wir uns auf das Wesentliche konzentrieren, nämlich auf einen entschiedenen Glauben. So wird es möglich, Charakterschwächen zu bewältigen und innere Widersprüche aufzuheben. Auf diese Weise werden wir mit jedem Lebensjahr dem Bild ähnlicher, das sich Gott von uns gemacht hat.

Ich habe es ‚zu etwas', aber nicht ‚zu mir selbst' gebracht

Der evangelische Theologe Helmut Thielicke erzählt von einem Mann um die Sechzig, der eines Tages zu ihm kam. Er trug einen maßgeschneiderten Anzug. Aber eigentlich war alles an ihm gepflegt und sozusagen perfekt.

„Ich habe mein ganzes Leben an etwas gewendet, was mir eigentlich fremd ist ...", sagte er. Thielicke erwiderte ihm: „Sind Sie da nicht ein bißchen wehleidig und allzu pessimistisch? Sie haben es doch schließlich zu etwas gebracht!" Der Mann: „Zu ‚etwas' gebracht? Ja: zu einem Haus mit Garten, auch zu einem ziemlich schweren Wagen ... Doch ja, Sie haben recht: ‚zu etwas' habe ich es schon gebracht, das stimmt. Aber ich habe es nicht ‚zu mir selbst' gebracht – das ist das Schlimme!"

Thielicke: „Wie meinen Sie das?" Der Besucher antwortete sehr nachdenklich, und man merkte ihm an, daß dieser Gedanke ihn lange beschäftigt haben mußte: „Nun, ich glaube, jeder Mensch hat seine ganz besondere Bestimmung. Er ist sozusagen für eine bestimmte Lebensaufgabe entworfen ... Man spürt: Dazu bist du da; das müßtest du sein; dazu bist du entworfen ... Aber sehen Sie: Diesen Entwurf habe ich nicht ausgemalt. Ich habe nur so ein bißchen daran herumgeklekkert. Von höherer Warte aus gesehen, bietet mein Leben deshalb einen kläglichen Anblick."

Thielicke: „Wenn ich Sie recht verstehe, erheben Sie also einen Vorwurf gegen sich selbst und sagen: Ich bin nicht mit mir selbst identisch geworden. Ich habe meine Identität nicht gefunden." Der Mann: „Das ist genau das Wort, nach dem ich gesucht habe: Ja, ich bin nicht mit mir identisch geworden."

Wer dieses Gespräch bedenkt, wird bemerken, daß

dieser ratsuchende Mann nicht irgendeiner ist. Wir selbst sind in ihm gegenwärtig. Mit anderen Worten: Es ist zu vermuten, daß es in diesem Gespräch um uns selber geht.

Der Mann war wohl gekleidet, und doch fühlte er sich innerlich gar nicht wohl. Das ist kein Einzelfall. Jeder, der ein wenig in das Innere von Menschen schauen darf, weiß, daß es kaum einen gibt, der nicht an einer persönlichen Not zu leiden hätte. Nur sprechen die meisten nicht darüber. Warum eigentlich nicht? An früherer Stelle haben wir bereits darauf hingewiesen, wie tief in jedem Menschen die Angst sitzt, sein ‚Ansehen' zu verlieren. Daher kann es sein, daß man sich nach außen hin um so ansehnlicher gibt, je unansehnlicher man innerlich ist. Dies zu unterstützen kann bestimmten Zweigen der Industrie nur recht sein.

Zugleich wird in diesem Zusammenhang offenkundig, wie wenig einer vom anderen weiß, obwohl doch das Einsamste zugleich das Gemeinsamste ist. So leben nicht wenige in einer ‚geschlossenen Nähe'. Sie können nahe beieinander sein und sind doch unendlich weit voneinander entfernt. Aber es gibt, wie Romano Guardini hervorhebt, auch die ‚offene Nähe'. Sie wird dort erfahrbar, wo einer sich im Vertrauen dem anderen öffnet und diesem mehr und mehr aufgeht: „Du bist genau wie ich." So ist es die ‚offene Nähe', die unsere Einsamkeit in Menschlichkeit verwandelt.

Was war nun die Not jenes Mannes? Er sagte: „Ich habe mein ganzes Leben an etwas gewendet, was mir eigentlich fremd ist. Ich habe es ‚zu etwas' gebracht; aber ich habe es nicht ‚zu mir selbst' gebracht." Dieser Mann hatte sich offensichtlich zu einem guten Teil von seinen Triebkräften bestimmen lassen. Wer das tut, der bringt es immer nur zu etwas, aber nicht zu sich selbst. Richtiger gesagt: Er verliert sich selbst immer mehr. So wird er sich selbst immer mehr ein Fremder und fühlt sich deshalb auch überall wie in der Fremde. Liebt er einen anderen, so liebt er immer nur ‚etwas' an ihm, aber nie wird er ihn selbst lieben können. Das ist nur in dem Ausmaß möglich, wie er es zu sich selbst gebracht hat, wie er eins mit sich selbst geworden ist, wie er sich selbst zu lieben vermag. Wie aber soll das möglich sein, sich selbst zu lieben'? Nur auf dem Weg, der hinabführt in den eigenen Untergrund.

Wer sich zu dieser Reise entschließt, der wird alsbald feststellen, daß es stimmt, wenn Adalbert Stifter sagt, jeder Mensch habe eine tigerartige Anlage, und keiner wisse, wozu er imstande sei, wenn die Hemmungen seines normalen bewußten Lebens wegfallen würden. Etwas Ähnliches sagt Walter Nigg: „Es ist oft nicht zu fassen, was alles im gleichen Menschen Platz hat. Aus Widersprüchen zusammengesetzt, hat er oft keine Ahnung, welche Gegensätze in ihm schlummern, mit welcher Selbsttäuschung er herumläuft und welcher Ausbrüche er fähig ist." Darum weiß auch Paulus: „Ich tue nicht das Gute, das ich will, sondern das Böse, das ich nicht will ... Ich unglücklicher Mensch! Wer wird mich aus diesem dem Tod verfallenen Leib erretten? Dank sei Gott durch Jesus Christus, unseren Herrn!" (Röm 7,19-25).

Wie also bringen wir es zu uns selbst? Wie gelangen wir zu unserer Identität? Wie erfahren wir inneren Frieden? Wie wird es möglich, nicht nur etwas am anderen, sondern den anderen selbst zu lieben? Dadurch, daß wir die in uns liegenden widersprüchlichen Kräfte weder verteufeln noch abzutöten suchen, sondern sie vielmehr in der Kraft des Glaubens an Jesus Christus auf einen höchsten Punkt, den wir Gott nennen, beziehen und sie in ihm zur Einheit führen. Daher schreibt Bernhard von Clairvaux das geheimnisvolle Wort: „Geh deinem Gott entgegen bis zu dir selbst!"

Damit wird deutlich, daß die Einheit mit Gott, zu der uns Jesus Christus befähigt, die Voraussetzung für die Einheit mit sich selber ist und damit auch für die

Einheit mit dem anderen. Anders gesagt: Ohne eine tiefe Gottesliebe gibt es weder eine tiefe Selbstliebe noch eine wirkliche Nächstenliebe. Und auch dies wird hier sichtbar: Wo der Mensch seine Beziehung zu Gott aufgibt, da löst sich seine innere Einheit auf, da fällt er seinen Triebkräften anheim, die ihn ins Hin und Her werfen. So bringt er es höchstens ‚zu etwas', aber niemals ‚zu sich selbst'. Daher können wir in Abwandlung des Augustinus-Wortes sagen: „Unruhig ist unser Herz, bis es seine Einheit gefunden hat in dir, unserem Gott!"

Über jedem Leben steht ein Thema

Im Rückblick auf die Schulzeit wird sich jeder an Stunden erinnern, in denen er ein Aufsatzthema zu behandeln hatte. Und wahrscheinlich wird jedem dieser oder jener Aufsatz in den Sinn kommen, unter dem dann mit roter Tinte geschrieben stand: „Thema verfehlt!" – Da hatte man sich abgemüht und möglicherweise ein paar vernünftige Gedanken zu Papier gebracht, um schließlich zu erfahren: Das alles ist nichts wert. „Thema verfehlt!" Nur zwei Wörter, aber welch ein Gewicht liegt in ihnen!

Ob nicht diese alte Schulerfahrung eine Bedeutung für das ganze Leben hat? Denn über dem Leben eines jeden Menschen steht ein Thema, um von ihm behandelt zu werden. Dieses von Gott gegebene Thema macht ein Leben überhaupt erst zu einem Leben. Kenne ich das Thema meines Lebens? Es ist gut, dieser Frage einmal nachzugehen, denn es könnte ja möglich sein, daß auch der Aufsatz unseres Lebens danebengeht.

Wie aber erfährt man, was das uns von Gott gegebene

Thema ist? Wie kommt man an dieses Thema heran? Beispielsweise dadurch, daß man auf das Leben der Jünger Jesu schaut. In ihrem Leben laufen drei Dinge zusammen, die sich zu ihrer Thematik vereinen (Mk 6,7-13). In abgewandelter Form wird es so bei jedem Menschen sein.

Von ihnen wird gesagt: „Sie machten sich auf den Weg." Sie taten es, weil sie ihr Leben von Jesus her als „Wanderschaft" verstanden. Leben heißt also nicht, daß man sich aus ängstlichem Sicherheitsbedürfnis irgendwo oder irgendwie festsetzt, sondern daß man immer wieder alles mögliche losläßt, sich von diesem oder jenem löst, um leicht und unbeschwert neu aufbrechen zu können.

„Der Mensch muß weiter, muß wandern, um den Preis seines Lebens." Dieses Wort von Alfred Delp scheint eine Banalität zu formulieren. Doch es hört auf, banal zu sein, wenn einem am Beispiel der Zwölf aufgeht, wie schnell der Wanderweg zu einem Schicksalsweg werden kann, der nicht nur Höhen, sondern auch Tiefen kennt, der durch helle Tage, aber auch durch dunkle Nächte geht, durch Freud und Leid, durch Tröstungen und Verlassenheit, durch Hoffnungen und Ängste. „Wir müssen weitergehen, müssen wandern, um den Preis des Lebens", das heißt, um zum Leben zu kommen, dürfen wir uns einerseits nicht absichern wollen, andererseits dürfen wir nicht aufgeben, dürfen wir nicht den Mut verlieren. Alfred Delp nennt uns dafür einen doppelten Grund: Einmal konnte er selbst erfahren, daß es nicht nur die ‚Wunden der Not', sondern auch die ‚Wunder der Not' gibt. In gleicher Weise ging ihm auf, was bereits die Dichterin Gertrud von le Fort erkannte, daß es nämlich Blumen gibt, die nur in der Wildnis wachsen, und Sterne, die nur am Horizont der Wüste in Erscheinung treten. Zudem wurde sich Alfred Delp bewußt, daß wir unsere Wege nie allein gehen; denn Gott geht alle unsere Wege mit.

So wird verständlich, warum es von den Zwölf weiter heißt: „Sie riefen die Menschen zur Umkehr auf.“ Das konnten sie, weil sie in der Nähe Jesu ihrerseits zur Umkehr gekommen waren. Umkehr heißt hier: „Laß dich los auf deinen Gott hin. Vertrau auf ihn! Er wird es recht machen.“ Auf solches Gottvertrauen sollen wir unser ganzes Dasein gründen.

Warum fällt es so schwer, darauf zu bauen? Weil es immer wieder Augenblicke gibt, in denen uns das lebendige und konkrete Empfinden dafür genommen wird, daß Gott die Sorge um jeden einzelnen übernommen hat, daß er sich an jedem Tag mit letzter Sorgfalt um jeden einzelnen von uns kümmert. Daraus erwächst das dumpfe Gefühl, daß man letztlich doch nur auf sich gestellt ist und zusehen muß, wie man durchkommt.

Trotz allem ist es gerade dieses rückhaltlose Vertrauen, in das Jesus uns durch sein Leben und durch seine Lehre ruft: „Vater, in deine Hände lege ich meinen Geist“ (Lk 23,46). So rief er in seiner Todesstunde, weil ihn nichts davon abbringen konnte, daß Gottes Fürsorge bis in die allerkleinsten Geschehnisse eines jeden Lebens und Sterbens hineingeht. Er wußte seinerseits, daß „es Ströme der göttlichen Liebe gibt, die uns nur in der äußersten Verlassenheit, ja am Rand der Verzweiflung erreichen“ (Gertrud von le Fort). Mit anderen Worten: Nie hört Gott auf zu sehen, nie hört er auf zu wirken, nie hört er auf, zu lieben und sich zu erbarmen. Was wäre das für ein Gott, hätten sein Sehen, Wirken und Lieben irgendwelche Grenzen? Weil es aber ungeheuer schwer ist, Gott in diesem seinem Sehen, Wirken und Lieben zu verstehen, gerade deshalb ruft Jesus in ein unbedingtes und rückhaltloses Gottvertrauen.

Aufgrund dieses Gottvertrauens kamen die Zwölf durch Jesus zum Heil. Deshalb konnten sie die vielen Wunden der ihnen begegnenden Menschen heilen.

Vom ‚Heilen‘ ist in den Evangelien immer wieder die Rede. Viele Wundergeschichten sind nichts anderes als

Heilungsgeschichten. Wer sich in diese Geschichten vertieft, der kann nur staunen, wieviel von unseren modernen Erkenntnissen in ihnen gegenwärtig ist. Der evangelische Theologe Paul Tillich ist darauf in seinem Buch „Das neue Sein" ausführlich eingegangen. Folgen wir hier seinen Ausführungen.

Die biblischen Heilungsgeschichten veranschaulichen, daß Gesundwerden ‚Ganzwerden' bedeutet, ‚Wiedereinswerden mit sich selbst in den körperlichen und seelischen Funktionen'; denn sie wissen um die tiefe Beziehung zwischen leiblichen und seelischen Leiden. Immer wieder neu erzählen sie, wie tief Schuld und Krankheit miteinander verflochten sind, wie ungelöste Gewissensprobleme in die Gespaltenheit von Körper und Seele treiben. Auch wissen sie, wie sehr der seelisch kranke Mensch sich vor dem Heilungsprozeß fürchtet, weil er ihn herausreißt aus dem engen, aber sicheren Haus seiner neurotischen Selbstabschließung. Sie wissen, daß ein solcher Heilungsprozeß schwierig und schmerzhaft ist, wie er durch die Wüste führt, von leiblichen und seelischen Erschütterungen begleitet. In der heutigen Tiefenpsychologie gibt es wenig, was diese Einsichten an Wahrheit und Tiefe übertrifft.

Darüber hinaus beschreibt Paul Tillich die Haltung, die eine Heilung möglich macht: Das ist der Glaube als das Ergriffensein von einer Macht, die tatsächlich stärker ist als wir, von einer Macht, die uns aufrüttelt, umwandelt und heilt. Nur die Menschen konnten von Jesus und seinen Jüngern geheilt werden, die sich mit ihrem ganzen Selbst, mit ihrer Zerspaltenheit und ihrem Selbstwiderspruch, mit ihrem Abscheu vor sich selbst, mit ihrem Haß gegen sich selbst und der daraus hervorgehenden Feindseligkeit gegen alle anderen auslieferten, die sich auslieferten mit all ihrer Lebensangst und ihrer Schuldbeladenheit, mit ihren Selbstanklagen und ihren Entschuldigungen, die sich auslieferten auf ihrer Flucht vor den anderen in die Einsamkeit und auf ihrer

Flucht vor sich selbst zu den anderen, die sich auslieferten mitten in dem Versuch, den Drohungen der Existenz endgültig zu entrinnen in die schmerzhafte und trügerische Sicherheit seelischer und körperlicher Krankheit. Dieses Sichausliefern nennen wir Glauben. Viele kamen zu diesem Glauben und wurden geheilt.

Schließlich hebt Tillich hervor: Weder Jesus noch die Jünger hielten sie fest. Sie wurden vielmehr sich selbst als neue und geheilte Menschen zurückgeschenkt. Wer sich von dieser göttlichen Macht, die in Jesus und seinen Jüngern sichtbar geworden ist, ergreifen läßt, der ist geheilt und vermag seinerseits zu heilen.

Wir sprachen vom Thema unseres Lebens, das uns von Gott vorgegeben ist. Im Hinblick auf die Jünger Jesu wird es erkennbar. Von ihnen heißt es: Sie machten sich auf den Weg und setzten sich nirgendwo fest. Sie riefen die Menschen zur Umkehr, das heißt, zu einem unerschütterlichen Gottvertrauen, sich mit ihrer ganzen Zwiespältigkeit an Gottes Liebe auszuliefern. Das machte sie heil und gab ihnen die Kraft, viele andere zu heilen. Das sind die Elemente, aus denen sich das Thema ihres Lebens zusammenreimte. Inwieweit finden sich diese Elemente in meinem Leben?

Zwischen Zwang und Schuld

Immer wenn ein Mensch geboren wird, fängt er nicht am Nullpunkt an. Er wird vielmehr hineingeboren in ganz bestimmte Familienverhältnisse, in eine ganz bestimmte Gesellschaftsordnung und das zu einer ganz bestimmten Zeit. Auf diese Weise wird er hineingewoben in ein Netz vielfältiger Beziehungen und Abhängigkeiten, denen er weitgehend unterworfen ist und unterworfen bleibt. Wir brauchen hier nur an die ‚Macht des Milieus', an die ‚öffentliche Meinung' oder an den ‚Zeitgeist' zu denken. Wer von uns kann sich all dem völlig entziehen?

Daher ist verständlich, wenn immer wieder behauptet wird: „Freiheit – das gibt es nicht!" In der Tat: Wenn man darauf hingewiesen wird, was alles gegen die menschliche Freiheit spricht, könnte man den Glauben an sie verlieren. Aber sonderbar: Sobald man wieder zu sich selber kommt und mit sich selbst allein ist, spürt man deutlich: „Alle diese Einwände berühren nicht mein Innerstes. Irgendwie fühle ich mich trotz allem frei. Gewiß, verschiedenste Momente wirken auf mich ein: das Erbe, das ich einfach übernehmen muß; die Umgebung, die mir ein bestimmtes Verhalten abverlangt; die Situation, in der ich gerade stehe; meine Triebkräfte, die ich nicht verleugnen kann; körperliche Behinderungen oder seelische Verstimmungen, in denen ich mich augenblicklich befinde, und was auch immer. All das kann meine Freiheit zwar erheblich einschränken, aber keineswegs völlig auslöschen."

Daher muß man sagen: An seine Freiheit glaubt nur, wer immer wieder zu sich selber kommt. Anders formuliert: Wer sich an seine Umwelt oder an seine Triebwelt verausgabt, der verliert mit seiner Freiheit auch den Glauben an sie.

An dieser Stelle wird zugleich deutlich, was eigentlich

mit dem Wort ‚Erb-schuld' gemeint ist. Es besagt: Einerseits haben wir ein Erbe zu übernehmen, sind vielfältigen Verflechtungen unterworfen, ohne uns dagegen wehren zu können; andererseits sind wir an dem Zustand unserer Welt nicht ganz schuldlos, weil auch wir uns ihr ausliefern, Unrecht tun oder zulassen, uns gegen andere gewaltsam durchzusetzen suchen oder durch unser selbstsüchtiges Verhalten ein gerechtes mitmenschliches Zusammenleben erschweren.

Die Tatsache, daß die menschliche Freiheit so oft geleugnet wird, zeigt, wie schwer es ist, persönliche Schuld wahrzunehmen und zu ihr zu stehen. In einem der Romane von F. M. Dostojewski gibt es dafür eine bemerkenswerte Stelle: Nastassja Filippowna feiert ihren Geburtstag. Dazu hat sie etliche aus ihrem Bekanntenkreis eingeladen. Als der Gang der Unterhaltung ins Stocken gerät, hat einer der Gäste eine Idee. Jeder solle ganz einfach etwas aus seinem Leben erzählen, doch dieses Etwas – jetzt kommt der Haken! – müsse das sein, was man für die schlechteste Tat seines Lebens halte. – Die Reaktionen ließen nicht lange auf sich warten: „Ein sonderbarer Einfall", sagte der erste. „Ich halte ein solches Spiel für ganz unmöglich", schloß sich ein zweiter an. „Aber wenn es etwas ist, was man in Gegenwart von Damen nicht erzählen kann?" wollte ein schüchterner junger Mann wissen. „Wie aber läßt sich feststellen, daß nicht gelogen wird? Und wer wird nicht lügen?" lautete ein weiterer Einwand. Was auch immer gesagt wurde, die Wahrheit war es nicht, die an jenem Abend die Runde machte; denn jeder gewann alsbald den Eindruck, daß die erzählten Schandtaten sich eher wie Heldentaten anhörten. Daher war es für alle eine Erlösung, als die Gastgeberin diesem Spiel ein Ende machte. Und sie tat es mit einem wegwerfenden Ton.

So einfach ist es also nicht, seine Schuld auf den Tisch zu legen, oder wie Jesus sagt, sie ans Licht zu bringen. Denn jeder Mensch befürchtet, sein Gesicht und mit ihm sein Ansehen zu verlieren. Jedermann hat Angst, von den anderen gerichtet zu werden.

So schwer es aber ist, zu seiner Schuld zu stehen, man sollte nicht übersehen: „Der Mensch ist immer, was er behält." Was ist damit gesagt? Zunächst dieses: „Sprich nicht über das Gute, das du tust. Sonst verliert es seine Kraft. Behältst du es für dich, so breitet es sich in dir aus und macht dich immer gütiger. Denn: der Mensch ist, was er behält." Dieses Wort besagt aber auch: „Was nicht gut gewesen ist, das räume aus; denn auch das Ungute breitet sich in dir aus. Es verdunkelt dein inwendiges Auge, so daß du nicht mehr das Positive, sondern nur noch das Negative siehst."

„Verbirg also das Gute, das Böse aber räume aus!" – Erwägenswert ist in diesem Zusammenhang ein Wort, das Bischof Klaus Hemmerle in einem Brief an junge Leute schreibt: „Wir sollten uns einen Priester suchen, mit dem wir von Zeit zu Zeit über unser Leben sprechen und den wir auch immer wieder um die sakramentale Vergebung unserer Sünden bitten." Dabei bedeutet ‚sakramentale Vergebung' Auslöschung meiner ganzen heillosen, verfahrenen, gescheiterten Vergangenheit (die vielleicht nur mir bekannt ist) durch Gottes Machtwort und seine Liebe, die immer unendlich größer ist als die schlimmste Sünde, die ein Mensch begehen kann. Wer diesen Glauben hat und danach handelt, der fühlt sich erlöst und gereinigt, erleichtert und befreit. Er spürt, wie versiegte Kräfte wieder lebendig werden. Alles bekommt auf einmal ein neues Gesicht.

Ein Doppeltes sei noch hervorgehoben: Ein mit Gott in Einklang gekommener Mensch findet ein neues Verhältnis zu sich selbst. Weil Gott ihm verziehen hat, kann er sich selbst verzeihen. Dies sei vor allem jenen gesagt, die meinen, sich selbst nicht verzeihen zu können. Nichts zermürbt den Menschen mehr als das. Zugleich sind unerlöste Schuldgefühle die schwerstwiegende Ursache für seelische Trübsal. Mit Gott versöhnt, kann sich der Mensch mit sich selber aussöhnen. Er kann es nicht zuletzt deshalb, weil Gott auch aus erlöster Schuld etwas Gutes macht.

Und das zweite: Je mehr ein Mensch mit sich selbst, weil mit Gott, ausgesöhnt ist, um so milder ist er in seinem Urteil über andere. Denn aus der Einheit mit sich selbst erwächst ein tiefes Mitgefühl, das hilft, den anderen zu verstehen. Solches Mitgefühl ist die Seele aller Versöhnung; denn solches Mitgefühl spürt deutlich, daß ein Unrecht oft genug nicht aus bösem Willen geschieht, wohl aber aus Gedankenlosigkeit, Unwissenheit, Leichtsinnigkeit, Kurzsichtigkeit oder Impulsivität.

Wer kennt den anderen?

Ich kenne dich!" Wie unterschiedlich kann man diese Redewendung betonen! Sie kann Ausdruck der Freude über ein Wiedersehen sein. Sie kann Ausdruck des Wohlwollens und der Nachsicht sein. Sie kann aber auch Ausdruck innerer Ablehnung sein. Wer kennt eigentlich den anderen am besten? Derjenige, der ihn am meisten liebt. Liebe macht die Augen sehend; ohne Liebe werden sie blind.

Ich hörte von einem Mann, dessen Sehvermögen ständig nachließ. Der Arzt riet ihm, seinen Beruf zu wechseln, da seine augenblickliche Tätigkeit seine Augen zu sehr anstrenge. Als auch das nichts half, ging man der Sache auf den Grund und fand heraus, daß dieser Mann seine Frau nicht mehr sehen wollte: „Sie ist eine ständige Nörglerin; es graut mir jeden Abend vor dem Nachhausekommen. Ich kann sie einfach nicht mehr sehen. Ich kann ihren Anblick nicht ertragen." Seine Seele hörte gut zu und akzeptierte diesen Wunsch, so daß er nicht mehr sehen mußte, was er nicht mehr sehen wollte. Aber damit war dieser Vorfall noch nicht zu Ende. Nachdem es den beiden möglich war, sich in Gegenwart eines Seelsorgers mehrere Male auszusprechen und es ihnen zunehmend gelang, miteinander freundlich umzugehen, erreichte die Sehkraft des Mannes ihre gewohnte Normalität.

Dieser Fall macht sichtbar, wie sehr eine gewisse Feindseligkeit unser Herz und mit ihm unsere Augen blind machen kann. Ein Blick ins Herz scheint somit der beste ‚Sehtest' zu sein. Auch gibt es eine ‚Augendiagnostik', die ohne eine ‚Herzensanalyse' nicht auskommt.

Damit haben wir so etwas wie eine Bühne, um auf ihr eines der ungewöhnlichsten Schauspiele des Neuen Testamentes aufführen zu können. Es findet sich beim Evangelisten Lukas (7,36-50). Hauptdarsteller sind drei Personen: ein Pharisäer namens Simon; Jesus, vom Volk für einen Propheten gehalten, und eine Straßendirne, deren Namen ungenannt bleibt, weil jeder sie kennt. Ort der Handlung ist das Haus des Pharisäers Simon. Anlaß der Handlung: Jesus ist als Gast geladen. Kurz und gut: Es handelt sich um die Begegnung zwischen einem Gerechten, einem Heiligen und einer Sünderin. Schauen wir diesen dreien ins Herz. Es könnte für uns selbst eine Prüfung auf Herz und Augen sein.

Simon, der Pharisäer, ist der erste, der auf sich aufmerksam macht. Sein Herz ist blind. Daher schauen seine Augen nicht in die Tiefe: „Als der Pharisäer, der ihn eingeladen hatte, das sah, dachte er: Wenn er wirklich ein Prophet wäre, müßte er wissen, was das für eine Frau ist, von der er sich berühren läßt; er wüßte, daß sie eine Sünderin ist" (7,39). Simon glaubt, diese Frau zu durchschauen. Er lehnt sie ab. Mehr noch: Er verachtet sie. Und weil Jesus von der Verkommenheit dieser schlechten Frau keine Ahnung zu haben scheint, hält er ihn weder für einen Propheten noch für das Heil der Welt. Noch schlimmer ist sein Vorurteil. Er nagelt diese Frau auf ihre Vergangenheit fest. Er läßt es nicht zu, daß sich diese Frau zum Besseren ändern kann. Er urteilt sie ab, weil er nicht erkennt, daß sie inzwischen eine ganz andere geworden ist. So ist es möglich, daß wir in einem Menschen noch den Sünder sehen, während dieser vor Gott bereits ein Heiliger geworden ist. Sonderbar ist auch: Simon, der die Frau verurteilt, lebt in der Überzeugung, er selbst sei vollkommen in Ordnung. Um sehen zu können, wer er in Wirklichkeit ist, müßte er sich selbst schonungslos in das Licht der Wahrheit stellen. Aber er denkt nicht einmal daran, dies zu tun. Vielmehr verdrängt er in perfekter Weise all das Unansehnliche und Unanständige, das Dunkle und Kalte, das Leblose und Lieblose, das Abgestorbene und Tote, das sich inzwischen in seinen unbewußten Tiefen abgelagert hat. Diese Verdrängung, das Nicht-wahrnehmen-Wollen seiner Verhärtungen ist der Grund seiner Herzensblindheit. Daher erahnt er nicht einmal, wie fragwürdig sein Auftreten ist. Er sieht nur das Äußerliche; der Sinn für Verborgenes ist ihm verlorengegangen. Deshalb geht ihm nicht auf, daß ein Mensch, der sich seiner Anfälligkeit für das Böse und seiner Hinfälligkeit bewußt geworden ist, viel menschlicher ist als einer, der in seiner Selbstgerechtigkeit glaubt, mit alldem habe er nichts zu tun. Simon gehört zu den Gesunden, die in Wirklichkeit schwer krank sind, diesen Gedanken aber weit von sich weisen. Deshalb findet er nicht zu Jesus, kommt er nicht zum Heil. Er, der Schuldlose, ist in Wirklichkeit der Schuldige. Von dem, was Liebe ist, versteht er nichts. Kein Wunder, daß Jesus ihm die Sünderin als Vorbild vor Augen hält.

Diese Sünderin hat sich trotz allem ein gutes Herz bewahrt. Sie ist eine Frau, die sich nach Liebe sehnt und von dieser Sehnsucht in die Schuld getrieben wurde. Doch sie weiß um ihre Schuld und ihre Vergebungsbedürftigkeit. Sie verdrängt nichts. In aller Öffentlichkeit steht sie zu ihrer Schuld. Sie rechtfertigt und verteidigt nichts. „Sie stört das Gastmahl; aber das stört sie nicht" (Sören Kierkegaard). Es stört sie nicht, daß man sie nicht für ‚gesellschaftsfähig' hält. Alles Unangenehme und Peinliche nimmt sie auf sich: das Tuscheln der Leute, ihre selbstsicheren Urteile, ihre verächtlichen Blicke. Wie kam sie dazu? Die Erkenntnis ihrer Schuld, die Größe ihres Glaubens und die Tiefe ihrer Liebe treiben sie zu Jesus. Sie setzt darauf: Wer den Weg zu Jesus findet, dem nimmt er die Last seines bisherigen Lebens. „Diese ‚Sünderin' war vielleicht eine der ganz Wenigen, die wirklich geglaubt haben", schreibt Romano Guardini. Ihr Glaube an die verzeihende Güte Jesu befähigt sie zur vollkommenen Selbstvergessenheit. In ihrem Glauben an die verzeihende Güte Jesu kann jene Frau sich selbst vergessen. Darin liegt ihre Größe; denn alle Leidensfähigkeit einerseits und alle Liebesfähigkeit andererseits beginnt mit der im Glauben gefundenen Fähigkeit, sich selbst zu vergessen. So erkennen wir durch sie: Je mehr man glaubt, um so weniger denkt man an sich, um so mehr vertraut und liebt man.

So stehen sich der ‚selbstgerechte' Pharisäer Simon und die ‚selbstvergessene' Sünderin gegenüber. Und zwischen ihnen ist Jesus, der große Verstehende, der von jedem Menschen etwas hält, der keinen abschreibt, mit keinem fertig ist. Sein Blick ist durch nichts verstellt. Deshalb kann er in der Tiefe der Herzen lesen. Daher seine Worte: „Ihr sind viele Sünden vergeben, weil sie (mir) so viel Liebe gezeigt hat" (7,47).

Wer viel liebt, dem wird viel verziehen. Wem aber viel verziehen wird, für den wird Liebe eine Leidenschaft. Nicht mehr die Vergangenheit zählt, sondern das, was du hier, jetzt und heute aufgrund deines Glaubens und der sich aus ihm ergebenden selbstvergessenen Liebe bist. So lehrt uns dieses Schauspiel: Wer seine menschliche Wirklichkeit nicht verdrängt, sondern diese auf sich zukommen läßt, der kommt zum Glauben an Jesus, der ihn von seiner Schuld befreit und ihn zur selbstvergessenen leidenschaftlichen Liebe befähigt.

Auch das Böse hat sein Gutes

In einer ihrer Kurzgeschichten erzählt Ingeborg Bachmann von einem Vater, der auf die Idee kam, seinen Sohn von Anfang an von allem Bösen in dieser Welt abzuschirmen. Auf diese Weise, so hoffte er, bekomme er einen durch und durch guten Jungen. Je älter dieser aber wurde, um so mehr verlor er die Unschuld seiner ersten Tage. Zu seinem großen Erstaunen erkannte der Vater immer deutlicher, wie der Sohn den Weg einschlug, auf dem sich alle Welt bewegt. Enttäuscht darüber, daß der Sohn nicht seinen Vorstellungen entsprach, ließ er ihn aus seiner Liebe fallen. Ja, er ärgerte sich darüber, ihn überhaupt in die Welt gesetzt zu haben.

Menschen, die die breite und sehr vielschichtige Wirklichkeit des Lebens ihrer eigenen Idee unterwerfen wollen, werden – wie jener Vater – in der Regel alsbald sehr ungemütlich. In ihrem Fanatismus und Radikalismus wollen sie ‚reinen Tisch' machen und ‚klare Verhältnisse' schaffen. Das macht sie in irgendeiner Weise unmenschlich. Zudem sehen die Dinge am Ende nicht selten schlimmer aus als am Anfang. Sie übersehen, daß es das Paradies nicht auf Erden gibt, weil in dieser Welt, in der Kirche und in mir selbst nichts Gutes existiert, dem sich nicht das Böse beimischen würde. Gute Väter sagen daher ihren Kindern nicht: „Das darf dir nie passieren!", sondern: „Es gibt nichts in dieser Welt, was nicht auch dir widerfahren könnte."

Wie das Gute, so gehört auch das Böse zutiefst zum

menschlichen Dasein und damit zu unserem Leben. So wird es bleiben bis zum Ende der Weltgeschichte. Auch in Zukunft wird es das Gute geben; aber auch das Böse wird nicht fehlen. Das Bild, das Jesus (Mt 13,24-30) gewählt hat, trifft diesen Sachverhalt genau: Die Welt ist wie ein Feld, auf dem nicht nur der Weizen, sondern auch das Unkraut wächst. Das ist die Nüchternheit, zu der Jesus führt. Das ist die Welt, in der wir leben. Eine andere gibt es nicht. Daraus ergibt sich die Gelassenheit, die sagt: „Laßt beides miteinander wachsen!" So unwahrscheinlich das in den Ohren derer klingt, die sich um die Entfaltung des Guten bemühen, so sollte man nicht übersehen, daß es ohne das Böse wahrscheinlich auch das Gute nicht gibt. Nimm aus der Welt das Böse, und du wirst sehen, wie das Gute kraftlos dahinschwindet! Demnach hat selbst das Böse noch sein Gutes. Das soll im folgenden ein wenig überdacht werden.

Jedermann weiß zunächst, daß es viele Menschen gibt, die gut geworden sind, nachdem sie böse waren. Zu ihnen gehören sonderbarerweise große Heilige der Kirche: Paulus, Augustinus, Franziskus, Ignatius, Charles de Foucauld, um nur einige zu nennen. Sie alle gehören zu denen, die die Wahrheit erst liebenlernten, nachdem sie sich vom Irrtum narren ließen. Was schön ist, erkannten sie erst, nachdem sie das Häßliche durchlitten hatten. Daß man nur im Licht leben kann, ging ihnen erst auf, als es ihnen in der Finsternis unheimlich wurde. Und was es um die Liebe Gottes ist, verstanden sie erst, als sie sich weit von ihr entfernt hatten.

Entsprechend legt der Dichter Hermann Hesse einem solchen die Worte in den Mund: „Wunderlich in der Tat war mein Leben, wunderliche Umwege hat es genommen ... Ich habe durch so viel Dummheit, durch so viel Laster, durch so viel Irrtum, durch so viel Ekel und Enttäuschung und Jammer hindurchgehen müssen, bloß um wieder ein Kind zu werden und neu anfangen zu können ... Ich habe Verzweiflung erleben müssen ..., um Gnade erleben zu können ... Ich habe sündigen müssen, um wieder leben zu können ... Daß Weltlust nicht vom Guten ist, habe ich schon als Kind gelernt. Gewußt habe ich es lange, erlebt habe ich es erst jetzt. Und nun weiß ich es, weiß es nicht nur mit dem Gedächtnis, sondern mit meinen Augen, mit meinem Herzen, mit meinem Magen." Dieses Bekenntnis läßt uns verstehen, warum die Kirche in der Osternacht von der ‚felix culpa', der ‚glückseligen Schuld', spricht: Auch das Böse muß dem Guten dienen.

Das Böse dient dem Guten auch noch unter einem anderen Gesichtspunkt; denn das Gute braucht das Böse, um am Bösen zu erstarken. Darauf weist Friedrich Nietzsche einmal hin. In seinem Werk „Die fröhliche Wissenschaft" gibt es eine Stelle, die vom ‚Bösen' handelt. Dort heißt es: „Prüfet das Leben der besten und fruchtbarsten Menschen ... und fragt euch, ob ein Baum, der stolz in die Höhe wachsen soll, des schlechten Wetters und der Stürme entbehren könne: ob Ungunst und Widerstand von außen, ob irgendwelche Arten von Haß, Eifersucht, Eigensinn, Mißtrauen, Härte, Habgier und Gewaltsamkeit nicht zu den begünstigenden Umständen gehören, ohne welche ein großes Wachstum selbst in der Tugend kaum möglich ist? Das Gift ... ist für den Starken Stärkung, und er nennt es auch nicht Gift." Es könnte einem in den Sinn kommen, das Böse sei so etwas wie der Sparringspartner des Guten; denn im Umgang mit dem Bösen zeigt sich, wie stark man selber ist. In der Auseinandersetzung mit dem bösen Menschen geht uns auf, wieviel Böses es in uns selber gibt.

Schließlich sei darauf hingewiesen, daß niemand nur ein Böser, nur ein Sünder, nur ein Spötter und Lästerer ist. Oder kennen wir einen Menschen, und mag er noch so bösartig sein, von dem wir sagen könnten: „In ihm gibt es wirklich nichts Gutes!"? Selbst Alexander Solschenizyn, der in den Jahren seiner Verbannung vielen bösen Menschen begegnen mußte, schreibt: „Selbst in einem vom Bösen besetzten Herzen hält sich ein Brükkenkopf des Guten." Das ist der Grund, weshalb selbst der bösartigste Mensch den Weg zur Umkehr finden kann. Auch erahnen wir, warum Gott so lange wartet. Warten sollten auch wir. Das hat nichts mit ‚Laisser-faire' zu tun. Es geht vielmehr um das, was Liebe ist. Dostojewski sagt einmal: „Einen Menschen lieben heißt ihn so sehen, wie Gott ihn gemeint hat." Solche Liebe kann verwandeln – ihn wie mich.

VII
„JEDER SCHMERZ ENTLÄSST DICH REICHER“

Gutes zu tun ist leichter als Leiden auszuhalten

Ob man nun Vater oder Mutter, Lehrer oder Prediger ist, immer wird man sich einmal fragen, ob nicht alle Worte, die man in so vielen Jahren gesprochen hat, in den Wind gegangen sind. Doch wer weiß, wohin der Wind sie trägt, und wo sie, fern von uns und unserem Wissen, auf guten Boden fallen und Frucht zu tragen beginnen?

Nehmen wir ein Wort von Augustinus, das er vor mehr als 1500 Jahren in einer Rede formulierte. Dieser berühmte Redner, der so vieles wußte, konnte nicht wissen, daß sein damals gesprochenes Wort hier erneut zur Sprache kommt. Genausowenig kann ich wissen, wohin nun dieses Wort geht, bei wem es bleibt, um sich in ihm zu vertiefen und sein Leben ein wenig zu verändern. Das Wort von Augustinus lautet: „Es gibt Menschen, die schwach und kraftlos sind. Sie wollen ein gutes Leben führen und haben sich das vorgenommen. Aber sie sind eher imstande, irgend etwas Gutes zu tun, als Leiden auszuhalten. Zur Stärke eines Christen gehört es aber, nicht nur Gutes zu tun, sondern auch

Schmerzen zu ertragen.“ Dieses Wort weist auf seine Weise zu christlicher Größe.

Schwache und kraftlose Menschen sind wir in irgendeiner Weise alle. In bestimmten Situationen erfahren wir es immer wieder neu. Wir haben nicht nur Schwächen, die uns menschlich erscheinen lassen, sondern auch Fehler oder gar Laster, die ein Zusammenleben schwierig machen. Dabei verstehen wir unter einem Laster eine fatale Gewohnheit, die sich immer tiefer in die Seele eingeschliffen hat und diese nicht nur beschädigt, sondern auch entehrt. Weil das Laster die Seelenkräfte vom guten Ziel wegführt, gerät ein lasterhafter Mensch zwangsläufig in die Irre, in ein Labyrinth, aus dem er ohne Hilfe nicht herauszukommen vermag.

Damit nun eine Schwäche oder ein Fehler nicht zu einem Laster wird, muß man an sich selber arbeiten. Von dieser Arbeit sagen die Meister des Lebens, sie sei die mühsamste aller Arbeiten, da es bei ihr darum gehe, sich selber zu besiegen. Bemerkenswert ist in diesem Zusammenhang das Wort von Meister Eckhart: „Wir sind die Ursache aller unserer Hindernisse. Hüte dich vor dir selbst, so hast du wohl gehütet.“ Keiner darf sich dem entziehen, will er sein Menschsein nicht verfehlen. Daher spricht Augustinus nicht nur von schwachen und kraftlosen Menschen, die sich hängenlassen, sondern vor allem von denen, die ein gutes Leben führen wollen und sich dies fest vorgenommen haben. Sich selbst besiegen: Wie geschieht das?

In der russischen Heiligenwelt gibt es eine lichtvolle Gestalt: Seraphim von Sarow. Dieser wurde einmal gefragt, was dem heutigen Christen fehle, um zur inneren Größe der Menschen früherer Zeiten zu gelangen. Er überlegte und sagte schließlich: „Es fehlt ihnen nur eines – der Entschluß!“ Ohne einen festen Entschluß bleibt der Mensch ein wankelmütiges Geschöpf, dem eine seelische Entwicklung und ein geistlicher Fortschritt nicht möglich sind. Die großen Christen haben getan, was das Buch Ijob so formuliert: „Was du beschließt, das wird dir gelingen, und Licht erstrahlt über deinen Wegen“ (22,28).

Augustinus meint nun, daß es vor allem zwei Dinge sind, die ein solcher Entschluß umfaßt: „Tu Gutes!“ Das Gute ist das einzige Heilmittel hinsichtlich des Bösen. Es läßt das Böse verwelken. Es löst Verkrampfungen und Ängste. Es öffnet die Augen für die Einmaligkeit und Unwiederholbarkeit unserer Tage. Dinge, die wir vorher nie gesehen haben, treten auf einmal in Erscheinung. Daher schreibt Vinzenz Pallotti: „Wenn du dir vornähmest, jeden Tag deines Lebens einem deiner Mitmenschen etwas Gutes zu tun – und wäre es nur, ihm ein freundliches Wort zu geben – und tätest du das jeden Tag, den du noch lebst, und wir alle täten es, wie anders sähe die Welt dann aus. Und wenn die anderen es nicht tun, sollten wir Christen damit nicht wenigstens beginnen?“

Augustinus sagt nun, Gutes zu tun sei leichter, als Leiden auszuhalten. Wie schwer es in der Tat ist, einen Schmerz oder ein Leiden durchzustehen, verdeutlicht sich, wenn man uns heftig kritisiert oder unser Tun gründlich in Frage stellt, wenn andere uns vorgezogen werden oder wenn man uns enttäuscht, wenn eine Freundschaft zerbricht oder wenn eine schwere Krankheit uns heimsucht. Wieviel lieber würden wir dann etwas Gutes tun, blieben uns dafür diese oder ähnliche Schmerzen erspart? Daher ist dies der zweite, schwerere Teil jenes Entschlusses. Aus diesem Grund sagt Augustinus mit Recht: „Zur Stärke eines Christen gehört nicht nur, Gutes zu tun, sondern auch Schmerzen zu ertragen.“

In der Kirche „Maria Regina Martyrum“ zu Berlin steht in der Krypta eine „Pietà“, die man nicht mehr vergißt, wenn man sie intensiv angeschaut hat. Die Gestalten von Mutter und Sohn sind zum Zeichen des Kreuzes zusammengefügt. Der Leib des Herrn ist ausgemergelt. Seine Beine sind erstarrt, und die Füße gleichen schweren Gewichten. Sein Kopf, der wie abgeknickt herunterhängt, ist bis zur Unansehnlichkeit zusammengeschrumpft. Hier wird deutlich: Der Herr hat beides vollbracht. Er hat Gutes getan und Leiden ausgehalten. Wer diesen Christus anschaut, der wird sprachlos; denn es geht ihm auf, was man einem Menschen alles antun kann. Zugleich aber wird er innerlich ruhig; denn irgend etwas zieht ihn in diese tiefe Liebe hinab. Und zudem fühlt man sich gestärkt, nicht mehr „ich“, sondern „du“ zu sagen.

In überwundenen Schwierigkeiten liegt die reinste Freude

Gewiß aufgrund persönlicher Erfahrung formulierte Goethe: „Der höchste, süßeste Genuß ist in dem Gefühl zu suchen, das aus überwundenen Schwierigkeiten und bezwungenem Seelenschmerz entspringt.“ Damit ist gesagt: Die größte Freude, die ein Mensch erleben kann, ist immer Siegesfreude. Darin sind sich die unterschiedlichsten Geister einig. Die Siegesfreude ist das stärkste Heilmittel, sagen die einen; sie ist die allerletzte Sicherheit, sagen die anderen. In jedem Fall verändert sie das ganze Leben.

Unser Leben besteht ja nicht aus Bereichen, die nichts miteinander zu tun hätten. Es ist vielmehr ein lebendiges Ganzes, und alles hängt zutiefst zusammen. Das heißt: Seelisches wirkt sich immer auch körperlich aus, wie das Körperliche immer auch eine Rückwirkung auf die Seele hat. Somit gibt es keine seelische Freude, die sich nicht wohltuend im Körperlichen zum Ausdruck bringt; und es gibt kein körperliches Leid, an dem die Seele nicht mitzuleiden hätte.

Nun weist Goethe darauf hin, daß die Siegesfreude immer nur aus überwundenen Schwierigkeiten und bezwungenem Seelenschmerz entspringt. Schwierigkeiten und Seelenschmerz – woher kommen sie? Nicht selten ergeben sie sich aufgrund einer unguten Denkart, in die man sich verfangen kann wie eine Spinne im eigenen Netz. So bestimmt unsere Denkart die Gangart unseres Lebens. Daher sollten ungute Gedanken, wie immer diese auch aussehen mögen, nicht einmal für einen Augenblick Heimat in uns finden können. Keiner wird es verhindern können, daß dunkle Vögel seinen Kopf umschwirren; aber darin Nester bauen, das dürften sie nicht.

Es gibt aber noch anderes, was ein Leben einzuengen vermag: ungute Bindungen, aus denen man nicht mehr herauskommt; Abhängigkeiten, die einen immer mehr an die Kette legen können; Leidenschaften, die einen mit jedem Mal mehr an den Boden bringen. Für alle diese Menschen steht der Name des heiligen Augustinus, der diese Zustände durchlitten hat und in seinen „Bekenntnissen" schreibt, er hätte in ihnen das Gefühl gehabt, seine Seele sei wie ein dunkles schmutziges Haus gewesen, in dem es kein Licht mehr gab. Er fühlte sich hin und her gerissen. Er war voller Unruhe, selbst noch in größter Müdigkeit.

Nur wenige können vermuten, welche Kämpfe hier von diesem oder jenem täglich ausgetragen werden. Es ist der Kampf gegen den Zwang von Mechanismen, die die Seele so in Beschlag nehmen können, daß ein Leben in innerer Freiheit nicht mehr möglich ist. Daher muß man sagen: ‚Besessenheit' – das ist nicht nur das Schicksal von Menschen vergangener Zeiten.

Zu wem aber kann man gehen mit all seinen Schwierigkeiten und dem damit verbundenen Seelenschmerz, um zur Siegesfreude zu gelangen? Der Besessene, von dem der Evangelist Markus (1,21-28) erzählt, wußte einen Weg. Er suchte die Nähe Gottes und fand sie bei Jesus.

Vielleicht gehören auch wir zu denen, die die zeitliche Entfernung bedauern, die zwischen uns und Jesus liegt: Man müßte ihn sehen, ansehen können! Doch das Bedeutsamste von Jesus ist nicht sein Aussehen. Dieses tritt so sehr in den Hintergrund, daß die Evangelisten es mit keiner Silbe erwähnen. Das Bedeutsamste von Jesus ist vielmehr sein in der Vollmacht Gottes gesprochenes Wort. In diesem geht er durch die Jahrhunderte.

Vor wenigen Jahren erschien ein Buch, das den Titel hat: „Ein Wort verwandelte mein Leben". In ihm kommen sechzehn Männer und Frauen zu Wort, die sehr unterschiedlich in Alter, Beruf und Lebenssituation sind. Was sie aber miteinander verbindet, ist das Erlebnis, wie die Begegnung mit einem bestimmten Bibelwort ihr bisheriges Leben verwandelt hat. Doch geht es nicht nur um eine solch überraschende Umkehr, die ein Wort der Schrift bewirkt hat, sondern auch darum, wie der ständige Umgang mit dem Wort Gottes den Menschen sanft und allmählich verändert. Einer der Autoren schreibt: „Der lebendige Umgang mit Gottes Wort hat im Laufe der Zeit auch meine inneren Sinne geschärft. Ich durchschaue meine Vorwände, meine Scheingründe, meine Ausreden (...) Alle geheimen Fluchtversuche des Alltages enden unter Gottes Augen. In diesem Licht wird sichtbar, was stimmt und was nicht stimmt, was von Gott und was von mir kommt (...) Darum kann mich die Wahrheit, die es aufdeckt, frei machen. Sie schickt mich befreit, je neu auf den Weg."

Ob plötzlich oder allmählich, immer hat Gottes Wort seine Wirkung. Es löst uns aus unserer Selbstbezogenheit; es läßt uns Gottes Wege erkennen, und es stärkt uns, diese Wege dann auch zu gehen. Daher eine zweifache Einladung:

Zunächst: ‚Nimm und lies!' Das sind die Worte, die die große Wende in das Leben von Augustinus brachten. Sie bedeuten: Nimm täglich zu einem dir günstigen Augenblick – vielleicht am Abend vor dem Schlafengehen - die Bibel zur Hand und lies darin ein paar Verse, indem du dich fragst: „Herr, was sagst du mir mit diesen Worten?“

Zudem: ‚Komm und hör!‘ Dies ist in der Überzeugung gesagt, daß in jedem Gottesdienst wenigstens ein Wort gesprochen wird, das heilsam in deine Wunden fallen möchte, ein Wort, das Gott sich für dich persönlich ausgedacht hat, weil es dir in deiner augenblicklichen Situation helfen möchte. Dieses eine Wort aus den vielen anderen Wörtern herauszuhören, dazu lädt jeder Gottesdienst ein.

Das sind zwei Wege, die Gott anbietet. Wer sie geht, kann sagen: Die größte Freude ist in dem Gefühl zu suchen, das mit Gottes Hilfe aus überwundenen Schwierigkeiten und bezwungenem Seelenschmerz entspringt.

Was Leiden um ein Vielfaches erleichtern kann

Im Buch der Psalmen steht ein Wort, das einen betroffen machen kann: „Niemand fragt nach meinem Leben“ (142,5b). Lange ist es her, da jener lebte, der dies sagte. Aber sein Wort ist geblieben. Nicht nur, weil es über viele Jahrhunderte hinweg erhalten geblieben ist, sondern auch, weil es heute noch von vielen gesprochen wird.

Das Wort stammt von einem Mann, der in schwerer Bedrängnis ist. Er fühlt sich arm und elend. Wohin er auch schaut, niemand beachtet ihn. Jedenfalls glaubt er es. Er kommt sich vor, als säße er in einem Kerker. Nichts ersehnt er mehr als die Befreiung aus dieser seiner Not.

„Niemand fragt nach meinem Leben.“ Dieses Wort zeigt, wie schnell ein Mensch, der in eine schwierige Situation geraten ist, einem tödlichen Selbstmitleid verfallen kann. Da dieses wie ein Gift ist, das unsere besten Kräfte lähmt, raten die Meister des geistlichen Lebens, jede Art des Selbstmitleids sofort mit Entschiedenheit zu bekämpfen.

Als Dostojewski nach seiner ‚Begnadigung‘ in die Gefängniszelle zurückgebracht worden war, um in die Verbannung verschickt zu werden, schrieb er seinem Bruder einen Brief, in dem es heißt: „Soeben erfahre ich, lieber Bruder, daß wir heute oder morgen abtransportiert werden (...) Ich bin nicht verzweifelt und habe den Mut nicht verloren. Leben gibt es überall. Das Leben ist in uns selbst, nicht außer uns. Ich werde von Menschen umgeben sein, werde unter ihnen *Mensch* sein und es immer bleiben. Sich vom Unglück nicht beugen, nicht umwerfen lassen, was auch immer geschehe, das nenne ich Leben, das ist die Aufgabe unsres Daseins (...) Noch habe ich ja mein Herz und mein Fleisch und Blut, die imstande sind, zu lieben und zu leiden, zu wünschen und sich zu erinnern. Und das ist der eigentliche Inhalt unseres Daseins. *On voit le soleil* (Man sieht die Sonne). Lebe wohl, Bruder.“ Dostojewski resignierte nicht. Er ließ sich nicht vom Gefühl des Selbstmitleids überlisten. Das erfüllte ihn mit neuer Lebenskraft, die ihn mit unerschütterlicher Hoffnung in eine neue, wenn auch schwere Zukunft schauen ließ.

„Niemand fragt nach meinem Leben.“ Dieses Wort zieht nahezu magnetisch ein Wort Jesu auf sich, das wie ein Heilmittel gegen alle Einsamkeit, Verlassenheit und Traurigkeit wirkt: „Kommt alle zu mir, die ihr euch plagt und schwere Lasten zu tragen habt. Ich werde euch Ruhe verschaffen. Nehmt mein Joch auf euch und lernt von mir; denn ich bin sanftmütig und demütig im Herzen“ (Mt 11,28-29).

Diese Einladung ergeht an alle, die ein schweres

Schicksal zu tragen haben, die krank sind, die ein Leid bedrückt, denen eine Freundschaft zerbrochen ist, die ohne Arbeit sind und mit sich selbst nichts anzufangen wissen, die von irgend etwas abhängig geworden sind und davon nicht loskommen; sie ergeht an alle, die sich in schwerer Schuld wissen, die ein Laster zermürbt, die ohne inneren Frieden sind, obwohl sie äußerlich alles haben. Geplagt und beladen: Sind wir das nicht in irgendeiner Weise alle?

Peter Lippert erzählt in einem seiner „Briefe aus dem Engadin“ vom Besuch eines Abendkonzertes in Sils Maria. Etwas geistesabwesend schaute er auf die Menschen, die in der Halle waren. Plötzlich überkam es ihn wie eine Ahnung, wieviel Gutes und zugleich Leidvolles in all diesen Menschen war. „Alle hatten sie irgendwo ganz in der Tiefe einen rührend guten Willen, und alle hatten sie irgendwo in einem versteckten Winkel ihres Lebens eine große Sorge, eine Bitterkeit, eine Enttäuschung, alle hatten sie ihre Winkel des Kleinseins und Zerbrochenseins, einen Winkel voll stillem und erstauntem Weinen (...) Und ich erschrecke. Welch eine ungeheure Last stellen diese Menschen dar! Wer diese Menschen befreien, tragen, heilen, auch nur anhören müßte, welch eine unvorstellbare Größe und Weite und Güte und Stärke müßte er haben! Und was sind diese fünfzig oder sechzig Menschen gegen die gesamte Menschenlast! Gibt es irgendwo ein Herz, in das all diese Menschen je eingehen könnten, mit all ihrer Last, mit ihrem Leid und ihrer Güte? Mit ihrer Schuld und ihrer Sehnsucht? Das müßte es doch wohl geben. Wie könnte sonst allen diesen Menschen eine Erfüllung ihres Lebens möglich sein?“

Das Erstaunliche und Unerwartete ist nun, daß es tatsächlich dieses große und weite, gütige und starke Herz für jeden einzelnen Menschen gibt. Es ist das Herz dessen, der sagt: „Kommet alle zu mir, die ihr euch plagt und schwere Lasten zu tragen habt. Ich werde euch Ruhe verschaffen.“ Dieses ‚Ich‘ ist das Entscheidende; denn mit ihm ist uns alles gegeben. Nur in ihm, das alle Tiefen eines menschlichen Lebens versteht, kann man Ruhe finden, denn sein Ich ist unsere Ruhe.

Und doch nimmt uns Jesus oft genug nicht die Last, die wir zu tragen haben. Er weiß, daß der Mensch nur unter der Last des Daseins als Mensch zu wachsen vermag. „Woran wachsen wir denn, wenn nicht an unseren Schmerzen?“ (Luise Rinser). Dennoch gibt uns Jesus etwas, das unsere Last um ein Vielfaches erleichtern kann. Er bietet uns ein Joch an. Jeder weiß: Das Joch macht schwere Lasten leicht.

Doch Jesus gibt uns nicht irgendein Joch, sondern das seinige. Seine Kraft, die alles tragbar macht, liegt in seiner Sanftmut und Demut. Daher sagt Jesus: „Nehmt mein Joch auf euch und lernt von mir; denn ich bin sanftmütig und demütig im Herzen.“ Sanftmut ist die Haltung derer, die innerlich still geworden sind. Sie bedeutet, daß man gegen die auferlegte Last nicht ankämpft, daß man sich nicht gegen sie wehrt, daß man sie vielmehr lieben und somit annehmen lernt. Auf diese Weise passen wir uns ihr und sie sich uns genau an. Aus solch einem Anpassungsverhältnis erwächst ein Freundschaftsverhältnis, das nicht geahnte Kräfte freisetzt. Demütigsein hingegen ist jene Haltung, in der wir auf unseren Eigenwillen verzichten, indem wir – wie Jesus am Ölberg – sprechen: „Nicht mein, sondern dein Wille geschehe.“ So werden wir gewahr, daß in jedem Leid ein tiefer Sinn verborgen liegt, etwas, das uns reinigt, stärkt und heiligt.

Nach seiner Verurteilung zum Tod schrieb Alfred Delp: „Alles, was ich an Sicherheit und Klugheit und Schläue mitbrachte, ist unter der Wucht und Härte der Widrigkeiten zersplittert. Diese Monate haben mir viel zerschlagen. Und doch sind viele Wunder geschehen. Gott hat diese Sache ganz in seine eigene Regie genommen. Jetzt bin ich ja erst Mensch geworden, innerlich frei und viel echter und wahrhafter, wirklicher als früher.“

Unter dem Joch von Sanftmut und Demut hatte Alfred Delp zur inneren Ruhe gefunden, und das selbst in einer ihn nahezu erdrückenden Situation.

Sei nicht reaktiv, sondern kreativ

Eine indische Legende erzählt von einem Mann, der auf seinem Weg von einem gefährlichen Ungeheuer überfallen und bedroht wurde. Nichts schien ihm vernünftiger, als mit ihm den Kampf aufzunehmen. Doch das Ungeheuer erwies sich als übermächtig. Daher versuchte er zu fliehen. Aber das Ungeheuer setzte ihm nach, und der Kampf begann erneut. Das wiederholte sich ständig, wobei sich seine Kräfte mehr und mehr verzehrten.

Ein Weiser sah das vergebliche Bemühen des Mannes. Daher schlug er ihm vor: „Gib es auf zu fliehen; gib es auf zu kämpfen. Lege dich neben das Ungeheuer und passe dich ihm genau an. Dann wirst du erfahren, wie ihr beide nicht nur gut zueinander paßt, sondern wie sich bald eine innige Freundschaft aus eurem Verhältnis ergibt.“ Der Mann wehrte sich anfangs entschieden dagegen, aber dann befolgte er den Rat des Weisen, und ganz neue Welten gingen ihm auf.

Diese Lehrerzählung enthält mehr und Tieferes, als man auf Anhieb erkennen kann. Jener Mann war auf dem Weg zu einem bestimmten Ziel. Und sicherlich hatte er auch überschlagen, wie lange er brauchen würde, um dort zu sein. Doch dann überfiel ihn plötzlich ein Ungeheuer, und alles wurde anders.

Es dürfte nicht allzu schwer sein, sich vorzustellen,

was damit gemeint sein könnte; denn ungeheuerlich ist alles, dem man sich nicht gewachsen fühlt; wogegen man nicht ankommen kann, wovon man sich bedroht fühlt, was einen vereinnahmt und nicht mehr frei sein läßt; was Angst macht, indem es in die Ausweglosigkeit zu treiben scheint. Gewiß war es etwas von dieser Art, was jenen Mann aus seiner bisherigen Bahn geworfen hatte und seinem Tag und möglicherweise seinem weiteren Leben einen völlig anderen Verlauf gab. Das Verwunderliche dabei ist, wie schnell so etwas gehen kann.

Vielleicht geben bereits diese wenigen Hinweise einen Einblick in die Beschaffenheit menschlichen Lebens. Es gibt etwas, wogegen keine Versicherung möglich ist. Dies nicht zu vergessen, scheint für die Einstellung zum Leben so wichtig zu sein, daß unvorhersehbare Zwischenfälle immer wieder daran erinnern.

Vom Ungeheuerlichen heimgesucht, nahm jener Mann den Kampf mit ihm auf. Und als dieser nichts brachte, ging er in die Flucht. Doch das Übel ließ nicht ab. Es setzte nach, und der Kampf begann von neuem. Was zeigt sich hier? Daß dies eine allzu menschliche Verhaltensweise ist. In der Regel geht jeder gegen das an, was ihm nicht paßt. Jeder kämpft, wehrt und sperrt sich innerlich gegen alles, was ihm quer kommt. Jeder ergreift die Flucht, wenn er spürt, daß er es nicht schafft. Und da gewiß jeder seine Nöte hat, hat auch jeder seine ihm eigenen Strategien und seine ihm eigenen Fluchtwege. Doch die Erfahrung zeigt, daß weder das eine noch das andere weiterführt. Vielmehr gerät man – wie jener Mann – in den fortwährenden Wechsel von Kampf und Flucht, von Verbitterung und Betäubung irgendwelcher Art. Das aber ist es, was die besten Kräfte verzehrt.

Schließlich zeigt sich bei genauerem Hinsehen, warum weder Kampf noch Flucht schwerwiegendere Probleme löst. Hier geht es um rein ‚reaktive‘ Verhaltensweisen. ‚Reaktiv‘ meint hier eine rein mechanische

Verhaltensweise: Ich schlage zurück, oder ich laufe davon und verbleibe somit auf derselben Ebene. Ich wachse weder über das Ungeheuer noch über mich selbst hinaus.

Wenn aber ‚Reaktivität' nicht hilft, was hilft dann? Darauf gibt es nur eine Antwort: Nichts anderes als ‚Kreativität'! Ich höre auf, gegen das Unabweisbare anzugehen; ich höre auf, davonzulaufen. Ich nehme das Ungeheuerliche an, söhne mich innerlich mit ihm aus, passe mich ihm an, gehe liebevoll auf es ein – vielleicht gibt es nichts, was so liebebedürftig ist wie das Leid –, mache es zu meinem Freund und versuche, aus dieser Freundschaft etwas in schöpferischer Weise zu gestalten. Wem dies gelingt, dem geht auf: Nicht ‚reaktiv', sondern nur ‚kreativ' behebt man schwerwiegende Situationen.

So wird verständlich, warum viele Leidenspersönlichkeiten sagen, durch das Leid sei ihnen mehr gegeben worden als durch die Freude. Es ist der kreative Umgang mit dem Leid, der dem Menschen zur Reife und damit zur Größe verhilft. Hinzu kommt, daß durch einen kreativen Umgang – Freundschaft ist immer kreativ – sich nicht nur vieles löst; es geht einem auch manches auf. Es öffnen sich Tiefen und vermitteln sich Einsichten, die einem auf keine andere Weise zuteil werden können. Daher schreibt der Dichter Manfred Hausmann: „In den schweren und dunklen Stunden können tiefere Geheimnisse verborgen sein als in den leichten und hellen." Vermutlich hat auch das Wort Jesu in diesem Zusammenhang seinen Platz: „Wer die Wahrheit tut, der kommt zum Licht" (Joh 3,21). Damit will Jesus sagen: Es gibt eine Wahrheit, die sich nur im Tun, im kreativen, im liebevollen Tun erschließt. Das ist nicht die Verstandeswahrheit, sondern die Herzenswahrheit, jene Wahrheit also, von welcher der Mensch allein als Mensch leben kann.

Es versteht sich, daß solch kreativer Umgang zum

Schwersten gehört, was einem zugemutet werden kann. Aus diesem Grund mißt man auch den Wert eines Menschen nicht so sehr an seinen Erfolgen, sondern vielmehr an der Art und Weise, wie er seine Notsituationen, seine Leiden oder seine Niederlagen meistert. So schwer das ist, es gibt Hilfen, sich darin zu üben. Sie erwachsen vor allem aus der Kraft eines lebendigen und persönlichen Glaubens.

Man denke beispielsweise an Ijob. Als ihm nahezu alles genommen worden war, da formulierte er ein Wort, das sich mit seinem Namen unsterblich verbunden hat. Hört man seinen Namen, dann kommt einem sofort auch dieses Wort in den Sinn: „Nackt kam ich hervor aus dem Schoß meiner Mutter; nackt kehre ich dorthin zurück. Der Herr hat gegeben, der Herr hat genommen; gelobt sei der Name des Herrn ... Nehmen wir das Gute an von Gott, sollen wir dann nicht auch das Böse annehmen?“ (1,21; 2,10).

Sören Kierkegaard hat über diesen Ijob eine Gedenkrede gehalten, in der er sagt: „In dem Augenblick, wo der Herr alles nahm, sagt er nicht zuerst: Der Herr hat's genommen, sondern er sagt zuerst: Der Herr hat's gegeben. Das Wort ist kurz, aber es bezeichnet in seiner Kürze vollständig, was es bezeichnen soll, daß (nämlich) Hiobs Seele nicht zermalmt wurde in der stummen Unterwerfung des Leides, sondern daß sein Herz sich zuerst in Dankbarkeit ausweitete, daß ihn der Verlust des Ganzen dankbar macht gegen den Herrn, daß er ihm all den Segen gegeben hatte, den er nun von ihm nahm.“

Damit ist gesagt: Ijob war ein Mensch, der bewußt lebte; der sich freute an allem Wahren, Guten und Schönen, das er als gläubiger Mensch täglich neu aus Gottes Händen empfing. Diese religiöse Einstellung gab ihm die Kraft, schöpferisch mit der leidvollen Situation fertig zu werden.

Zugleich kommt ins Licht: Es war der Glaube Ijobs,

daß von Gott nicht nur die Freuden kommen; er läßt auch Schweres und Leidvolles zu. Man kann hinzufügen: Hinter allem in unserem Leben steht der uns oft völlig unverstehbar erscheinende Gott. Er stimmt das, was einem Menschen widerfährt, auf die Eigenart seiner Person ab, so daß es genau zu ihr paßt und deshalb auch von ihr angenommen werden kann. Damit ist gesagt, daß alles, was einem Menschen widerfährt, einschließlich die Stunde des Todes, immer zu einem Zeitpunkt eintritt, der – von Gott her gesehen – der denkbar beste ist. Von hierher bekommt alles einen Sinn.

Ein gläubiger Mensch, der mit seinem Leid ‚kreativ' umzugehen gelernt hat, wird nachempfinden können, was der Dichter Werner Bergengruen sagen wollte, als er schrieb:

> Jeder Schmerz entläßt dich reicher.
> Preise die geweihte Not.
> Und aus nie geleertem Speicher
> Nährt dich das geheime Brot.

GLAUBEN HEISST AN GOTTES VORSEHUNG GLAUBEN

Es ist schwierig und doch bedeutsam, etwas über die göttliche Vorsehung zu sagen. Schwierig ist es, weil wir dabei immer wieder auf Fragen stoßen, deren Antwort wir nur erahnen können. Sie beginnen alle mit dem Wort ‚Warum?': „Warum hat Gott das zugelassen? Warum mußte es gerade mir widerfahren?" Vielleicht aber ist es möglich, daß unsere Überlegungen zur göttlichen Vorsehung unsere Lebenseinstellung verwandeln. Dies wäre beispielsweise der Fall, wenn wir uns angesichts eines leidvollen Schicksals fragen: „Wozu könnte es gut sein?“ Das setzt freilich die Überzeugung voraus, daß Gott alles gut macht und zu einem guten Ziel führt.

Bedeutsam ist das Thema, weil ‚an Gott glauben‘ wesentlich bedeutet: ‚an Gottes Vorsehung glauben‘. Nur aufgrund dieses Glaubens ist es möglich, sich in dieser oft heillosen Welt dennoch geborgen zu fühlen. Ausdruck solcher Geborgenheit ist das Wort, das Kardinal Joseph Höffner auf seinem Sterbebett gesprochen hat: „Ich bin in Gottes Händen, und Gottes Hände sind gute Hände!“ Wie kam der sterbende Kardinal zu dieser Feststellung? Im Verlauf seines langen Lebens, in dem er viel Licht, aber auch manche Dunkelheit erlebt hatte, konnte er immer wieder Gottes gute Hände erfahren. So ist jenes Wort gleichsam die Summe seiner Gotteserfahrungen.

„Ich bin in Gottes Händen, und Gottes Hände sind gute Hände!“ Dieses Glaubensbekenntnis besagt zunächst: „Ich bin aus Gottes Händen hervorgegangen.“ Zuweilen überfällt wohl jeden die Frage: „Warum wurde gerade ich geboren?“ Dafür gibt es doch keinen zwingenden Grund. Daher sagen nicht wenige: „Daß es mich in dieser Welt gibt, ist reiner Zufall.“ Doch es gibt etwas, das uns nachdenklich macht und uns an der Richtigkeit dieser Aussage zweifeln läßt.

Ein neuzeitlicher Roman erzählt von einem Vater dreier Kinder. Gerade hat er seinen ältesten Sohn zur Bahn gebracht, da dieser zum Militär einberufen worden war. Auf dem Heimweg kam ihm der Gedanke: Wie seltsam war es doch, daß ich vor vielen Jahren durch reinen Zufall in diese kleine Ortschaft kam. Ich ging in ein Gasthaus, um etwas zu essen. Dort lernte ich meine spätere Frau kennen. Seit unserer Hochzeit bin ich hier und werde wohl auch den Rest meines Lebens hier verbringen. Von einem Zufall also wurde mein Leben bestimmt. Durch Zufall haben wir gerade diese drei

Kinder bekommen. Doch plötzlich kam ihm in den Sinn: Wenn der Zufall am Anfang eines Menschenlebens steht, wie sollte man dann nach dem Sinn seines Daseins fragen können?

Mit anderen Worten: Wenn in unserem Leben alles Zufall wäre, dann gäbe es darin keinen Sinn; dann würde sich uns die Frage nach dem Sinn nicht einmal stellen. Es kann also nicht der Zufall sein, weshalb es uns in dieser Welt gibt.

Das läßt mich an eine Erzählung in der Bibel denken. In ihr ist die Rede von einer Frau namens Rut. Auf einem Feld lernte sie Boas kennen. Da beide füreinander Sympathie empfanden und den Eindruck gewannen, sie sollten für immer zusammenbleiben, heirateten sie. Dann heißt es: „Der Herr ließ Rut schwanger werden, und sie gebar einen Sohn" (Rut 4,13). Aus dem Gesamtzusammenhang ergibt sich, daß gerade dieser Sohn zu einem genau bestimmten Zeitpunkt geboren wurde, weil ihm eine ganz bestimmte Aufgabe zufallen sollte.

Nehmen wir eine andere biblische Geschichte hinzu. Diese erzählt von einer Mutter, die sieben Söhne hatte. Von ihr wird gesagt, sie habe es verdient, daß man sich an sie mit Hochachtung erinnert. Warum? Ein gottloser König verurteilte ihre Söhne zum Tod, weil sie ihm ihren Gottesglauben nicht opfern wollten. Um sie auf ihrem letzten Weg in ihrem Gottvertrauen zu stärken, redete die Mutter ihnen gut zu, indem sie ihnen sagte: „Ich weiß nicht, wie ihr in meinem Leib entstanden seid, noch habe ich euch Atem und Leben geschenkt; auch habe ich keinen von euch aus den Grundstoffen zusammengefügt. Nein, der Schöpfer der Welt hat den werdenden Menschen geformt, als er entstand" (2 Makk 7,20-23).

Wem verdanken wir also unser Leben? Wir verdanken es weder dem ‚Zufall' noch dem ‚Willen unserer Eltern'; wir verdanken es vielmehr Gott, der gerade uns in unserer Einmaligkeit und Unwiederholbarkeit in dieser Welt haben will. Bei jedem einzelnen hat er sich etwas Besonderes ausgedacht. Daher ist er ihm so kostbar. Je mehr wir dies zu verstehen suchen, um so mehr lernen wir, uns als etwas sehr Kostbares zu lieben und mit uns selbst wie mit einem teuren Freund umzugehen.

Das ist biblischer Glaube. Er bringt Licht und Wärme, Sinn und Plan in unser Leben, und das um so mehr, je bewußter wir unser Leben mit allem, was es darin gibt, in Gottes Händen wissen. Aufgrund dieses Glaubens sagte Kardinal Höffner: „Ich bin in Gottes Händen!" Aber im selben Augenblick fügte er hinzu: „Und Gottes Hände sind gute Hände!"

Wer Gottes Hände als gute Hände erfahren will, dem sei daher empfohlen:

– Sage hier und jetzt ‚ja' zu deinem Gott, auch wenn er dir unbegreiflich ist und du sein Wirken in deinem Leben oft genug nicht verstehen kannst. Dieses ‚Ja' motiviert zu einer positiven Lebenseinstellung. Es ist gegenwärtig in jedem ‚Ja', das wir sagen. Wie kann also einer, der zu Gott ‚nein' sagt, zu irgend etwas in seinem Leben von Grund auf ‚ja' sagen wollen?

– Suche regelmäßig Gottes Nähe. Tu es in deinen guten und in deinen bösen Tagen. Verlaß die Oberflächlichkeit, die Fassadenhaftigkeit deines Lebens. Gib deine Fehlhaltungen auf. Dann kommst du zu dem dir Eigentümlichen und erreichst auch das Eigentliche im anderen.

– Vernimm den Sinn (das Wozu), der sich dir gerade in der Situation zuspricht, in der du dich augenblicklich befindest. So findest du zu deinem Ursprung zurück. Du wirst ein ursprünglicher Mensch: einfach und tief zugleich.

Gottes Liebe schreibt auf krummen Linien gerade

Bei Friedrich Nietzsche findet sich eine Frage, die uns nachdenklich machen kann: „Sahst du deinen Freund schon schlafen? Erschrakst du nicht, daß dein Freund so aussieht?" Diese Beobachtung macht uns auf etwas Bedeutsames aufmerksam: Wenn man einen schlafenden Erwachsenen sieht, überkommt einen nicht selten ein Lächeln. Es entzündet sich an der Komik, die am schlafenden Erwachsenen unverstellt in Erscheinung tritt. Denn im Schlaf lösen sich die Kräfte der Selbstkontrolle und der Selbstbeherrschung. So gibt sich das Innere zu erkennen. Das ins Unsichtbare Verdrängte kommt ans Licht. Überrascht stellt man fest, daß bei einem Erwachsenen das Äußere längst nicht immer dem Inneren entspricht.

Bei einem Kind ist es anders. Von ihm sagt Martin Luther: „Siehst du ein (schlafendes) Kind, so möchtest du meinen, Gott habe seidene Finger gehabt, als er den Menschen schuf." Das Kind, das sich auch im Schlaf gibt, wie es ist, ist deshalb eine Offenbarung seines göttlichen Ursprungs. In ihm wird er anschaubar. Damit ist gesagt: Je mehr ein Mensch zu seinem göttlichen Ursprung zurückfindet, um so mehr fühlt er sich in Gottes mütterlicher Hand geborgen und das selbst in bedrängender Situation. Dafür gibt es im Leben von Edith Stein ein bemerkenswertes Zeugnis. In ihrem letzten Brief, den sie am Vorabend ihrer Deportation nach Auschwitz schrieb, teilte sie ihren Mitschwestern mit: „Konnte herrlich beten!" Welche Kindlichkeit, Geborgenheit und Ruhe, welche Ursprünglichkeit, Einfachheit und Sicherheit spricht aus diesem kurzen Wort. Hier verdeutlicht sich: An der Quelle des Lebens hat der ‚Zufall' keinen Platz.

Sowenig aber der Zufall am Anfang unseres Daseins steht, so wenig gibt es ihn im Verlauf unseres Lebens. Daher sagt Augustinus: „Der dich gemacht hat, weiß auch, was er mit dir machen will.“ Versuchen wir nun auch hier, die erfahrbare Wirklichkeit einzuholen. Sie sagt uns mehr als alle abstrakten Deutungsversuche.

„Ich glaube, daß nichts im Leben Zufall ist“, schreibt die bekannte Ärztin Elisabeth Kübler-Ross, nachdem sie auf ihr Leben zurückschaute. Ungezählte Stunden verbrachte sie an den Betten der Kranken und Sterbenden. Aufgrund ihrer Erfahrungen, die sie dort machen konnte, hat sie sich auf dem Gebiet der Sterbe- und Todesforschung wie wohl kaum ein anderer Wissenschaftler einen Namen gemacht. In einem ihrer Bücher erzählt sie, wie sie den Weg zu dem ihr vorgesehenen Platz gefunden hat.

Nach Kriegsende hatte sie sich vorgenommen, nach Polen zu gehen, um dort Erste Hilfe zu leisten. Nach ihrer Rückkehr in die Schweiz studierte sie Medizin und wurde Landärztin. Eigentlich wollte sie in den Dschungel von Indien, um dort als Ärztin zu wirken. Doch sonderbare Umstände, Zufälle möchte man meinen, führten sie in den Dschungel von New York.

Von allen Orten dieser Welt wünschte sie dort am wenigsten zu leben. Sie erhielt eine Anstellung an einer grauenhaften Klinik. Da sie sich sehr einsam fühlte, wandte sie sich ihren Patienten mit Leib und Seele zu. Sie identifizierte sich mit ihrem Mißgeschick, ihrer Einsamkeit und ihrer Verzweiflung. So begannen die Patienten, sich ihr mitzuteilen und ihr ihre inneren Nöte anzuvertrauen. Auf diese Weise ging ihr auf, daß die besten Lehrer dieser Welt sterbende Menschen sind; denn sie zeigen uns wie niemand sonst, daß Leben und Sterben ein und dasselbe sind, weil alles, was uns begegnet, und alles, was uns widerfährt, uns dahin bringen will, innerlich zu wachsen, über unser oft so kleines und engherziges Ich hinauszuwachsen.

Wir deuteten bereits an, daß unsere Überlegungen zur göttlichen Vorsehung in unserem Leben unsere dumpfe Frage nach dem ‚Warum' in die heilsamere Frage nach dem ‚Wozu' verwandeln könnte. An dieser Stelle sehen wir etwas deutlicher, worum es dabei geht. Auf die Frage, warum uns dieses oder jenes begegnet oder widerfährt, finden wir in der Regel keine Antwort. Auf die Frage nach dem Wozu hingegen wird uns eindeutig gesagt: „Damit du innerlich wächst! Damit du über dich selbst hinauswächst und so offen wirst für das, was nur Gott dir geben kann."

Um zu dieser Einsicht zu gelangen, fühlte sich Frau Kübler-Ross von Gott an das Sterbebett vieler Menschen geführt. Als Resümee ihrer bisherigen Lebenserfahrung schreibt sie:

„Die meisten Menschen sehen (...) ihre Drangsale (...) als etwas Negatives an. Wenn man doch begreifen würde, daß nichts, was einem begegnet, negativ ist, ich betone, ganz und gar nichts ... Es ist eine Gelegenheit, die einem gegeben wird, um seelisch zu wachsen. Dies ist der alleinige Grund unserer Existenz auf Erden. Man kann nicht seelisch wachsen, wenn man in einem wunderbaren Blumengarten sitzt und sich von jemandem auf einem Silbertablett das großartigste Essen servieren läßt. Aber man wächst, wenn man krank ist, wenn man Schmerzen hat, wenn man einen schmerzlichen Verlust entgegennehmen muß. Man wächst, (...) wenn man den Schmerz annimmt und ihn zu begreifen sucht, und zwar als (...) Geschenk für sich, um damit einen ganz bestimmten, (einen positiven) Zweck zu erfüllen."

Das ist es, wohin Frau Kübler-Ross auf ihrem Lebensweg geführt wurde; das ist es, was sie in der Schule ihrer Patienten lernte. So wurde ihr immer deutlicher bewußt, daß nichts im Leben dem bloßen Zufall unterliegt. Was wie eine Kette bloßer Zufälle aussieht, erkennt das tiefer schauende Auge als einen großen Sinnzusammenhang.

Was schiebt sich damit in unser Blickfeld? Vor allem dies: Gott ist ein ‚Gott des Weges'. Er ist es, der uns dauernd neue Wege eröffnet, die wir nicht vorausschauen können. Wir brauchen uns vor ihnen nicht zu fürchten; denn er geht alle unsere Wege mit. So ergibt sich unsere Lebensgeschichte aus den vielen kleinen Weggeschichten, die Gott täglich mit jedem einzelnen gestalten möchte. Daher sind unsere Wege nie nur Menschenwege; sie sind zugleich Gotteswege. Das macht sie für uns tief und geheimnisvoll, aber auch undurchschaubar. Zuweilen bekommen wir eine Ahnung davon. Aus einem solchen Augenblick stammt das Wort bei Paulus: „O Tiefe des Reichtums, der Weisheit und der Erkenntnis Gottes! Wie unergründlich sind seine Entscheidungen, wie unerforschlich seine Wege!" (Röm 11,33).

Zugleich zeigt sich hier: Glauben bedeutet seine Wege mit Gott gehen; sich auf seinen Wegen von Gott bestimmen lassen; nach seiner Meinung fragen. So hört Gott auf, in unserem Leben ein ‚Fremdkörper' zu sein. Er wird vielmehr zu unserem Weggefährten, und das allein will er für uns sein. Man versuche es einmal, seine Wege ‚mit Gott' zu gehen. Und am Abend frage man sich, welche Erfahrungen wir machen konnten; denn Gotteserfahrungen sind Erfahrungen, die wir mit Gott auf unseren Wegen machen.

Der Mensch denkt, und Gott lenkt

Ich weiß nicht, ob es Ihnen, verehrter Leser, so wie mir geht: Zuweilen suche ich in meinem kleinen Haushalt etwas, kann es aber trotz allen Bemühens nicht finden. Doch oft genug erlebe ich, daß mir bei solchen Suchaktionen etwas anderes in die Hände fällt, das sich dann als viel interessanter und notwendiger erweist. Und da sich so etwas öfters wiederholt, bin ich nicht unglücklich, wenn ich nicht zum Ziel komme, denn ich weiß, daß mir Bedeutsameres geschenkt wird.

Diese kleine Alltagserfahrung scheint mir eine Grunderfahrung für das ganze Leben zu sein. Wie oft kommen wir auf unserem Lebensweg nicht dorthin, wohin wir kommen wollten. Aber es fällt uns etwas anderes zu: ein anderer Ort, eine andere Aufgabe, eine andere Rolle, Begegnungen mit anderen Menschen, mit denen ich es fortan zu tun habe. Und vielleicht ist dieses andere auch hier viel notwendiger und entscheidender als das, was wir selber zu erstreben suchten. Denken wir nur einmal an unsere Kindheits- und Jugendträume, in denen uns die Frage beschäftigte: „Was will ich einmal werden?“ Wahrscheinlich hat sich unser Traum erfüllt; denn alle Träume gehen in Erfüllung, wenn auch auf eine ganz andere Art und Weise, als wir dachten.

Eve Chassence, von der Josef Reding einmal erzählt, war 22 Jahre alt. Sie hatte die Schauspielakademie in Bordeaux absolviert. Nun wollte sie nur eines: ihre große Rolle beim Film und mit ihr einen strahlenden Anfang.

Doch diesen zermürbenden Kampf, der alsbald im Personalbüro einer Pariser Filmgesellschaft folgte, hatte sie nicht voraussehen können. Gewiß, man ließ sie vor, man drehte ein paar Teststreifen von ihr, man ließ sie auf Tonband sprechen, aber dann wurde alles wieder mit wenigen Worten zerrissen: Ihr Gesicht sei nicht fotogen genug, ihre Mundarbeit zu eigenwillig, ihr Sprachklang zu herb.

Dennoch gab Eve Chassence nicht auf. Sie glaubte an ihre Berufung, an ihren Weg. Sie träumte davon, einmal die Rolle einer jungen Frau zu spielen. Daher ging sie immer wieder zum Personalbüro. Doch trotz unermüdlicher Arbeit und vieler Entbehrungen entfernte sich ihr ersehntes Ziel immer mehr.

Dann aber kam unerwartet der Tag, der alles in ihrem Leben veränderte. Der Regisseur hatte die vier Darsteller, die die Rollen eines neuen Films übernehmen sollten, zu einem kurzen Gespräch eingeladen. Zu ihnen gehörte auch Eve Chassence. Das Thema des geplanten Films war nicht neu: Ein Mädchen zwischen zwei Männern. Es liebt den einen, einen Ingenieur, und verehrt den anderen, einen Arzt, der sie von einer schweren Krankheit geheilt hat. Das Mädchen weiß sich nicht zu entscheiden. Da greift ihre Mutter ein und bewegt den Arzt zum Verzicht. Und nun sagte der Regisseur: „Für Sie, Mademoiselle Chassence, haben wir die Rolle der Mutter vorgesehen. Es ist, als seien Sie eigens für diese Rolle geschaffen.“

Eve Chassence wankte zu ihrer Wohnung. Sie schaute in den Spiegel. Das Gesicht, das sie sah, gehörte in der Tat einer alten Frau. Jedes Nein, das sie im Personalbüro gehört hatte, hatte eine Falte in ihr Gesicht geritzt. Zehn vertane Jahre, glaubte sie. Sie war müde wie nie zuvor. Für einen Augenblick dachte sie, mit ihrem Leben Schluß zu machen. Aber sie tat es nicht. Sie rang sich durch, die ihr zugedachte Rolle so zu spielen, daß sie in ihr aufgehe; denn jetzt wußte sie, wer sie wirklich war: eine alte Frau. Mit diesem Entschluß wich die Verzweiflung der Bereitschaft, von nun an sie selbst zu sein.

Die Premiere des Films wurde zu einem Ereignis. Eve Chassence hatte die Nebenrolle der Mutter so verkörpert, daß sie zur beherrschenden Rolle des Streifens wurde. Das war der Anfang eines Weges, an den sie selbst im Traum nicht dachte.

Das ist die Veranschaulichung eines Weges, den vermutlich jeder zu gehen hat, wenn auch in abgewandelter Form. Es ist der Weg, auf dem wir durch die unnachgiebige Wirklichkeit des Lebens zu uns selbst geführt werden. Es ist in der Regel ein Prozeß zu vollkommener Ernüchterung, denn oft haben wir in unserer Welt, in unserer beruflichen Welt, in der Welt unserer Familie eine ganz andere Rolle zu spielen, als wir glaubten. So erfahren wir es; so erfuhr es Eve Chassence.

Mit jeder Enttäuschung wurde ihr eine trügerische Selbsttäuschung genommen. Am Tiefpunkt ihres Lebens angelangt, vermochte sie sich nichts mehr vorzumachen. Unmißverständlich wurde ihr bewußt, wozu sie in Wahrheit berufen war. Das Leben hatte ihr viele Türen verschlossen, um ihr das Tor zu ihrer eigentlichen Wirklichkeit zu öffnen. Und auch das erkannte sie: Das Tor, das ganz nach oben führt, liegt ganz unten.

Solche Erfahrungen vermitteln uns eine Ahnung von dem, was ‚Gottes Vorsehung in unserem Leben' bedeutet. Der Weg, auf dem uns ‚Gottes Vorsehung' führt, ist immer der Weg zu uns selbst, der Weg zu unserer ureigenen Berufung. Dazu läßt sich dreierlei sagen:

– Bei Gott entscheidet offensichtlich nicht der blendende Erfolg. Jesus konnte am Ende seines Lebens gewiß nicht auf so etwas zurückschauen. Was aber ist dann Gott wichtig? Es ist vor allem die Bereitschaft, sich bei allen Selbstbemühungen dennoch führen – und über sich selbst verfügen zu lassen. Das war dem Psalmisten auf seinen selbstgewählten Wegen aufgegangen. Weil er auf diesen nicht zu seiner eigentlichen Wirklichkeit kam, bat er: „Herr, zeige mir deine Wege, und deine Pfade lehre mich" (25,4). Diese ebenso schlichte wie notwendige Bitte zeigt, zu welch einem Vertrauensverhältnis dieser Beter zu seinem Gott gefunden hatte. Gott ist für ihn nicht mehr ein bloßer ‚Gegenstand‘, an dem man auch vorbeigehen kann, sondern ein erfahrbares ‚Du‘, das ihn besser als jeder andere kennt und ihn deshalb auch führen kann, wie kein anderer es vermag. Daher läßt er dieses göttliche ‚Du‘ über sich verfügen.

Ausdruck für solches Über-sich-verfügen-Lassen aufgrund eines unbedingten Gottvertrauens ist auch das folgende Gebet von Edith Stein:

Laß blind mich, Herr,
die Wege gehn,
die deine sind.
Will deine Führung
nicht verstehn.
Bin ja dein Kind,
bist Vater der Weisheit
auch Vater mir.
Führest durch die Nacht du,
führst doch zu dir.

X – Solch unbedingtes Gottvertrauen erwächst einzig aus der Erfahrung, daß vieles, was nach Unglück aussieht, sich später als das Gegenteil erweist. Aufgrund solcher Erfahrung schreibt der bekannte Arzt Paul Tournier in einem seiner Bücher: „Die fruchtbarsten Tage in meinem Leben waren jene, an denen ich bittere Tränen vergoß.“

Daher müssen wir uns ständig aus dem selbstgewählten Zug herausholen lassen; wir müssen fortwährend bereit sein, umzusteigen, um in den Zug zu gelangen, der in die von Gott gewollte Richtung fährt. Laß dich daher auf deiner Lebensreise immer wieder unterbrechen. Sage ja zu dem, was dir unerwartet dazwischenkommt.

Ich denke an Simon von Zyrene (Mk 15,20b-21). Dieser Mann kommt gerade vom Feld. Er macht sich auf den Heimweg, um mit den Seinen das Paschafest zu feiern. Ihm entgegen drängt sich der Zug von Soldaten und Mitläufern, mitten dazwischen Jesus, der sein Kreuz trägt und am Ende seiner Kräfte ist. Da packt man ihn und zwingt ihn unter das Kreuz. Wir können uns vorstellen, wie wenig ihm das in seine Pläne, in seine Stimmungen paßt. Simon von Zyrene scheint in diese unausweichliche Situation innerlich eingewilligt zu haben. So wurde aus einem namenlosen Passanten ein Mann mit einem Profil, dessen Name unvergessen bleiben wird. Zugleich wurde er zum Vorbild all derer, deren Pläne unerwartet durchkreuzt werden, die daran aber nicht verzweifeln, sondern diese ihre neue Rolle innerlich annehmen, auch wenn sie im Augenblick darin keinen Sinn erkennen können.

– Dennoch dürfen wir zum Schluß nicht übersehen: Es gibt in unserer Welt leidvolle Zwischenfälle, die über alle menschlichen Kräfte und Maße hinausgehen. „Mein Gott, mein Gott, warum hast du mich verlassen?“ (Mk 15,34) rief Jesus in den dunklen Himmel hinein. Warum dieses Leid? Diese Frage läßt uns verstummen; sie läßt uns vor allem verstummen in der Gegenwart unfaßbarer Menschenschicksale. Wir können nur gläubig darauf vertrauen, daß es etwas gibt, das noch tiefer reicht als dieses qualvolle Leid, etwas, das auch diese Frage noch zu tragen vermag: „Mein Gott, mein Gott, warum hast du mich verlassen?“

Zur Stärkung unseres Glaubens sei nur dieses gesagt: Selbst in dieser Situation gibt Jesus das Gebet nicht auf, hält er sich an diesem ‚Du‘. Auch in letzter Verlassenheit, aus der er das Warum schreit, klammert er sich an ihn: „Mein Gott, mein Gott ...“ Trotz seinen qualvollen Schmerzen bleibt er offen für seine Antwort, in die hinein er seinen Geist gibt.

Erfolg ist kein Name Gottes

Zuweilen lese oder höre ich ein Wort, das mich dann wie ein treuer Freund begleitet. Nicht so, als wäre es mir immer gegenwärtig. Aber in bestimmten Situationen meldet es sich wieder und bewegt mich erneut zum Nachdenken oder erweist sich als ein guter Ratgeber. Ein solches Wort fand ich bei Martin Buber. Es lautet: „Erfolg ist keiner der Namen Gottes!"

Es ist nicht leicht zu verstehen, was damit gesagt ist. Natürlich gibt es einen Erfolg, von dem Gott nichts hält. Es ist beispielsweise der Erfolg von Menschen, die aufgrund ihres eigensüchtigen Gewinnstrebens eine große Karriere machen. Wo sie hinkommen, schenkt man ihnen Bewunderung und umwirbt sie. Doch sind sie innerlich nicht selten arm dran. Hinter einem äußeren Reichtum verbirgt sich oft genug eine bedauernswerte seelische Armut. Es versteht sich von selbst, daß solcher Erfolg mit Gott nichts zu tun hat.

Aber andererseits muß man fragen, ob es nicht etwas Gutes ist, wenn einem nach vielen Mühen und Anstrengungen etwas Entscheidendes gelungen ist, etwa wenn man eine schwere Prüfung bestanden hat. Oder wenn man unter vielen Bewerbern für einen bestimmten Posten ausgewählt wurde. Oder darf man sich nicht freuen, wenn man nach jahrelangem Ringen endlich einen Charakterfehler unter Kontrolle bekommen hat? Oder wenn man als Seelsorger einen anderen wieder auf einen guten Weg bringen konnte? All das hat doch auch etwas mit Erfolg zu tun. Und an alldem soll Gott kein Gefallen finden? Das kann nicht sein. Warum hat er denn dem Menschen dieses Streben ins Herz gelegt?

Doch es gibt etwas, das nachdenklich macht. Als Jesus seinen Jüngern zu verstehen gab, daß alsbald schweres Leid auf ihn zukomme, daß man ihn diskriminieren und töten werde, da versuchte Petrus, ihn von solcherlei Gedanken abzubringen (Mk 8,31-33). Wie oft habe ich selbst schon im Sprechzimmer, bei Hausbesuchen oder im Krankenhaus versucht, Menschen ihre dunklen Gedanken zu nehmen, sie aufzumuntern, ihnen Mut zu machen, selbst wenn ihr Zustand hoffnungslos war! Doch während ich bei diesem oder jenem damit ‚Erfolg' hatte, kam Petrus damit bei Jesus an die verkehrte Adresse: „Weg mit dir, Satan, geh mir aus den Augen; denn du hast nicht das im Sinn, was Gott will, sondern was die Menschen wollen!"

„Erfolg ist keiner der Namen Gottes!" Was tun wir angesichts dieser Worte? Wir könnten unsere Meinung einfach dagegensetzen. Auch wäre es möglich, das Thema auf sich beruhen zu lassen und zu einem neuen überzugehen. Aber hätten wir auf diese Weise der Wahrheit gedient? Daher bleibt nur eines: Wir müssen tiefer ansetzen. Vielleicht sehen wir dann etwas für uns Bedeutsames, wenn auch nur aus weiter Ferne.

Um in die Tiefe zu gelangen, möchte ich eine Geschichte erzählen. Sie handelt von einem begabten jungen Mann. Aufgrund seiner Noten standen ihm alle Wege offen. Wo er den Mund aufmachte, hörte man ihm zu. Doch er hatte sein Elternhaus noch nicht verlassen, da mußte er unter den vielen Möglichkeiten, die er hatte, eine auswählen und damit die vielen anderen gleichsam begraben. Er hörte in sich hinein und traf seine Entscheidung. So war seine Welt schon viel kleiner geworden. Aber dabei blieb es nicht. Denn sein Lebensweg ging weiter und führte ihn alsbald an andere Wegkreuzungen, an denen er sich erneut entscheiden mußte. Zunehmend wurde er sich bewußt, daß ihn jeder Weg, den er einschlug, auf eine engere Spur brachte. Er hatte den Eindruck, zunehmend ärmer zu werden.

Eines Tages sagte er sich: „Ich habe immer nur verloren. Mein Leben lang bin ich nur kleiner geworden. Jeder Schritt hat mir etwas genommen. Ich hätte besser daran getan, nie von zu Hause wegzugehen; dann hätte ich noch alle Möglichkeiten.“ Müde, wie er war, ging er dennoch seinen Weg weiter. Abzweigungen und Wegkreuzungen gab es jetzt nur noch wenige. Plötzlich kam er zu einem Punkt, an dem ihn das Staunen überfiel. Er stand auf einem Gipfel. Von ihm aus erkannte er, daß alles, was ihm verloren schien, terrassenförmig unter ihm lag. Da ging ihm auf, daß er im Ärmer- und Kleinerwerden aufwärts gegangen war. Was ihm als Verlust erschien, lag ihm nun als der Reichtum seines Lebens zu Füßen.

Was hatte dieser junge Mann auf einmal entdeckt? Es ging ihm das Wachstumsgesetz des inneren Menschen auf. Er erkannte: Immer ist ‚Wachsen‘ Gewinn durch Verlust, Bereicherung durch Opfer. Die Aneignung des einen bedeutet mithin immer auch den Verzicht auf vieles andere. „Die enge Wirklichkeit, die wir uns in der Entscheidung aneignen, ist nun mal der Tod des unendlich Möglichen, das ungeboren im Schoß der gewählten Wirklichkeit sterben muß“ (Karl Rahner). Ohne wirkliche Abwendung gibt es keine wahre Zuwendung. Sobald wir alles haben wollen, verlieren wir unser Gesicht, unser Profil, unsere geistige Gestalt. Da dies eine Gefahr für den heutigen Menschen ist, spricht man allerorts von der ‚Entstaltung‘ des modernen Menschen. Die Konsequenz daraus ist einleuchtend: Erst der Verzicht öffnet jenen Freiheitsraum, in dem allein eine personale Hinwendung an das Erwählte zustande kommen kann.

Das ist es, was sich jenem jungen Mann vermittelte, nachdem er seinen Weg in Treue zu sich selbst und seiner inneren Stimme gegangen war. Mit jeder Entscheidung, die er an den Wegkreuzen seines Lebens getroffen hatte, verengte sich in der Tat sein Lebensweg. Aber gerade dadurch führte er ihn in die Höhe. Von ihr aus sah er, daß alles, was ihm als Verlust erschien, in Wirklichkeit Gewinn war.

Damit ist gesagt: Wer an den Wegkreuzen seines

Lebens in sich hineinhört, um seine Entscheidung nicht nach dem zu treffen, was die Menschen wollen, sondern nach dem, was der ihm inwendige Gott will, der erfährt, daß sein Weg nicht nur ein menschlicher, sondern zugleich ein göttlicher Weg ist, der nach oben führt. Und da er dorthin nur kommt, weil er in den entscheidenden Augenblicken sein eigenwilliges und oft selbstsüchtiges Ich kreuzigt, erweist sich ihm sein Lebensweg als ein Kreuzweg, der ihn nicht so sehr zum Erfolg, sondern vielmehr zum Heil oder – biblisch ausgedrückt – zur Herrlichkeit Gottes führt.

Wir wollten in die Tiefe gehen und sind dabei in die Höhe geraten. Aber es gibt keinen anderen Weg zur Höhe als diesen.

Von hier aus können wir Jesus und seinen Weg verstehen. An jeder Wegkreuzung seines Lebens tat er nicht, was die Menschen wollten, sondern das, was er als den Willen Gottes erkannte. Daher wurde er in einer für uns befremdenden Weise unerbittlich, als Petrus versuchte, ihn von seinem Gottesweg auf einen Menschenweg zu bringen. Jesus ging seinen Weg, der zwangsläufig zu einem Kreuzweg wurde, in unbedingter Treue zu Gott. Am Schluß schien alles verloren. Doch sein Verlust war sein Gewinn.

Geh also deinen Weg in Glaube und Treue zu Gott. Er wird oft genug nicht leicht sein. Und oft wirst auch du auf ihm müde werden. Aber er führt zu einem Gipfel, der Gott selber ist. Dies ist kein Weg zu menschlichem Erfolg, aber es ist ein Weg zu deinem Heil.

Auch unsere Todesstunde liegt in Gottes Hand

Bei allem, was wir über die göttliche Vorsehung in unserem Leben sagten, steht noch ein Wort aus, das nicht übergangen werden darf. Es ist das Wort Jesu: „Verkauft man nicht zwei Spatzen für einen Groschen? Und doch fällt keiner von ihnen zur Erde ohne den Willen eures Vaters. Bei euch aber sind sogar die Haare auf dem Kopf alle gezählt" (Mt 10,29-30).

Wenn Jesus sagt, ohne den Willen Gottes falle kein Haar von unserem Kopf, dann nimmt er die Haare als den unbedeutendsten Teil des Menschen und sagt uns: „Ihr seid ganz in Gottes Händen." Dieser Hinweis bedeutet aber auch: Wenn ohne den Willen Gottes nicht einmal ein Haar von unserem Kopf fällt, dann fällt schon gar nicht unser Leben aus dieser Welt heraus, ohne daß Gott es will. Das heißt: die Stunde unseres Todes bestimmt nicht dieser oder jener Zwischenfall; wie alles in unserem Leben liegt auch sie in Gottes Hand.

Ich hatte einmal ein Gespräch mit den Verwandten eines Verstorbenen. Auf einmal sagte eine Frau im Hinblick auf den Verstorbenen: „Wenn er nicht so viel geraucht hätte, würde er noch leben!" Da fragte ich diese Frau: „Glauben Sie wirklich, daß es die Zigaretten sind, die die Stunde unseres Todes bestimmen? Oder ist es nicht vielmehr Gott, der unsere Todesstunde von langer Hand vorbereitet?" Zwar spürt hier jeder etwas von der Freiheit und der hohen Verantwortung, die wir auch hinsichtlich unserer Gesundheit haben; zugleich aber erahnen wir, daß es noch etwas anderes gibt, das viel tiefer ist als unsere menschliche Freiheit und die mit ihr verbundene Verantwortung. Die Frommen früherer Zeiten nannten dies ‚den ewigen göttlichen Ratschluß'.

Daher muß man sagen: Jeder Mensch stirbt in jener Stunde, die kein anderer als Gott selbst festgelegt hat. Und mögen auch noch so viele Menschen im selben Augenblick und unter denselben Umständen sterben, so stirbt doch jeder von ihnen zu seiner Stunde, die für einen Menschen, der an Gottes Vorsehung glaubt, die bestmögliche ist, um sein gelebtes Leben abzuschließen.

Thornton Wilder hat einen Roman geschrieben, der sich mir unter diesem Gesichtspunkt wie kein anderer eingeprägt hat und mich die tödlichen Vorfälle in unserer Welt mit neuen Augen zu sehen gelehrt hat. „Die Brücke von San Luis Rey", so lautet der Titel.

Fünf Menschen wollen bei Lima in Peru über eine Hängebrücke, die über eine tiefe Schlucht führt. Diese Brücke, vor mehr als einem Jahrhundert von den Inkas geflochten, schien zu den Dingen zu gehören, die ewig Bestand haben. Täglich wurde sie von Hunderten von Menschen begangen. Ausgerechnet als sich jene fünfköpfige Gesellschaft in ihrer Mitte befindet, reißt die Brücke und vereinigt fünf grundverschiedene Lebensschicksale in einen gemeinsamen Tod. Ein Mann wird von einem Gebirgspfad aus Zeuge dieses Unglücks. Spontan kommt ihm die Frage: „Warum geschieht dies gerade diesen fünfen?" Da entschließt er sich, die geheime Lebensgeschichte dieser Menschen zu erforschen und den Grund ihres jähen Dahingerafftwerdens zu ermitteln.

Da ist beispielsweise die reiche Doña Maria, die ihre Tochter selbstsüchtig liebt, so daß diese die Umgebung ihrer Mutter nicht mehr erträgt und sich von ihr haßerfüllt absetzt. Nach vielen Jahren kommt die Mutter zur Einsicht und nimmt sich vor, morgen ihr Leben neu zu beginnen. Aber dieser neue Morgen brach für sie ganz anderswo an, als sie dachte. Oder da ist der Vollwaise Esteban, der seinen einzigen Bruder plötzlich verliert, total vereinsamt und im letzten Augenblick von einem Kapitän von einem Selbstmordversuch zurückgehalten wird. Der Lebensretter lädt ihn ein, mit ihm aufs Schiff zu kommen. Der junge Mann stimmt schließlich zu. Als sie die Brücke von San Luis Rey erreichen, macht der Kapitän einen Umweg, um noch etwas zu besorgen, Esteban aber geht mit den vier anderen über sie und mit ihnen in den Tod.

Natürlich handelt es sich hier um eine dichterische Vision. Aber diese läßt uns etwas erahnen, das unserem Glauben tief entspricht. Es ist die Vermutung, daß für jeden einzelnen Menschen, von Gott her gesehen, die Stunde seines Todes die bestmögliche ist, um sein irdisches Leben abzurunden. Dieser Gedanke kann uns ermutigen, unsere Wege im Vertrauen auf den für uns sorgenden Gott zu gehen, bis unser Leben in seinen Händen reif geworden ist. Mit diesem Glauben verbindet sich die Überzeugung, daß wir auch in der Stunde unseres Todes in keinen anderen Abgrund fallen können als immer nur in den der Liebe Gottes.

VIII

GOTT ERWARTEN, WO MENSCHLICH NICHTS MEHR ZU ERWARTEN IST

Zum Leben gehört das Wort ‚Adieu‘

Alles, was einen Anfang hat, hat auch irgendwann ein Ende. Das scheint normal und berührt kaum einen in besonderer Weise. Sagen wir es genauer: Es berührt einen nicht, solange dieses Gesetz ihm selbst nicht zu Leibe rückt und ihm unmißverständlich zu verstehen gibt: „Das gilt auch für dich!“ Sobald man nämlich bemerkt, daß auch das eigene Leben ein Ende hat, stehen wir vor etwas, mit dem wir nur schwer fertig werden können. Denn so selbstverständlich es ist, daß jedes Leben eines Tages aufhört, so wenig können wir uns vorstellen, daß es uns eines Tages nicht mehr in dieser Welt geben soll, während alles plaudernd weiterläuft, als wäre nichts geschehen. Aber so wird es mit Sicherheit sein. Jeder Tag, der zu Ende geht, möchte uns daran erinnern. Jeder Herbst tut es auf seine Weise. Und auch die Kirche steht dem in ihrer Verkündigung nicht nach.

Was ist das Leben? Es ist ein fortwährendes Abschiednehmen. Wie oft haben wir bereits Abschied nehmen müssen! Von dieser oder jener Schule, vom Elternhaus, von den Kindern, von den einzelnen Lebensstufen, von Freunden, von Ländern, in denen wir einst Ferien machen konnten. Oder man folge der Einladung von Ernst Wiechert und stelle sich eine lange Stange in einem großen Raum vor. An dieser Stange hängen nun alle Kleider bzw. Anzüge, die wir bislang getragen haben. Darunter unsere Schuhe. Sie alle rufen uns lautlos, aber eindringlich zu, was die französische Chansonsängerin Mireille Matthieu in einem ihrer Lieder in die Worte bringt: „Zum Leben gehört das Abschiednehmen, gehört das Wort Adieu!"

Es ist nicht schwer zu sagen, weshalb das Abschiednehmen Schwierigkeiten macht. Der Ort, an dem man sein durfte, ist einem vertraut geworden. Man hat seine Umgebung kennengelernt und sich an die dortigen Menschen gewöhnt. Verschiedenartige Erlebnisse haben Bindungen geschaffen. All das vermittelt ein Gefühl von Sicherheit und von stillem Glück. Merkwürdig, daß einem solcherlei Erfahrungen oft erst im Augenblick des Weggehens bewußt werden. Daher hat Goethe recht, wenn er sagt, daß erst bei der Trennung empfunden wird, was der erfüllte Augenblick verschweigt.

Mit jedem Abschied kommt uns die Vergänglichkeit und mit ihr die Kostbarkeit unseres irdischen Daseins zum Bewußtsein. Ohne Abschied würden wir dem Trägheitsprinzip anheimfallen, das einer der größten Lebensfeinde ist. Daher heißt es in einem Gedicht von Hermann Hesse: „Wohlan denn, Herz, nimm Abschied und gesunde." Nimm vor allem Abschied von dem, was nicht gut für dich ist, was klein macht und klein hält, von unguten Eigenschaften, von allem, was die Weite und mit ihr die Würde nimmt.

Darüber hinaus geht uns in den Augenblicken des Abschiednehmens auf, daß alles Geschenkcharakter hat. Als ich letztlich in einer westfälischen Gemeinde zu tun hatte, begegnete ich Eltern, die gerade auf tragische Weise drei Töchter in blühendem Alter verloren hatten. Da sagte der Vater – und er legte in seine Worte die ganze Schwere seines leidgeprüften Herzens: „Wir danken Gott für die Jahre, in denen wir unsere Töchter haben durften." Das ist ‚Dankbarkeit unter Tränen', von der Sören Kierkegaard einmal spricht. Sie ist es, die die tiefste Antwort auf das Leben gibt. Sie schützt vor Verbitterung, wenn der Augenblick kommt, da man sagen muß: „Adieu!"

Das führt zu einem weiteren Grund, warum uns Gott fortwährend Abschiednehmen läßt. Er will, daß wir Menschen des Aufbruchs sind und es bis zu unserem Ende bleiben. Aufbruch bedeutet: sich ins Unbekannte, Ungewohnte und Ungewisse wagen. So wird das Leben zu einer Entdeckungsreise, die uns oft nicht dahin führt, wohin wir kommen wollten, und uns oft nicht finden läßt, was wir zu finden hofften, uns dafür aber Bereiche erschließt, von deren Existenz wir keine Ahnung hatten.

Brich also immer wieder auf. So entdeckst du beispielsweise, daß unsere Lebenszeit mit zunehmendem Alter immer schneller zu vergehen scheint. Kam uns etwa in der Kindheit ein Jahr unendlich lange vor, so haben wir im Alter den Eindruck, es vergehe wie im Flug. (Was für einen fünfzigjährigen Erwachsenen fünf Tage bedeuten, empfindet ein fünfjähriges Kind wie fünf Stunden.) Zum Schluß glaubt man, nur wenige Augenblicke gelebt zu haben. Wie deuten wir das? Je älter ein Mensch wird, um so mehr vergegenwärtigt sich sein Leben in einen kurzen Augenblick hinein. Von daher versteht man, wenn man sagt, unser Leben sei ein kurzer Augenblick zwischen zwei Ewigkeiten. Dieser Hinweis gibt Kraft, schwere Stunden auszuhalten. Das scheint der Horizont zu sein, in dem die Worte von Paulus zu verstehen sind: „Ich bin überzeugt, daß die Leiden der gegenwärtigen Zeit nichts bedeuten im Vergleich zu der Herrlichkeit, die an uns offenbar werden soll" (Röm 8,18).

Das bedeutet zugleich: Das Geheimnis unseres Lebens wird mit zunehmenden Jahren nicht kleiner, sondern größer. Daher erklärte Lacordaire im Augenblick seines Todes: „Ich bin unheimlich neugierig." Man kann es auch so sagen: „Das Beste liegt immer vor uns."

Loslassen – Hingeben – Empfangen

Woran erkennen andere uns; woran erkennen wir andere?

Der kindlichen Seele nähert man sich wohl am besten dadurch, daß man schaut, was sie malt und spielt. Ein gesicherter Weg zur Erwachsenenseele ist, so wird gesagt, die Deutung seiner Handschrift. Sie ist so etwas wie ‚ein Seismograph der Seele'. Wen wundert es nun, daß es auch zur Seele eines jungen Menschen einen Zugang gibt? Junge Menschen erkennt man am besten dadurch, daß man ihre Wünsche vernimmt. Sören Kierkegaard schreibt einnmal: „Im Wunsch ist der junge Mensch ganz er selbst; der Wunsch ist die genaueste Wiedergabe seines Inneren."

Dieser Hinweis kann helfen, jenen jungen Mann zu verstehen, von dem der Evangelist Markus (10,17-27) erzählt: Er *lief* auf Jesus zu; *fiel* vor ihm auf die Knie und *fragte*: „Guter Meister, was muß ich tun, um das ewige Leben zu gewinnen?" Was diesen Frager im Innersten bewegt, ist also die Erlangung des ewigen Lebens.

Meinungsumfragen zufolge teilen in der Bundesrepublik Deutschland etwa 40 Prozent diesen Glauben. Erwähnenswert ist, daß zu ihnen längst nicht alle Kirchgänger gehören. Es ist durchaus möglich, daß solche, die sonntäglich zum Gottesdienst kommen, sich dennoch nicht mit der Tatsache des ewigen Lebens anfreunden können. Daher: Glauben Sie an das ewige Leben?

Daß es hier um keine nebensächliche oder gar belanglose Frage geht, sondern um eine Frage, die auf unsere Grundbefindlichkeit einen entscheidenden Einfluß nimmt, sagen zahlreiche Vertreter der Tiefenpsychologie. Sie weisen darauf hin, daß es in den unbewußten Tiefen einer jeden menschlichen Seele eine unauslöschbare Sehnsucht nach ewigem Leben gibt. Wer diese Sehnsucht als Selbsttäuschung ablehne, der leugne einfach, was sich in ihm als Grundtatsache vorfindet. Dabei koste eine solche Ablehnung ein hohes Maß an seelischer Energie, die nutzlos vertan werde. Das würde bedeuten: Menschen, die an das ewige Leben glauben, befinden sich in Übereinstimmung mit sich selbst.

Bemerkenswert ist auch, was C. G. Jung zu diesem Thema sagt. Er erklärt, daß an diesem Punkt sein ärztliches Gewissen erwache. Schon als Arzt glaube er an das ewige Leben. Denn ohne diesen Glauben verliere unser Dasein seine tiefste Zielstrebigkeit und damit auch die Kraft, sich innerlich von den Dingen dieser Welt zu trennen. So komme es in nicht wenigen Fällen zu einer kindlichen Begehrlichkeit, zu Abhängigkeiten und zu vielen Abnormitäten. Schon aus diesen hygienischen Gründen sieht C. G. Jung im Glauben an das ewige Leben die beste Arznei für ein gesundes und kraftvolles Seelenleben. Wie wahr dieser Hinweis ist, zeigt nicht zuletzt das Verhalten jenes jungen Mannes, von dem es heißt, er sei betrübt gewesen, als er hörte, was Jesus ihm sagte, und traurig habe er ihn verlassen.

An seiner Fragestellung wird deutlich, daß man etwas tun muß, um das ewige Leben zu erlangen. Demnach ist das ewige Leben nicht ein Geschenk der letzten Stunde. Vielmehr öffnet sich in jedem Tun ein Tor, durch das Gott und mit ihm das ewige Leben Einzug in unser Dasein hält, um dieses schon jetzt zu vergöttlichen. Doch um welches Tun geht es hier? Jesus sagt es dem jungen Mann, und indem er es ihm sagt, sagt er es uns.

Als erstes verweist Jesus auf die Gebote. Dabei fällt auf, daß er gerade die Gebote aufzählt, die es mit unserem Verhältnis zum anderen Menschen zu tun haben: Zum ewigen Leben gelangt, wer auf seine Zunge aufpaßt, wer die Wahrheit liebt, wer das Leben des anderen achtet, wer die Ehe nicht zerstört ... Das heißt: Nach Jesus ist für die Erlangung des ewigen Lebens wichtig, wie man mit seinem Mitmenschen umgeht.

Indem der junge Mann erklärt, er habe die Gebote befolgt, will er sagen: „Bis jetzt habe ich noch keinem Menschen etwas wirklich Böses angetan!" Das ist schon etwas sehr Bedeutsames. Doch ausreichend ist es nicht. Noch etwas anderes muß hinzukommen. Denn obwohl der junge Mann alle Gebote gehalten hat, sagt ihm Jesus: „Eines fehlt dir noch!" Er hätte ihm auch sagen können: „Es fehlt dir die innere Freiheit. Du kannst noch nicht loslassen. Du bist gebunden, gebunden an das, was du hast." Das Gebundensein an das, was wir haben, ist das eigentliche Hindernis zum wahren, sinnerfüllten, ewigen Leben. „Das Leben kommt in der Gebundenheit zum Stillstand, es gibt kein Weiterkommen, kein Reifen mehr. Ja, es findet eine Regression, ein Rückwärtsgehen, oftmals sogar eine rückwärtsgerichtete Flucht statt" (W. Wanner).

Warum vermag der Mann nicht loszulassen, was er hat? Er bangt um seine Sicherheit. Mit seinem Vermögen versucht er, seine Daseinsängste zu beruhigen. Es geht ihm nicht auf, daß niemals irdisches Haben unbedingte Sicherheit und inneren Frieden schenkt, sondern nur das göttliche Sein, zu dem man allein in der Lebensgemeinschaft mit Jesus kommt. Sie ist es, die uns vor allem befähigt, mit uns selber alles andere loszulassen, um uns vorbehaltlos Gott hinzugeben und von ihm her alles zu empfangen.

Loslassen – hingeben – empfangen, das ist das Lebensgesetz, nach dem der Mensch in der Lebensgemeinschaft mit Jesus zu leben lernt. Denn obwohl man alles hat, kann einem doch alles fehlen, was das Leben im Innersten froh, sinnvoll, glücklich und friedvoll macht.

Damit stellen sich drei Fragen. Sie zu überdenken ist keine verlorene Zeit:

– Was würde Jesus mir sagen, wenn ich zu ihm käme, um ihn zu fragen: „Was muß ich tun, um das ewige Leben zu gewinnen?"

– Gibt es etwas, das mich bindet und mich auf diese Weise daran hindert, zu einem wahren, sinnerfüllten, göttlichen Leben zu gelangen?

– Wem folge ich? Ist es wirklich Jesus Christus, der meinen Weg bestimmt? Oder ist es nicht doch das, was ich mir selbst zu erwerben suche?

Entweder man verdrängt den Tod, oder man überwindet ihn

Von Blaise Pascal stammt das Wort: „Weil die Menschen gegen den Tod kein Heilmittel finden konnten, sind sie, um glücklich zu werden, darauf verfallen, nicht mehr daran zu denken."

Wie Pascal geht es allen, die nicht nur an der Oberfläche leben möchten, letztlich einzig und allein darum, ein Heilmittel gegen den Tod zu finden. Deutlich spüren sie, daß ohne dieses Heilmittel keiner glücklich werden kann. Pascal brauchte lange, bis er es nach schmerzhaftem Suchen endlich gefunden hatte. Von dieser Stunde an änderte sich sein ganzes Leben.

„Vergiß deinen Tod; dann wirst du glücklich!" Dies zu empfehlen, machte zu einem guten Teil den Lebenssinn von Friedrich Nietzsche aus. In seinem Werk „Die fröhliche Wissenschaft" findet sich ein Abschnitt, der mit dem Wort „Der Gedanke an den Tod" eingeleitet wird. Nietzsche erzählt zunächst von der Melancholie, die ihn überfällt, wenn er mitten in den Gäßchen die vielen Menschen mit ihren lauten Stimmen hört. Deutlich empfindet er, wieviel Genießen, Ungeduld, Begehren, wie viele Bedürfnisse, wieviel durstiges und betrunkenes Leben sich in diesen Stimmen mischen. „Und doch wird es für alle diese Lärmenden, Lebenden, Lebensdurstigen bald so stille sein. Wie steht hinter jedem sein Schatten, sein dunkler Weggefährte!"

Aber während diese Gedanken durch seine einsame und gottferne Seele ziehen, kommt ihm ein Vergleich in den Sinn: Es ist wie im letzten Augenblick vor der Abfahrt eines Auswandererschiffes. Man ist voll innerer Unruhe, hat einander noch viel zu sagen; denn die Stunde, da das Schiff den Hafen verläßt, rückt immer näher. Doch hinter all dem Lärm wartet der Ozean ungeduldig und mit ödem Schweigen: „So begierig, so sicher seiner Beute!"

Merkwürdig, daß alle meinen, das bislang Erlebte sei nichts oder nur wenig gewesen; erst die nahe Zukunft bringe ihnen das große Glück. Daher „diese Hast, dies Geschrei, dieses Sich-Übertäuben und Sich-Übervorteilen!" Und doch sind Tod und Totenstille das einzig Sichere und das allen Gemeinsame an dieser Zukunft. Unter dem Eindruck solcher Beobachtungen sagt sich Nietzsche: Wie seltsam, daß diese einzige Sicherheit und Gemeinsamkeit fast überhaupt keine Macht über die Menschen und ihr Verhalten hat, daß es ihnen nicht gelingt, die Menschen dahin zu führen, „sich als eine Brüderschaft des Todes zu fühlen".

Nachdem man diese phänomenale Analyse menschlichen Verhaltens im Angesicht des Todes nachdenklich vernommen hat, ist man nicht wenig erstaunt, was folgt: „Es macht mich glücklich zu sehen, daß die Menschen den Gedanken an den Tod durchaus nicht denken wollen! Ich möchte gern etwas dazutun, ihnen den Gedanken an das Leben noch hundertmal *denkenswerter* zu machen" (278).

Durch Gedanken an das Leben den Gedanken an den

Tod überwinden. Das ist es, was Nietzsche will. Eine andere, eine bessere Lösung sieht er nicht. Doch das ist keine Überwindung, sondern nur eine Verdrängung des Todes. Und vielleicht gibt es gegenüber dem Tod überhaupt keine andere Möglichkeit als nur eine dieser beiden: entweder man verdrängt ihn, oder man überwindet ihn. Wenn nicht das eine, dann zwangsläufig das andere.

Man übersehe aber nicht: Jede Verdrängung von gegebenen Wirklichkeiten läßt den Menschen aus der Wahrheit fallen. Wer die Wirklichkeit nicht wahrhaben will, der führt nur ein Scheinleben. Zum wirklichen Leben kommt er nicht. Denn wenn es stimmt, was Julien Green in einem seiner Romane schreibt, daß nämlich niemand vom Leben Gültigeres als der Tod auszusagen weiß, dann ist der Tod die Hauptquelle des Lebens. Auch sollte man nicht übersehen: Wer den Tod nicht wahrhaben will, den verschlingt er am Ende.

Damit stellt sich die Schicksalsfrage Nr. 1. Sie lautet: Wollen wir vom verdrängten Tod hoffnungslos verschlungen werden, oder wollen wir in der Kraft des Glaubens unserem Tod hoffnungsvoll entgegengehen? An dieser Kreuzung kommt keiner vorbei. Dabei befindet sich der Gläubige auf einem guten Weg. Das sieht man, wenn man das Glück hat, einem wirklichen Gläubigen zu begegnen. Von einer solchen Begegnung erzählt ein Rompilger.

Er hatte eine Wallfahrt dorthin gemacht und sich Zeit genommen für die Gebetsstätten und die Sehenswürdigkeiten dieser faszinierenden Stadt. Gegen Ende seines Aufenthaltes ließ er sich von einem schon älteren Droschkenkutscher in die nähere Umgebung von Rom fahren. Wie von den Erlebnissen der vergangenen Wochen war er jetzt von der herrlichen Landschaft ergriffen. Spontan fragte er den Droschkenkutscher, was für ihn hierzulande das Schönste sei. Nach kurzem Nachdenken sagte dieser: „Morire con Dio in pace,

Signore! – Einmal mit Gott in Frieden sterben, mein Herr!"

Auch dieser Hinweis ist eine Überraschung. Man hätte erwartet, der alte Droschkenkutscher nennt eines der herrlichen Gebäude, das er seinen Gästen im Verlauf seines langen Lebens schon so oft gezeigt hatte, oder eine alte Straße, durch die zu fahren ihm immer wieder eine Freude war. Nein, nichts von alldem. Vielmehr das unerwartete Wort: „Morire con Dio in pace, Signore! – Einmal mit Gott in Frieden sterben!" Das war für ihn das Schönste von allem in seinem Leben. Es war der Grundstrom, der Golfstrom seines Daseins, von dem alles andere getragen und durchwärmt worden war. Daher diese spürbare innere Ruhe und der tiefe Friede in seinen alten Tagen.

Wie kommt dieser ‚Gottesstrom' in ein menschliches Leben? Es sind nicht nur die guten und frommen Leute von gestern, sondern auch die Lebenskundigen von heute, die darauf antworten: Man muß in seinem Leben alles vom Ende her sehen und verstehen; man muß sich in seinen augenblicklichen Entscheidungen von jenem Ziel bestimmen lassen, das Jesus Christus in seinem Leben und seinem Sterben vor Augen stand. So entscheidet man immer gut, und christlich wird das Leben; denn in diesen entscheidenden Augenblicken stirbt man sich selber ab. Auf diese Weise bekommt Gott Raum im Menschen und beginnt sich in ihm mit seinem Licht und mit seinem Frieden auszubreiten.

Dieser Glaube ist das Heilmittel gegen den Tod und gegen alles Tödliche im Leben, das sich in jeder Schuld verbirgt. Daher können wir in leichter Abänderung eines Johanneswortes (1 Joh 5,4) sagen: „Das ist der Sieg, der den Tod besiegt hat: unser Glaube." In diesem Glauben antwortete der alte Droschkenkutscher jenem Rompilger: „Morire con Dio in pace!"

Leben und sterben sind ein und dasselbe

An der Wand einer alten Kartause steht ein merkwürdiges Wort: „Optima philosophia meditatio mortis – Die beste Lebensphilosophie ist die Betrachtung des Todes.“ Mir scheint, daß der heutige Mensch von einer solchen Lebensphilosophie wenig hält. Er versucht vielmehr, schon den Gedanken an den Tod soweit wie möglich aus seinem Leben herauszuhalten.

Einer meiner Mitbrüder war Seelsorger an einem Krankenhaus in Berlin. Bei einem Wiedersehen erzählte er mir, wie er gerade in der Eingangshalle stand, als draußen ein Totenauto vorbeifuhr. Da kam eine jüngere Frau auf ihn zu und fragte: „Sagen Sie einmal: Warum kann man diese Autos nicht grün lackieren?“ Er antwortete ihr: „Weil es gut ist, wenigstens dann und wann daran erinnert zu werden, daß es den Tod auch heute noch gibt. Auch Sie müssen einmal sterben.“ Da meinte die Frau: „Nein, ich werde nicht sterben!“ – „Wie?“ fragte ihr Gesprächspartner erstaunt. Die Frau antwortete: „Mein Arzt hat mir erklärt, ich hätte ein Herz, mit dem ich bestimmt über hundert Jahre alt würde.“ – „Nun gut, dann sterben Sie eben erst mit Hundert“, erwiderte ihr der Seelsorger.

Dieses kurze Gespräch am Rand alltäglicher Geschehnisse zeigt deutlich: Manch einer, dem wir es nicht unmittelbar ansehen, möchte die Tatsache des Todes nicht wahrhaben. Wird sie jedoch für ihn unabweisbar, dann schiebt er sie soweit wie möglich von sich weg.

Im Gegensatz zu jener Frau hatte Franziskus von Assisi zu seinem Tod ein ganz persönliches Verhältnis gefunden. Er liebte ihn als seinen besten Freund und Bruder. Er sagte sich nämlich: „Wenn alle mich einmal verlassen, mein Bruder Tod bleibt bis zum guten Schluß an meiner Seite.“ Zudem wußte er zu gut, daß man allein auf diese Weise eines Tages in personaler Freiheit sterben kann und nicht zwangsläufig gestorben wird. Und gewiß wußte er auch, daß sich einem nur durch die Annahme des Todes die Tiefen des irdischen Lebens öffnen. Vielleicht wird deutlicher, was damit gesagt ist, wenn man es andersherum formuliert: Wer den Tod, seinen Tod, nicht annimmt, der kommt weder zum wirklichen Leben noch zum wirklichen Sterben. Es lohnt sich, dem ein wenig nachzugehen.

Jedem ist zunächst bekannt, daß sich unser alltägliches Leben in einem fortwährenden Rhythmus von Einsamkeit und Gemeinsamkeit bewegt. Man sieht es schon an Folgendem: Für jeden gibt es im Tagesablauf immer wieder Augenblicke, in denen er mit sich selbst allein ist; daneben gibt es Zeiten, in denen wir mit anderen zusammen sind. Alleinsein und Zusammensein, Einsamkeit und Gemeinsamkeit verhalten sich demnach wie Einatmen und Ausatmen. Beides gehört zusammen und macht im rhythmischen Hin und Her das Geheimnis des Lebens aus.

Fragen wir zunächst: Was geschieht, wenn einer sich in die ‚Einsamkeit‘ zurückzieht? Er spürt, wie er zu sich selber kommt. Er erahnt, daß es in ihm Tiefen gibt, die nicht einmal der liebste Mensch auszufüllen vermag. Daher sagt Hölderlin, und er hat recht: „Selbst im Kuß bist du allein!“ Warum aber sind diese in einem jeden liegenden Tiefen für einen anderen unerreichbar? Weil sich in ihnen kein anderer als Gott eingerichtet hat, um dort auf uns zu warten.

Darum haben die großen Beter gewußt. Aus diesem Grund haben sie sich wie Jesus und mit Jesus regelmäßig in die Stille zurückgezogen. Um nur einen für viele zu nennen: Johannes XXIII. Schon als Junge ging er immer wieder zu einer einsam gelegenen Kapelle seines Heimatortes, um dort für eine bestimmte Zeit mit Gott allein zu sein. So machte er es auch noch, wenn er später als Patriarch von Venedig seine Ferien im Elternhaus verbrachte. Demnach wird man sagen müssen: Nur wer wie Jesus und mit Jesus die einsame Stille sucht und auszuhalten lernt, wird die unbedingte Einsamkeit des Todes aushalten können und in ihr seinem Gott begegnen und in ihm seinem ewigen Glück.

Etwas Ähnliches zeigt sich erstaunlicherweise vom Hintergrund unseres Zusammenlebens her. Gelingen kann es nur, wenn es von gegenseitiger Liebe getragen wird. Es ist die Liebe, in der man sich selbst vergißt, in der man sich hergeben und fallenlassen kann, um gerade so die Seligkeit eines in Wahrheit Liebenden zu erfahren. Das ist ja einer der Schwerpunkte in der Verkündigung Jesu. Wiederholt spricht er von einem Leben, das sich festhält und sich darum verliert. Aber genauso erwähnt er jenes Leben, das sich selbst verliert und gerade deshalb findet. Was stand Jesus dabei vor Augen? Die Erfahrung, daß allein das Du, das ich liebe, der Ort ist, an dem das Glück des Ichs verborgen liegt. Hier wird man sagen müssen: Nur wer sich im alltäglichen Leben auf Jesu Wort hin loszulassen lernt, wird im Sterben restlos von sich lassen können, um im ewigen Du seines Gottes seine ewige Erfüllung und mit ihr seine ewige Glückseligkeit zu finden.

Weil man aber diese beiden Lebenshaltungen der Einkehr in die Einsamkeit und die Auskehr in die Gemeinsamkeit von keinem erzwingen kann, weil sie vielmehr in der Initiative jedes einzelnen liegen, daher stirbt jeder so persönlich, wie er gelebt hat. Es mögen also Menschen zur selben Stunde und unter denselben Umständen zu Tode kommen, jeder von ihnen stirbt seinen Tod, der nach der Überzeugung eines gläubigen Menschen zudem in eine Stunde fällt, die die bestmögliche ist, um das Leben eines Menschen in dieser Welt ein für allemal abzuschließen.

Damit drängt sich die Frage auf: Wo sind eigentlich unsere Toten? Diese Frage überfällt wohl jeden, der am offenen Grab eines geliebten Menschen steht oder dessen Blick über die Bilder derer gleitet, die ihm nahestanden. Die Bibel sagt uns im wesentlichen dazu nur dieses: Wir haben die Gewißheit, daß die Gemeinschaft, die wir mit Gott durch den auferstandenen Herrn haben, durch nichts, auch nicht durch den Tod, aufgehoben werden kann; denn die Treue Gottes hört niemals auf. Wo sind demnach unsere Toten? Sie sind in der Gemeinschaft mit Gott. Das Buch der Weisheit sagt es so: „Die Seelen der Gerechten sind in Gottes Hand“ (3,1). Wie stehe ich also zu dem, der bei mir bleibt und mich als sein Eigentum festhält, auch und gerade dann, wenn mir alles aus den Händen gleitet?

Der Himmel öffnet sich auf Erden

Ich hatte einmal ein Gespräch mit einem Gerichtsdirektor, einem Mann also, der wöchentlich über Menschen ein Urteil sprechen muß. Ich war erstaunt, wie positiv er vom Menschen sprach, obwohl er doch täglich einen Einblick in die menschliche Unzulänglichkeit und Armseligkeit bekommt. Im Verlauf unseres Gespräches bemerkte er dann: „Ich fühle, daß es einen Himmel gibt.“ Als ich ihn fragte, was er damit sagen wolle, erkärte er, daß es ihm nicht möglich sei, dieses Fühlen näherhin zu begründen. Es sei etwas Gewachsenes, das ihm stärker als jedes Argument erscheine.

Dieser Hinweis erinnerte mich an ein Wort, das Dostojewski in seinem Roman „Die Brüder Karamasoff“ dem liebenswerten und alten Starez Sossima in den Mund gelegt hat: „An die Stelle des jungen, kochenden Blutes tritt die Ruhe des sanften, klaren Alters ... Noch freue ich mich über den täglichen Aufgang der Sonne ..., doch liebe ich jetzt schon mehr ihren Untergang ... Mein Leben geht zu Ende, ich weiß es und fühle es. Doch fühle ich auch mit jedem sich neigenden Tag, wie sich mein irdisches Leben mit einem neuen, unendlichen, unbekannten, aber schon nah herankommenden Leben berührt, in dessen Vorgefühl ... mein Herz vor Freude erzittert."

Es gibt also ein Fühlen für die Existenz des Himmels, das sicherer und tiefer ist als jeder Beweis. Doch kaum ist dies gesagt, da melden sich schon wieder handfeste Zweifel an: Wie kann es einen Himmel und in ihm einen gütigen Gott geben, der soviel Leid, Grausamkeit, Schicksalsschläge, Naturkatastrophen, Verbrechen und anderes mehr zuläßt?

Doch sonderbar: Warum haben diese Zweifel noch nicht über dieses Gefühl für Gottes Dasein und seinen Himmel gesiegt? Es legt sich die Antwort nahe: Weil dieses Fühlen eben viel tiefer ist als alle Zweifel, so schwerwiegend sie auch sind. Offensichtlich sind selbst diese Zweifel noch von diesem Gefühl getragen.

Von diesem Hintergrund her wollen wir zu sagen versuchen, was uns die Tür zum Himmel öffnet, von der der Evangelist Lukas (13,24) spricht. Das kann zugleich unser Gefühl für die Existenz des Himmels verstärken.

Zunächst ist es gut, an dieser Stelle auf ein ‚Schlüsselwort' zurückzugreifen: Was uns die Himmelstür öffnet, ist die ‚Aufrichtigkeit'. Aufrichtigkeit bedeutet vor allem, daß man ehrlich ist. Wie wohltuend ist es, einem ehrlichen Menschen zu begegnen! Ehrlichkeit ist der Ort, an dem sich die Seelen begegnen. Sie berührt zutiefst unsere eigene Ehre.

Aber Aufrichtigkeit bedeutet mehr als Ehrlichkeit. Sie besagt, daß wir unser Menschsein vollziehen, indem wir aufrecht leben, das heißt, nach oben schauen, unser Leben in seinen unterschiedlichsten Situationen, also in guten und unguten Tagen, in Gesundheit und Krankheit, vom Himmel her zu deuten suchen. Ich sage

„versuchen", weil ich mir bewußt bin, wie schwer es ist, den Blick zum Himmel zu erheben, wenn man durch eine schwere Last niedergebeugt ist. Aber wie kommen wir wieder auf die Beine, wenn nicht durch den Blick zum Himmel, der uns nach oben zieht?

Wer sein Leben vom Himmel her deutet und lebt, der macht eine unerwartete Erfahrung. Er bemerkt, wie der Himmel über ihm sich öffnet, wie die Himmelstür aufgeht. Damit ist gesagt: Der Himmel öffnet sich auf Erden. Das wird uns zunächst aus dem Leben Jesu immer wieder berichtet. In Stunden des Gebetes, der Versuchung, der Freude wie auch der Angst erhob Jesus die Augen nach oben und durfte auf diese Weise erfahren, wie sich ihm der Himmel öffnete und die Kraft Gottes ihn stärkte. Ähnliches wird von Stephanus erzählt, den man gefangengenommen und wegen seines Glaubens vor Gericht gestellt hatte. Wörtlich heißt es von ihm: „Er aber, erfüllt vom Heiligen Geist, blickte zum Himmel empor ... und rief: Ich sehe den Himmel offen und den Menschensohn zur Rechten Gottes stehn" (Apg 7,55f.).

Was Jesus und Stephanus widerfuhr, widerfährt jedem Menschen, der den Blick nach oben zu seiner Wesenshaltung gemacht hat. Auch über ihm wird sich der Himmel öffnen. Wahrscheinlich hat jeder Mensch schon solche Augenblicke in seinem Leben erleben dürfen: in jener Situation, da er sich nicht von der alltäglichen Betriebsamkeit und der vermeintlichen Zeitnot verschlucken ließ, sondern trotz aller Beschäftigung und Arbeit Minuten fand, still zu werden und zu Gott aufzublicken; als er ja sagte zu etwas, das ihm schwerfiel; als er nicht zurückschlug, obwohl man ihm unrecht tat; als er – wie Stephanus – mutig für seinen Glauben eintrat, ohne die Liebe zu verletzen; als er sich nicht von einer dunklen Leidenschaft niederreißen ließ, sondern Gott und sich selbst treu blieb; als er seine Schuld offen und ehrlich bekannte, ohne dabei irgend etwas beschönigen zu wollen; als er sich für andere, die seiner Hilfe bedurften, einsetzte, ohne nach dem eigenen Wohl zu fragen; als er einen Menschen annahm, obwohl er ihm nicht sympathisch war. Wer hätte in solchen oder ähnlichen Momenten nicht schon erfahren dürfen, wie sich über ihm der Himmel öffnete und Gott in sein Herz hinabstieg, um es in seine Höhen zu erheben und es rein, weit und lichtvoll zu machen?

Man mag gegen Gott und gegen den Himmel sagen, was man will: Es fällt in die Augen, daß es Menschen gibt, die den Himmel in sich tragen, und daß wir im Gespräch mit ihnen gezwungen sind, in ihnen Gottes spürbare Gegenwart anzubeten.

Immer sind wir auf dem Weg nach Hause

Wie viele Straßen und Wege gibt es in einer Stadt, wie viele in einem Land, wie viele in der ganzen Welt? Keiner wird es sagen können. Doch täglich werden sie von Menschen begangen oder befahren. – Man müßte sich einmal die Zeit nehmen, um in Gedanken noch einmal alle Wege nachzugehen, auf denen man im Verlauf einer Woche gegangen ist. Das würde uns nicht nur zu Bewußtsein bringen, wie viele es gewesen sind, sondern auch, wie sich aus diesen vielen Wegen – mögen es gute Wege, Umwege, Irrwege oder Abwege gewesen sein – der eine lange Weg ergibt, den wir unseren Lebensweg nennen.

Und auch dies ist bedenkenswert: So viele Lebenswege es in dieser Welt auch gibt, gegeben hat oder noch geben wird und so verschiedenartig sie auch verlaufen mögen, sie alle haben doch dasselbe Ziel. Was ist das für ein Ziel? Darauf gibt es letztlich nur zwei Antworten, eine ungläubige und eine gläubige. Die ungläubige lautet: „Der Tod ist das Ziel aller Lebenswege.“ Die gläubige hingegen heißt: „Das Ziel aller irdischen Pilgerschaft ist Gott.“

Der gläubige Christ tut zunächst einmal gut daran, auf das zu setzen, was Jesus Christus offenbart. Als er sah, daß es mit seinem Lebensweg zu Ende ging, sagte er zu seinen Freunden: „Ich gehe heim zum Vater“ (Joh 14,28). Mit diesem Wort läßt sich letztlich leben; denn dieses Wort sagt: „Welchen Weg du auch gerade gehst, immer bist du auf dem Weg nach Hause, wo Gott, dein unvergleichlicher Vater, auf dich wartet, um dich unendlich zu beglücken.“ Allein von diesem Ziel bekommt ein Lebensweg seine innere Ausrichtung und seinen tiefen Sinn. Wäre der Tod das letzte Ziel, dann würde das Leben nicht erst in der Todesstunde auseinanderfallen. Ähnliches muß auch Henry Newman, der große englische Kardinal, empfunden haben, als er schrieb: „Ohne Gott ist die Welt absurd; mit Gott ist sie ein Geheimnis.“

„Ich gehe heim zum Vater!“ Sosehr dieser Glaube die Quelle aller Lebenskraft ist, so bekannt ist auch, wie schnell man mit seinem Lebensweg in eine Wüste geraten kann. Gemeint sind hier jene Augenblicke, in denen man nicht mehr verstanden wird, in denen uns ein wirkliches Unrecht geschieht, Augenblicke der Lieblosigkeit und der Ablehnung, der Erfolglosigkeit, der Einsamkeit und Verlassenheit, Augenblicke, in denen das Leben schwer wird, zuweilen unerträglich schwer.

In solchen Augenblicken – und sie fehlen ja in keinem Leben – kann Gott so sehr in die Ferne rücken, daß man den Eindruck hat, er sei gar nicht mehr da. Sie können zu den verrücktesten Ideen verleiten und jene Kräfte wachrufen, die die stärksten und deshalb auch gefährlichsten im menschlichen Leben sind: Triebbefriedigung, Sensationslust und Machtgier. Das sind die

Stunden innerer Anfechtung, die Stunden der Versuchung. Nirgendwo fühlt sich der Mensch so allein gelassen wie in ihnen. Das bedeutet aber zugleich, daß solche Stunden immer Stunden der Entscheidung sind. Wie nirgendwo sonst gestaltet und formt sich in ihnen die sittliche Persönlichkeit. Anders gesagt: Was ein Mensch am Ende seines Lebens ist, ist er in diesen Stunden geworden. In ihnen wurde es von ihm entschieden.

Es ist gut zu wissen, daß es solche Stunden auch im Leben Jesu gegeben hat (Mt 4,1-11). Auch er erlebte die Wüste und das seltsame Gefühl, das aus dem Alleingelassensein, der Verlassenheit und Einsamkeit hervorgeht. Weil Jesus sich vor allem in diesen Augenblicken treu geblieben ist, kann er sagen, wie man sich in ihnen verhalten muß, damit man sich nicht selbst verliert.

Was als erstes an seinem Verhalten in dieser Situation auffällt, ist seine tiefe Ruhe. Weder verführerische Schmeicheleien noch traumhafte Angebote oder aggressive Herausforderungen können ihn verwirren. Er bleibt die Ruhe in Person. Unmittelbar fragt man sich, woher er diese unerschütterliche Ruhe hat. Die biblische Erzählung sagt es: Sein Leben war eingewurzelt in Gottes Wort. Dreimal hielt er es dem Versucher entgegen, um ihm zu sagen, daß sein Ansinnen dem Willen Gottes widerspricht und deshalb für ihn nicht in Frage kommt.

Der Wille Gottes war für Jesus das einzige Handlungsprinzip. Es ist, als habe sich Jesus vor jeder seiner Entscheidungen gefragt: „Was sagt Gott dazu?" Das allein war für ihn wichtig. Daher sagte er zu seinen Zuhörern: „Wer diese meine Worte hört und danach handelt, ist wie ein kluger Mann, der sein Haus auf Fels baute. Als nun ein Wolkenbruch kam und die Wassermassen heranfluteten, als die Stürme tobten und an dem Haus rüttelten, da stürzte es nicht ein; denn es war auf Fels gebaut. Wer aber meine Worte hört und nicht danach handelt, ist wie ein unvernünftiger Mann, der sein Haus auf Sand baute. Als nun ein Wolkenbruch kam und die Wassermassen heranfluteten, als die Stürme tobten und an dem Haus rüttelten, da stürzte es ein und wurde völlig zerstört" (Mt 7,24-27).

Das Handeln nach Gottes Willen gab Jesus eine unerschütterliche Standfestigkeit. Sie ist zugleich der Grund seiner Kompromißlosigkeit. In einem Brief, den Dostojewski an Sofia Alexandrowna Iwanowa geschrieben hat, findet sich ein Wort, das hier bedenkenswert ist: „Gehen Sie geraden Weges, ohne Kompromisse im Leben. Festigen Sie in sich Ihre guten Gefühle, denn alles muß gefestigt werden, und hat man nur ein einziges Mal mit seiner Ehre und seinem Gewissen einen Kompromiß geschlossen, dann wird für lange Zeit eine schwache Stelle in der Seele zurückbleiben, so daß Sie bei der Wahl zwischen einer kleinen Schwierigkeit einerseits und dem Vorteilhaften andererseits sich sogleich für den Vorteil entscheiden und vor der Schwierigkeit ausweichen. Was ich da jetzt sage, ist kein Gemeinplatz; was ich hier sage, schmerzt mich nun selbst."

Ruhe, Standfestigkeit und Kompromißlosigkeit – wer über diese Eigenschaften verfügt, der besteht die Stunden der Versuchung. Er entdeckt sich selbst und wird sich selbst zum Freund. Er erfährt, wie der Himmel sich über ihm öffnet und ein göttliches Licht in sein Herz fällt. In ihm erkennt er, daß der Tod nicht Untergang, sondern Aufgang des Lebens ist. Daher sind es gerade die bestandenen dunklen Stunden, die ihm zeigen, daß der Lebensweg ein Heimweg ist.

Eine Himmelfahrt ist unser Leben

Alles Vergängliche ist ein Gleichnis." Dieses Wort von Goethe läßt mich an eine kleine Erzählung denken, mit der der amerikanische Schriftsteller William Saroyan seinen Roman „Menschliche Komödie" beginnt:

Ein kleiner Junge erreicht genau in dem Augenblick einen Bahnübergang, als ein Zug vorüberfährt. Voll Freude winkt der Kleine dem Lokomotivführer zu; doch dieser nimmt zur Verwunderung des Jungen keine Notiz davon. Der Junge winkt den anderen, aber auch von ihnen erwidert keiner seinen Gruß. „Sie hätten es tun können", denkt er, aber er konnte es ihnen nicht befehlen. Schließlich zeigt sich in einem der letzten Wagen ein Schwarzer. Auch ihm winkt der Junge. Da geschieht etwas Unerwartetes: Dieser Mann, der ganz anders als die übrigen aussieht, winkt zurück und ruft ihm zu: „Ich fahre nach Hause, Junge – dorthin zurück, wo ich hingehöre." Und die beiden winken einander zu, bis sie sich nicht mehr sehen können.

Warum winken eigentlich die Weißen nicht zurück? Sie sind offensichtlich in sich selbst ‚vergraben'. Das Kind in ihnen ist abgestorben und mit ihm die Sprache des Herzens. Sie zu sprechen ist die Eigenart des Kindes. Man lernt sie nur am Ursprung des Lebens. Das Kind beherrscht sie, weil es dem Ursprung des Lebens, dem Himmel, noch sehr nahe ist.

Hinzu kommt, daß es dem Kind nicht schwerfällt, an den Himmel zu glauben. Vielleicht liegt es daran, daß es dem Himmel noch artverwandt ist. Daher ist das Winken des Kindes ein Wink des Himmels. Erwachsene müssen also wieder Kinder werden, um die Sprache des Herzens zu lernen. Der Schwarze hatte sich das Kindsein bewahrt: „Ich fahre nach Hause, Junge – dorthin zurück, wo ich hingehöre."

Versteht man diese kleine Geschichte als Gleichnis für das ganze Leben, dann geht einem ihre Hintergründigkeit auf: „Wo gehen wir denn hin? – Immer nach Hause!" So schreibt Novalis. Der Grund findet sich im Philipperbrief des Apostels Paulus: „Unsere Heimat ist im Himmel" (3,20).

So erweist sich das Leben als eine Himmelfahrt. Im Schrifttum von Karl Rahner finden sich einige Sätze, die dies in guter Weise veranschaulichen: „Sagt selbst: Sind wir nicht alle Pilger, auf der Reise, Menschen, die keine bleibende Stätte haben, selbst wenn wir nie unsere Heimat verlassen mußten? Wie flieht die Zeit, wie schwinden die Tage, wie sind wir ewig im Wechsel, wie ziehen wir immer weiter: irgendwo und irgendwann fingen wir an, und schon waren wir aufgebrochen zur Reise, die immer weiter geht und nie mehr zur selben Stelle zurückkehrt. Und der Weg zieht durch die Kindheit, durch Jugendkraft und Altersreife, durch wenig Feste und viel Alltag, durch Hohes und Erbärmliches, durch Reinheit und Schuld, durch Liebe und Enttäuschung, immer weiter, unaufhaltsam weiter vom Morgenland des Lebens zum Abendland des Todes ... Aber wohin geht die Reise? ... Gott heißt das Ziel unserer Pilgerschaft. Er wohnt in weiter Ferne. Allzu weit und allzu schwer mag uns der Weg dahin erscheinen. Und unbegreiflich, was wir selbst meinen, wenn wir ‚Gott' sagen: Grund aller Wirklichkeit, Meer, zu dem alle Bäche unserer Sehnsucht pilgern." Was also ist der Himmel? Der Himmel ist Gott, der dem Meer gleicht, in dem alle Bäche unserer Sehnsucht sich erfüllen.

Damit ist auch gesagt, daß der Schwerpunkt des menschlichen Lebens nicht in dieser Welt, sondern vielmehr in Gott liegt. Wir ziehen also dorthin, wo wir kraft unseres Glaubens immer schon sind. Das geht uns vor allem am Grab eines gläubigen Menschen auf: Er ist nun endgültig da, wo er mit seinem gläubigen Herzen immer schon gewesen ist. Das macht die Weltüberlegenheit eines gläubigen Menschen aus. Weil der Christ immer schon jenseits dieser Welt ist, kann er in innerer Freiheit für diese Welt eintreten. Das bedeutet:

– Weil der Gläubige immer schon bei Gott ist, kennt er Gottes Stimme und vermag deshalb seinen Ruf aus den unterschiedlichen Situationen des Lebens herauszuhören und ihm zu antworten. Martin Buber schreibt in diesem Zusammenhang: „Es gibt in Wahrheit kein Großes und kein Kleines; sich bewähren bedeutet einfach das Ernstnehmen dessen, was man in dieser Stunde zu verantworten hat ... Das Wesentlichste vom Menschen aus für die Verbundenheit zwischen Mensch und Gott ist immer das, womit der Mensch sich in dieser Stunde abgibt, die Augenblicksverantwortung des Menschen, die Antwort, die der Mensch jederzeit geben kann auf das, womit Gott ihn gerade anspricht. Durch das, was uns Stunde um Stunde unseres Alltags, in der Tretmühle, widerfährt, spricht Gott uns, eben uns an, und wir können ihm antworten durch das, wie wir da, in der Tretmühle, leben, in den Möglichkeiten dieses Raums, dieser Zeit und dieser Situation. Da können wir die Heiligung üben, da können wir zu Gott hin. Wenn da nicht, dann nirgends." Auf diese Weise wird der Christ Salz der Erde und Licht der Welt.

– Nur weil der Christ immer schon bei Gott ist, vermag er seinen Nächsten, selbst seinen Widersacher zu lieben. Hier ist es Charles de Foucauld, der uns die Maßstäbe setzt: „In unserem Nächsten steht Jesus leibhaftig vor uns. Manche seiner Glieder sind wund, blutig und schmerzen, und andere sind gesund: Es sind seine blutigen Glieder, vor denen wir auf die Knie fallen müssen, die wir verbinden und denen wir jede Erleichterung angedeihen lassen müssen. Es wäre Torheit, sich um die kranken Glieder nicht zu kümmern und seine gesunden Glieder mit Balsam zu pflegen." Wozu sind wir also auf Erden? Um die Sprache des Himmels, die Liebe, zu erlernen. Sie uns zu lehren, kam Jesus in die

Welt. Als er die Menschen bis zur Vollendung geliebt hatte, kehrte er in den Himmel zurück.

– Nur weil wir immer schon zu Hause sind, vermögen wir die dunklen und leidvollen Stunden unseres irdischen Daseins mutig und tapfer durchzustehen. So erfährt der gläubige Mensch, wie das Schwere des Daseins ihn stärkt. Wer nicht an den Himmel glaubt, hat nur sich selbst, und nicht selten wird er von der Last des Lebens erdrückt. Zudem sind es vor allem die leidvollen Stunden, in denen er sich am besten mit den Leidenden zu solidarisieren vermag, um mit seinem Leid das der anderen vor Gott zu tragen. So fühlt er sich mit Unzähligen verbunden. Sie werden ihm zu lieben Freunden. Und vielleicht sind sie die echtesten, die er hat.

Heraushören – lieben – durchstehen, das sind Himmelfahrtstugenden, Tugenden auf dem Weg nach Hause.

IX

DAS LETZTE IST NICHT TÖDLICH, SONDERN ÖSTERLICH

Der Grabstein ist nur scheinbar der Schluss-stein unseres Lebens

Vielleicht standen wir schon einmal am Grab eines Menschen, von dem wir den Eindruck hatten: Er kannte und suchte und liebte nur sich selbst. Jeder stand ihm im Weg zu seinem Glück, das er doch niemals fand. Sein Leben überdenkend, breitet sich in uns ein seltsames Unbehagen aus.

Möglicherweise standen wir aber auch schon einmal am Grab eines Menschen, von dem wir viel Gutes erfahren durften, dem nie etwas zuviel war und dem wir eine Menge zu verdanken haben. Noch immer können wir nicht fassen, daß er nicht mehr dasein soll. Seine erfahrene Güte läßt uns irgendwie nicht los. In solchen Augenblicken wird spürbar, daß es eine Liebe gibt, die stärker ist als der Tod und von der selbst der Tod nicht zu scheiden vermag. Haben wir einen solchen Menschen, dem wir uns in dieser Weise über den Tod hinaus verbunden fühlen?

Etwas von dieser liebenden Verbundenheit ist bei jenen drei Frauen zu spüren, die sich sofort nach Beendigung des Sabbats ‚in aller Frühe' auf den Weg zum Grabe Jesu machten (Mk 16,1-8). Die unmenschliche Behandlung und die ungerechte Hinrichtung Jesu machten ihnen derart zu schaffen, daß sich Sprachlosigkeit, Traurigkeit, Ratlosigkeit und Unruhe wie dunkle und schwere Wolken in der Tiefe ihrer Seele festgesetzt hatten. Wie viele Fragen kommen aus dieser ihrer Situation auf uns zu?

– Inwieweit beunruhigen uns überhaupt noch die vielen Ungerechtigkeiten, die nicht wenige Menschen in unserer Welt erleiden müssen? Inwieweit solidarisieren wir uns mit ihnen? Als Christen wissen wir doch: In jedem Unrecht, das einem Menschen widerfährt, findet die Kreuzigung Jesu Christi aufs neue statt.

– Oder da sind die vielen Menschen, die mit uns gelebt, geliebt und gelitten haben und inzwischen gestorben sind. Inwieweit haben wir noch ein Verhältnis zu ihnen? Inwieweit fühlen wir uns ihnen auch über den Tod hinaus verbunden? Vielleicht gibt es nichts, was über unsere Menschlichkeit tiefer Auskunft gibt als die Antwort auf die Frage, welche Beziehung wir zu unseren Toten haben.

– Auch wäre es in diesem Zusammenhang bedenkenswert, inwieweit unser Glaube für uns noch eine aufregende Sache ist. Man erinnere sich an den Propheten Jesaja, der in Vorausschau auf den Gekreuzigten sagt: „Viele haben sich über ihn entsetzt, so entstellt sah er aus, nicht mehr wie ein Mensch, seine Gestalt war nicht mehr die eines Menschen“ (52,14). Kardinal Newman greift diesen Gedanken auf und fährt fort: Wir alle werden eines Tages jenes Antlitz sehen, in das Menschen hineingeschlagen und hineingespuckt haben. Wir werden jene durchlöcherten Hände sehen, die ans Kreuz genagelt wurden. All das werden wir sehen; und es wird der Anblick des lebendigen Gottes sein.

Blaise Pascal spricht einmal von der ‚Logik des Verstandes‘ und der ‚Logik des Herzens‘: „Das Herz hat seine Vernunft, die der Verstand nicht kennt. Man weiß das aus tausend Beispielen." Die Logik des Verstandes sprach spätestens am Karsamstag zu den Jüngern: „Aus ist aus, Ende ist Ende, und Tod ist Tod. Da ist nichts mehr zu machen und nichts mehr zu holen. Die Dinge sind nun einmal so gelaufen. Daran läßt sich nichts mehr ändern. Da hilft auch kein Lamentieren. Das Leben geht weiter. Laß also, was gewesen ist; du mußt eben wieder von vorne anfangen." So denkt die ‚Logik des Verstandes', aber nicht die ‚Logik des Herzens'. Sie schaut weder auf Gegebenheiten noch auf Verhältnisse, sondern vielmehr auf die Person. Sie ist vor allem das Wesensgeheimnis einer Frau. Daher ist es auch kein Zufall, daß es Frauen gewesen sind, die es zum Grab trieb, um den Leichnam Jesu einzubalsamieren. Da sie von diesem Jesus nicht loskommen können, versuchen sie, wenigstens mit ein paar Mitteln, seinen Verwesungsprozeß ein wenig aufzuhalten und seinen Todesgeruch mit Wohlgerüchen zu vertreiben. Mit diesen Dingen ausgerüstet, doch ohne jede besondere Erwartung machen sie sich also sofort in der Frühe des ersten Wochentages auf den Weg.

Man sollte hier nicht übersehen, daß ein ‚Weg' etwas ganz anderes ist als eine ‚Straße'. Eine Straße ist normalerweise begrenzt, ausgebaut und übersichtlich. Sie hat einen klaren Anfang und ein klares Ziel. So weiß man, wie lange man braucht, um von hier nach dort zu kommen. All das ist bei einem Weg anders. Der Weg ist in der Regel nicht begrenzt. Deshalb kann man schnell vom richtigen Weg abkommen. Ein Weg ist oft nicht ausgebaut. Deshalb weiß man nicht, an welcher Stelle man liegenbleibt. Ein Weg ist oft nicht übersichtlich. Daher weiß man nicht, was auf einen zukommt. Ein Weg kann voller Überraschungen sein. Oft hat er keinen klaren Anfang und kein klares Ziel. Daher kann man nicht im voraus sagen, wie man am Ende eines Weges ausschaut. Kein Wunder, daß man selten von einer ‚Lebensstraße', häufig hingegen von einem ‚Lebensweg' spricht. Das Leben hat eben viel mehr mit einem Weg als mit einer Straße zu tun.

Auf einem Weg kommen einem viele Fragen, die sich wie von selbst mit Sorgen und Ängsten verknüpfen. Wir fragen uns: „Wie wird es weitergehen: mit unserem Beruf, mit den Kindern? Wie wirst du es schaffen? Was wird mit dir im Alter? Wer kümmert sich dann noch um dich? Wie und wo wirst du einmal sterben? Und was passiert nach dem Tod mit dir?“ Jene Frauen fragten auf ihrem Weg in dieselbe Richtung. Ja, in ihrer Frage ist alles gegenwärtig, was einem Menschen auf seinem Weg in den Sinn kommen kann: „Wer wird den schweren Stein wegwälzen, der uns den Weg versperrt?“

Doch bei allem blieben sie nicht diskutierend stehen. Sie gingen einfach weiter. So sind sie auf einmal völlig überrascht, zu sehen, daß der große Stein überhaupt nicht mehr da ist. Ob nicht auch dies in den Horizont der eigenen Erfahrung reicht? Wieviel von dem, was uns bedrängte, bedrückte und belastete, uns im ängstlichen Vorausblick plagte, war dann – als wir mit Gottvertrauen weitergingen – einfach nicht mehr da? Das läßt uns heute einfach einmal fragen: Wieviel leichter, einfacher und unkomplizierter wäre so manches in unserem Leben gelaufen, wie viele Sorgen hätten wir uns wirklich sparen können, hätten wir solchem Gottvertrauen in unserem Leben einen viel weiteren Raum gegeben? Hinzu kommt der österliche Glaube, der uns mit dem verbindet, der alles überwunden und entmachtet hat.

So lädt Ostern dazu ein: Wirf alles, was dich belastet und umsorgt, auf den Herrn, und tu es in jenem unerschütterlichen Vertrauen, daß sich dir alles zum Besten fügen wird. Der Herr weiß doch um dich, wie er auch wußte um seine kopflos gewordenen Jünger und eben auch um jene drei Frauen, die zu ihm wollten.

Sie, die nicht einmal im Traum an so etwas wie ‚Auferstehung' gedacht hatten, erfuhren plötzlich und vollkommen unvorbereitet: „Wer sich auf den Weg zum Gekreuzigten macht, dem wird er als der Auferstandene verkündet." Anders gesagt: Wer nur Alltägliches gelten läßt, wird über die Dinge des Alltags hinaus nichts erfahren. Für einen solchen Menschen ist das Leben in der Tat ein ‚Sein zum Tode' und alles andere nichts als ‚dummes Geschwätz' (Lk 24,11).

Wer hingegen aufbricht und sich auf Gottes Wege einläßt, der wird gewahr, daß der Grabstein nicht der Schlußstein des menschlichen Lebens ist, weil Gottes Fürsorge uns ‚immer schon' voraus ist. Der Luzerner Theologe Kurt Koch macht darauf aufmerksam, daß dieses ‚Immer schon' ein auffallendes Zeichen der österlichen Liebe Gottes ist. Wiederholt taucht es auf: Der Stein war ‚schon' weggewälzt; Jesus war ‚schon' auferstanden; er war seinen Jüngern ‚schon' nach Galiläa vorausgegangen. Dieses österliche ‚Schon' besagt: Noch bevor wir uns sorgenschwer erheben, ist Gottes Liebe immer schon am Werk. Bevor wir aufstehen, ist er schon auferstanden und hat – aller Vernunft zuwider – unsere Situation gewandelt.

All das wird von größter Bedeutung, wenn unser Weg in unser eigenes Grab hineingeht. Wer es in österlichem Glauben tut, der wird darin dem auferstandenen Herrn begegnen. Wo erfahren wir also das Wunder von Ostern in unausweichlicher Weise? Wir erfahren es in unserem eigenen Grab.

Über das Wie solcher Begegnung schweigt sich die österliche Botschaft aus. Um so mehr betont sie, daß es im Grab zur Begegnung mit dem auferstandenen Herrn kommen wird und daß diese Begegnung das uns rettende Erlebnis ist. Daher sagt Ostern: Lebe mit dem auferstandenen Herrn; dann wird dein Lebensweg ein Weg nach Ostern sein, der immer voller göttlicher Überraschungen ist.

Ob man es weiß oder nicht: Wo ein Mensch aus der Tiefe lebt, da lebt er immer von Ostern her. Denn das Letzte in unserem Leben ist nicht tödlich, sondern österlich.

Alle Sorgen und Ängste können wir zu Grabe tragen

Er war ein zurückgezogener, etwas kontaktarmer und zu Ehefeindlichkeit neigender Mensch. Doch eines Tages fügte es sich, daß er eine nette und liebevolle Frau kennenlernte und sie dann auch heiratete. Diese Frau wirkte in seinem Leben Wunder. Heute ist seine verkrampfte Zurückhaltung verschwunden; sein Lachen ist unbeschwert, und seine Zwischenbemerkungen sind nicht mehr von bitterer Ironie durchsetzt. Auf diese seine Wesensveränderung angesprochen, sagte er: „Bevor ich meine Frau kennenlernte, war ich eigentlich nicht unzufrieden mit meinem Leben. Ich wußte, was ich hatte. Aber ich wußte nicht, was ich nicht hatte. Dann kam diese Frau in mein Leben. Sie hat mir eine neue Welt erschlossen. Sie hat mir gezeigt, was Leben heißt. Heute kann ich mir ein Leben ohne sie nicht mehr vorstellen."

Diese Worte lassen etwas vom Geheimnis der Liebe erahnen. Sie ist die einzige Kraft, die ganz neue Welten erschließen kann. Man fragt sich: Was befähigt sie eigentlich dazu? Es ist das kleine Wörtchen ‚Ja'. Wo einer uneingeschränkt ‚ja' zum anderen sagt, da lebt er auf; denn nichts ist für den Menschen so wohltuend, nichts wirkt auf ihn so befreiend wie die Erfahrung, daß man ihn bejaht. Dann fühlt er sich wie verwandelt. Vieles sieht er wie zum erstenmal. Das kleine Wörtchen

‚Ja' ist wie die Sonne. Unter ihrem Schein blüht alles auf. Was bislang verborgen war, kommt ans Licht. Nicht geahnte Kräfte werden frei. Man kann geben, was an Gutem in einem ist. Wo hingegen einer sich nicht angenommen weiß, da kann er Titel haben, soviel er will, und auch Positionen und Konten helfen ihm dann nicht. Dann zieht er sich in sich selbst zurück, und nie wird er erfahren, was ‚Leben' eigentlich ist.

Von solchen Erfahrungen her kann einem die Frage kommen: Wenn schon die Liebe eines Menschen ganz neue Welten erschließt, um wieviel mehr kann so etwas geschehen, wenn der auferstandene Herr in unser Leben tritt?

Diese Frage kommt nicht von ungefähr. Die biblischen Berichte von Ostern versuchen ja immer wieder, gerade darauf einzugehen. Sie wollen zeigen, wie den Jüngern in der Begegnung mit dem Auferstandenen eine völlig neue Welt aufgegangen ist und wie ihr Leben sich von diesem Augenblick von Grund auf änderte.

Man erinnere sich hier an die drei Frauen, die sich auf den Weg zum Grabe des Gekreuzigten machten. Welch ein Unterschied zeigt sich, wenn man ihren Rückweg mit ihrem Hinweg vergleicht. Als sie kamen, erwarteten sie nichts. Im Grab Jesu sahen sie das Ende seiner Geschichte. Dann aber heißt es: „Sie gingen hinaus und flohen von dem Grab; denn Zittern und Entsetzen hatte sie ergriffen" (Mk 16,8). Ähnlich ist es bei den Jüngern, die sich auf den Weg nach Emmaus machten. Ihr Weggang von Jerusalem ist für die beiden ein Programm. Sie kehren den Jahren, in denen sie mit Jesus zusammen waren, enttäuscht den Rücken. Dieser Mann, von dem sie sich alles versprochen hatten, ist jämmerlich umgekommen. So beginnen sie sich innerlich wie äußerlich von ihm zu trennen. Dann aber heißt es: „Da gingen ihnen die Augen auf, und sie erkannten ihn ... Und sie sagten zueinander: Brannte uns nicht das Herz in der Brust, als er unterwegs mit uns redete ...?

Noch in derselben Stunde brachen sie auf und kehrten nach Jerusalem zurück, und sie fanden die Elf und die anderen Jünger versammelt. Diese sagten: Der Herr ist wirklich auferstanden ... Da erzählten auch sie, was sie unterwegs erlebt und wie sie ihn erkannt hatten ..." (Lk 24,31-35). Damit ist gesagt: Wer den Auferstandenen in sein Leben hineinläßt, der wird ein anderer Mensch.

Vielleicht wird man aber sagen: „Eigentlich bin ich nicht unzufrieden mit meinem Leben; ich weiß, was ich habe." Dann müßte man sich von den Jüngern sagen lassen: „Aber du weißt nicht, was du nicht hast, solange der Auferstandene nicht in dein Leben eingetreten ist." Wie aber kommt der Auferstandene in mein Leben? Es geschieht durch die Aufnahme seiner österlichen Botschaft: „Habt keine Angst!" (Mt 28,10).

Warum sagt er ausgerechnet dieses Wort? Weil er weiß, wieviel Angst es in dieser Welt wie im einzelnen Menschenleben gibt und wie sehr uns die Angst lähmen kann. Darum will er uns die Gewißheit geben: „Du brauchst von nun an keine Angst mehr zu haben, weder vor dem Leben noch vor dem Tod; denn ich, der Auferstandene, gehe alle deine Wege mit." Ob die vielen Ängste, die es in uns gibt, letztlich nicht auf eine einzige Wurzel zurückzuführen sind, nämlich auf die Angst, allein zu sein?

„Hab keine Angst; denn ich bin bei dir!" Man müßte das Abenteuer wagen, dieses österliche Wort zu leben, um zu erfahren, daß es noch ganz andere Welten gibt und mit ihnen auch ganz andere Möglichkeiten zu leben.

Dem Auferstandenen im Alltag begegnen

Um die Einmaligkeit und Unwiederholbarkeit seines Lebens wissend, bittet der Beter im Buch der Psalmen: „Unsere Tage zu zählen, lehre uns! Dann gewinnen wir ein weises Herz" (Ps 90,12). Doch es gibt eine Schwierigkeit, die es schwermacht, unsere Tage zu zählen. Es ist die Tatsache, daß unsere Lebenszeit zum größten Teil Alltagszeit ist.

Die Beschreibung, die Albert Camus vom Alltag gibt, läßt bereits seine ganze Mühsamkeit erfahren: „Aufstehen, Straßenbahn, vier Stunden Büro oder Fabrik, Essen, Straßenbahn, vier Stunden Arbeit, Essen, Schlafen, Montag, Dienstag, Mittwoch, Donnerstag, Freitag, Samstag, immer derselbe Rhythmus ..." Alltag, was also ist das? Es ist das sich stets Wiederholende und Gleichmäßige, das Anstrengende und Ermüdende und nicht selten das uns Überfordernde. Es ist der Ort, an dem unsere Armseligkeit und Begrenztheit, unsere Gebrechlichkeit und unser Versagen, unsere Vergeblichkeit und Erfolglosigkeit unübersehbar zum Vorschein kommen.

Daher gibt es wohl im Leben eines jeden Menschen den Traum, an die Stelle dieses grauen Alltags ‚das Paradies auf Erden' zu setzen. Die Wirklichkeit aber zeigt, daß es das nicht gibt, weder im Großen noch im Kleinen. Man sieht es, wenn man über die Mauern der totalitären Staaten schaut; man sieht es, wenn man sich das Leben des ‚verlorenen Sohnes' vor Augen hält oder das Leben derer, die seinen Weg heutzutage gehen. Die Alltagslast erschien ihm auf einmal erträglicher als die Not auf dem Weg ins erträumte Paradies, das er doch nirgendwo fand. Diese unausweichliche menschliche Erfahrung lädt zunächst dazu ein, die harte Wirklichkeit des Alltags anzunehmen und das mit allem, was dazugehört.

Vielleicht fängt christlicher Glaube damit an. Denn was hat Gott in seiner Menschwerdung anderes getan? Er wurde mitten im Alltag geboren; er lebte die ganze Härte des Alltags. Daher sein Wort: „Wer mein Jünger sein will, der verleugne sich selbst; er nehme alltäglich sein Kreuz auf sich und folge mir nach!“ (Lk 9,23). Schließlich wurde er an einem Alltag gekreuzigt. Der Evangelist Lukas schreibt: „Das war kurz bevor der Sabbat anbrach“ (23,54).

Und nun erfahren wir durch den Evangelisten Johannes (21,1-14), daß der menschgewordene Gott als der auferstandene Herr die Nähe seiner Jünger, und damit auch unsere Nähe, mitten im Alltag sucht.

Wer die Erzählung auf sich wirken läßt, empfindet deutlich die Müdigkeit, Ratlosigkeit und Vergeblichkeit, die über ihr liegt, genau das also, was wir selbst so oft im Alltag erfahren müssen. Die Jünger – Menschen, die mit Jesus ihre Mitte verloren haben – arbeiten schwer, aber alles ist umsonst. „Sie gingen hinaus und stiegen in das Boot. Aber in dieser Nacht fingen sie nichts.“ Was heißt das anderes als dies: Wo der Mensch aus sich selber lebt, da ergibt sich letztlich nichts, da ist zum Schluß alles vergebliche Mühe gewesen.

Damit erhebt sich die Frage: Wovon lebe ich eigentlich? Man könnte der Meinung sein, die Nähe dieses oder jenes Menschen gibt meinem Leben einen Sinn. Aber welche Bedeutung kommt dem zu, wenn er und ich schließlich doch dem Tod gehören? Daher noch einmal die Frage: Wovon lebe ich letztlich? In einem seiner Bücher schreibt der geistliche Schriftsteller Johannes Bours dazu: „Ich denke an die Weisheitsworte der Weisen. Sie geben weites Geleit. Aber an der letzten Tür verlassen sie mich. Ich kann nicht von ihnen leben über die letzte Schwelle hin. Sie sind nicht das lebendige Du, das mir entgegenkommt. – Wer füllt zuletzt die leeren Netze? Je älter ich werde, um so mehr erfahre ich die Trauer der leeren Hände. Vieles, was sie angesammelt hatten, zerrann zuletzt, fiel in den Abgrund der Vergänglichkeit. Wer füllt zuletzt die leeren Hände?"

Genau das ist die Frage, zu der der auferstandene Herr, der plötzlich am Ufer stand, etwas sagen möchte. Um seine Stimme zu hören, ist es zuweilen notwendig, daß ein Mensch, eine Ehe, eine Familie, eine Gemeinde oder gar die ganze Welt an das Ende der eigenen Möglichkeiten kommen. Wie auch immer, der Auferstandene, der den Jüngern zunächst als ein Fremder erscheint, sagt zu ihnen: „Werft das Netz auf der rechten Seite des Bootes aus, und ihr werdet etwas fangen." Im Vertrauen auf ihn und sein Wort gehen sie noch einmal. Sie tun, was er ihnen sagt, obwohl es ihnen, den Männern vom Fach, völlig unsinnig erscheinen muß.

Und da geschieht das Wunder, das Unerwartete, durch das auf einmal alles anders wird: „Sie warfen das Netz aus und konnten es nicht wieder einholen, so voller Fische war es." Das mutige Loslassen der eigenen Einsichten, das Aufgeben dessen, was einem selbstverständlich und vertraut geworden ist, das bedingungslose Vertrauen auf Gottes Wort, das fast widersinnig erscheint, eröffnet auf einmal eine ganz neue Situation. Da gingen ihnen die Augen auf: „Es ist der Herr!"

„Es ist der Herr!" Aus dieser Erkenntnis ist das Grundbekenntnis der nachösterlichen Kirche erwachsen: „Jesus ist der Herr!" Ist er es auch für mich? Wer den auferstandenen Herrn zum Herrn seines Alltags macht, erspürt seine Gegenwart in allem, was ihm bislang fremd erschien. Er erlebt die alltäglichen Situationen und Begegnungen in einem österlichen Licht.

Wo also kommen wir zur Erfahrung des Auferstandenen? Dort, wo wir unseren Tag auf sein Wort hin beginnen, wo wir in den verschiedenartigen Situationen unseres Alltags tun, was er sagt; wo wir in Freud und Leid aus seinem Wort leben. Wo das geschieht, da erfahren wir – so unsinnig es sich anhören mag –, wie aus jeder tapfer durchkämpften Situation die Seele gestärkt hervorgeht und wie am Ende jeder mutig durchschrittenen Nacht ein österliches Licht aufleuchtet. Wir erfahren, „daß im Leiden unsere Freude, im Sterben unser Leben verborgen ist“ (Dietrich Bonhoeffer).

Das Wunder der Auferstehung kann jeder wirken

Dieses Wort mag seltsam klingen; aber dennoch ist es wahr. Fragen wir zunächst, worin das Wunder der Auferstehung bestand.

Als man Jesus an das Kreuz geschlagen hatte, glaubten die Jünger, alle ihre Erwartungen seien dahin. Die Stimmung, die sich beispielsweise in den Emmaus-Jüngern (Lk 24,13-35) ausgebreitet hatte, zeigt deutlich, was in ihnen vor sich ging. Indem sie von Jerusalem weggingen, kehrten sie nicht nur dieser Stadt den Rücken zu; sie verließen vor allem ihren Herrn. Sie nahmen Abschied von den Jahren, in denen sie mit ihm zusammen waren: „Wir hatten gehofft, daß er es sei ...“ (Lk 24,21).

Dann aber geschah etwas, was kein Gelehrter und kein Politiker voraussehen konnte. Sie, die Furchtsamen und die Mutlosen, die Niedergeschlagenen und Verzweifelten, die auf ihr kleines Leben Bedachten, sie, die Geflohenen, stehen auf einmal wieder vor Gerichten. Vorbehaltlos verkünden sie den Gekreuzigten und Auferstandenen. Ihre einzige Begründung lautet: „Wir können unmöglich von dem schweigen, was wir gesehen und gehört haben“ (Apg 4,20). Sie, die Ungelehrten, die auf Seen oder in der Einöde gelebt hatten, beginnen auf einmal ein weltweites Unternehmen, wovon die Herrscher nicht einmal zu träumen wagten. Wie war das möglich?

In der Begegnung mit dem Auferstandenen erfuhren sie gegen alle Erwartungen, daß sich ihr hoffnungsloses Ende in einen unerwarteten Anfang verwandelt hatte. Von der Macht des Auferstandenen durchdrungen, zogen sie furchtlos bis an die Grenzen der Welt, um die österliche Botschaft unerschrocken zu verkünden und alle Suchenden im Glauben an den Auferstandenen zu bestärken.

Damit erweist sich das Wunder der Auferstehung als ein Bestandteil eines jeden menschlichen Lebens. Man denke hier an die verfahrenen Situationen im eigenen Dasein: Wir wußten nicht mehr weiter. Alles schien sinnlos. Vielleicht wollten wir mit allem Schluß machen. Aber wir taten es nicht. Wir sammelten alle Kraft, um die Situation auszuhalten. Dann geschah irgend etwas, das wir nicht vorausschauen konnten. Auf einmal wurde uns klar, daß es weitergehen kann; vielleicht ganz anders als bisher, aber nicht weniger gut. Wer hätte so etwas noch nicht erlebt? Daraus ergeben sich drei Konsequenzen:

Zunächst haben wir nie Grund, die Hoffnung zu verlieren. Ostern entzieht uns jeden Grund zur Verzweiflung. Denn seit Ostern gibt es immer einen Weg, den man gehen kann. Der auferstandene Herr schafft ihn. Er zeigt ihn uns und geht ihn mit.

Zudem müssen wir sagen: Auch der Tod ist kein unbedingtes Ende, sondern vielmehr ein neuer Anfang. Gehen wir in diesem österlichen Glauben in unseren eigenen Tod! Die Jünger taten es, damals wie heute. Erinnern wir uns an Dietrich Bonhoeffer. Als man ihn aus seiner Todeszelle holte, sagte er zu den Zurückbleibenden: „Das ist das Ende; für mich der Anfang des eigentlichen Lebens."

Schließlich ruft uns der auferstandene Herr ins Vertrauen: Leg dein zerbrechliches oder gar zerbrochenes

Leben in meine Hand, dann brauchst du dich nicht mehr vor dem zu fürchten, was aus dem dunklen Schoß der Zukunft auf dich zukommen mag.

Jeder, der das Wunder der Auferstehung in seinem Leben erfährt, gewinnt auf einmal das Bewußtsein, daß auch er dieses Wunder wirken kann; ja wirken muß. Wo? Beispielsweise dort, wo einer den Mut verloren hat, wo einer nicht mehr weitergehen will, wo einer resignieren möchte. Ist er ihm in solchen Augenblicken hilfreich nahe, tröstet er ihn, gibt er ihm einen nützlichen Rat, weist er ihm einen neuen Weg und geht er ihn mit ihm, wenn es notwendig ist – dann hat er das Wunder der Auferstehung gewirkt, dann ist der Auferstandene durch ihn wirksam geworden.

Wieviel mehr, als wir es schon tun, könnten wir täglich dieses Wunder wirken. Wir müßten nur die Augen haben, um zu sehen, wo es möglich ist; die Phantasie, um zu erkennen, wie wir es wirken können; und ein Herz, das es wagt, sich für den andern kraftvoll einzusetzen. Wer so handelt, der erfährt die Nähe des auferstandenen Herrn und bringt sie anderen zur Erfahrung.

Der Geist holt uns überall heraus

Mit dem Heiligen Geist hat manch einer seine Schwierigkeiten. Es fällt ja schon schwer, genauer darzulegen, was es mit dem menschlichen Geist auf sich hat, welche Tiefen ihm zu eigen sind und zu was er fähig ist. Wieviel hilfloser fühlen wir uns dann erst, wenn wir sagen sollen, welche Bedeutung der Geist Gottes für uns und unser Leben hat?

Nun sollten wir aber, wenn immer uns ein Glaubensgeheimnis Schwierigkeiten macht, nicht übersehen, daß Gott seinem Wesen nach der Unbegreifliche ist und der Unbegreifliche bleiben muß. Sonst wäre er nicht Gott und als solcher ein undurchdringbares Geheimnis. Sagen wir es anders: Hätten wir mit dem Geist Gottes keine Schwierigkeiten, wüßten wir also mit Leichtigkeit zu sagen, wer er ist, so widerspräche dies der Existenz Gottes und seines Geistes viel mehr als die Schwierigkeiten, die er unserem Verstehen bereitet. Aus diesem Grund dürfen wir nicht die Mühe scheuen, wenigstens einen Zugang zu seinem Geheimnis zu suchen.

Um auf einen guten Weg zu kommen, wollen wir von einer biblischen Erfahrung ausgehen und uns fragen, worin das Besondere des ersten Pfingstfestes bestand.

Die Jünger waren, so wird uns berichtet, voller Angst. Sie wußten nicht mehr weiter. Der Apostel Johannes beschreibt ihren Gemütszustand mit den wenigen Worten: „Aus Angst hatten die Jünger die Türen verschlossen“ (Joh 20,19). Verschlossen waren nicht nur die Haustüren; verschlossen waren vor allem ihre Herzenstüren. Wer aber seine Herzenstür verschließt, der hört in irgendeiner Weise auf zu leben. So war es damals bei den Jüngern; nicht anders ist es heute bei uns.

Dann aber geschah plötzlich etwas. Und was da geschah, hat die Kirche nie vergessen. Denn es wurde zu ihrem Geburtstag und damit auch zum Geburtstag unseres Glaubens. Wie kam es dazu? Diese Leute, die nicht mehr zu sehen waren, sind auf einmal wieder da. Und was noch verwunderlicher ist: Sie verändern alsbald das Angesicht der Erde. Diejenigen, die sprachlos waren, reden auf einmal in allen Sprachen. Völlig überrascht spürten sie, daß es eine Macht gibt, die dort ganz neue Wege schafft, wo wir keinen Ausweg mehr sehen; ein Feuer, das alle menschlichen Sorgen, Kümmernisse und Ängste wie trockenes Stroh verbrennt; eine Kraft, die aus der Enge in die Weite treibt, die wieder atmen läßt. Wer aber hat diesen neuen Weg gebahnt? Als gläubige Menschen können wir nur sagen: Es ist der Geist Gottes gewesen, der uns aus allem herausholt.

Der Geist bringt uns also zum Bewußtsein: Wo wir keine Möglichkeiten mehr sehen, da fangen Gottes Möglichkeiten überhaupt erst an. Daher läßt es Gott nicht selten zu, daß wir in die Enge getrieben werden. In ihr sollen wir lernen, in erster Linie nicht mehr auf uns selbst zu schauen, sondern uns loszulassen, damit uns sein Geist ergreifen kann. Daher schreibt Paulus: „Laßt euch vom Geist entflammen. Seid fröhlich in der Hoffnung, beharrlich im Gebet ... Segnet eure Verfolger, segnet sie, verflucht sie nicht! Freut euch mit den Fröhlichen und weint mit den Weinenden. Seid untereinander eines Sinnes" (Röm 12,11-16).

Im Vorzimmer einer Intensivstation

Im Vorzimmer der Intensivstation eines Kölner Krankenhauses hängt an der Wand ein handgeschriebener Text. Er hat folgenden Wortlaut:

„Lieber Besucher! Wir begrüßen Sie auf unserer Intensivstation. Soweit es der Zustand Ihres Angehörigen und unsere Arbeit erlauben, dürfen Sie Ihre Schwerkranken jederzeit nach Rücksprache besuchen. Dies brauchen Ihre Patienten oft mehr als Medikamente!

Doch bitte nehmen Sie Rücksicht. Kommen Sie nicht in Scharen, debattieren Sie nicht laut am Bett, und suchen Sie das Gespräch mit Ärzten und Schwestern, um gemeinsam Hilfe zu bringen. Neben Behandlung und Pflege der Patienten ist ein freundliches Gesicht für alle oberstes Gebot. Doch auch wir sind nur Menschen. Für Lob und Tadel sind wir dankbar. Die Ärzte und Schwestern der Intensivstation."

Manchmal ist man wirklich erstaunt, wo man dem Geist begegnet und in welcher Weise er zu einem spricht. Den Jüngern war er damals unerwartet im Abendmahlssaal begegnet, wo sie furchtsam hinter verschlossenen Türen zusammenhockten. Aber der Geist Gottes ist nicht auf einen bestimmten Saal angewiesen. Er kann ebenso unerwartet im Vorzimmer einer Intensivstation gegenwärtig sein. Denn auch dort sitzen Menschen, die voller Angst, Fragen und Sorgen sind. – Damals brach der Geist los wie ein Sturm, und er ergriff alle, die im Haus waren. Er nahm ihnen die Angst und machte ihnen Mut. Aber der Geist kann auch in einsamer und lautloser Stille weilen und in einem geschriebenen Text einfach darauf warten, bemerkt zu werden. – Damals redete er in Zungen, die wie von Feuer waren. Aber er kann auch durch Worte reden, die irgendwo verblichen an der Wand hängen, um aufgenommen und überdacht zu werden. Denn immer und überall ist der Geist Gottes greifbar nahe. Und er spricht sich uns zu, wie wir es augenblicklich brauchen. Man müßte nur achtsam und aufmerksam seine Wege gehen. Dann könnte das Leben zu einer Entdeckungsreise des Geistes werden.

Wo der Mensch dem Geist, der sich in allem Wahren, Guten und Schönen verborgen hält, Raum gibt, da belebt er ihn. Er spürt etwas von der Freundlichkeit des Geistes und seinem Entgegenkommen. Er fühlt sich verstanden, angenommen und bejaht. Es geht ihm auf, wie er selbst feinfühliger und rücksichtsvoller wird, wie er aufhört, selbstsüchtig, eigensinnig und laut herumzudebattieren, und fähig wird, hilfreich miteinanderzureden, ohne dabei zu übersehen, daß auch der andere nur ein Mensch ist, der seine Grenzen hat und der – wie man selbst – oft genug unter der Last des Lebens stöhnt. Daher kann man sagen: Erst die Erfahrung des Geistes macht den Menschen menschlich.

Dem anderen wohlgesonnen sein, ihm Verständnis

entgegenbringen, ihn annehmen und bejahen, gegenseitige Rücksichtnahme, das wohlwollende Miteinander-Sprechen sowie das Bewußtsein, daß auch der andere nur ein Mensch ist, das sind Gaben des Geistes, die wir oft mehr brauchen als Medikamente. Diese werden nicht selten dann notwendig, wenn wir dem Geist keine Entfaltungsmöglichkeiten in uns geben. Daher sagt Paulus: „Löscht den Geist nicht aus!“ (1 Thess 5,19). Er hätte auch sagen können: Löscht die Liebe nicht aus; denn wo die Liebe ist, da ist der Geist. Durch sie ist der Geist unterwegs. Durch sie wird jeder Arzt, Schwester und Bruder, einer für den andern.

In dem Text vom Vorzimmer der Intensivstation steht ein wichtiges Wort, das noch nicht hervorgehoben worden ist: „Neben Behandlung und Pflege ist ein freundliches Gesicht für alle oberstes Gebot.“ Das heißt: Ein freundliches Gesicht ist die heilsamste Medizin, die man einem anderen geben kann. Wie aber bekommt man ein freundliches Gesicht? Man kann es jedenfalls nicht erzwingen.

Eine alte alleinstehende Frau war zu einem Fotografen gegangen, um sich ein Foto machen zu lassen. Sie setzte sich zurecht. Der Fotograf lud sie ein: „Bitte etwas freundlicher!“ Die alte Frau versuchte es. Doch es gelang ihr nicht. „Sie müssen freundlicher dreinschauen“, wiederholte der Fotograf. „Wenn Sie meinen, eine alte, alleinstehende Frau kann lustig dreinschauen, nur weil man es ihr sagt, so verstehen Sie nichts vom Menschen. Das ganze Drum und Dran muß dazu passen, wenn die Augen hell und das Herz froh werden sollen!“ Der Fotograf war anderer Meinung: „Das kommt von innen“, erwiderte er. „Sie müssen von innen her freundlich dreinschauen!“ Die Frau gab sich Mühe. „So“, sagte der Fotograf, „jetzt sehen Sie schon zwanzig Jahre jünger drein.“ – Die Frau ging nach Hause. Ein eigenartiges Gefühl begleitete sie. Als die Bilder fertig waren, war es für sie eine Offenbarung. Sie sah das

Licht in ihren Augen. „Was einmal geht, geht öfter", dachte sie, stellte sich vor ihren Spiegel und sagte zu sich selbst: „Bitte recht freundlich! – Noch freundlicher!" Ein Lächeln lief über ihr Gesicht. Die Nachbarn merkten es und fragten sie: „Wie machen Sie das bloß? Sie sehen ja viel jünger aus!" – „Ach", sagte sie ganz nebenbei, „das kommt von innen!"

Die Innerlichkeit oder die Verinnerlichung ist also das Geheimnis eines freundlichen Gesichtes. Wie sollte es auch anders sein? Wo liegen denn die Quellen des Lebens? Immer in uns selbst. Daher sagt Edith Stein: „Je gesammelter ein Mensch im Innersten seiner Seele lebt, um so stärker ist die Ausstrahlung, die von ihm ausgeht und andere in seinen Bann zieht." Nach innen also geht der Weg: „Wir träumen von Reisen durch das Weltall. Ist denn das Weltall nicht in uns? Die Tiefen unseres Geistes kennen wir nicht. – Nach innen geht der geheimnisvolle Weg. In uns oder nirgends ist die Ewigkeit mit ihren Welten ..." (Novalis).

Hier stellen sich zwangsläufig ein paar Fragen: Wer zieht uns immer wieder heraus aus dem Drum und Dran, das uns täglich umgibt? Wer erschließt uns den geheimnisvollen Weg, der nach innen geht? Wer sammelt und eint unsere Kräfte im Innersten unserer Seele? Wer läßt uns die Tiefen unseres Geistes erahnen, in die wir aus uns selbst nicht hinabsteigen können? Wer läßt uns mit instinktiver Sicherheit spüren, daß die Ewigkeit mit ihren Welten nirgendwo anders ist als in uns selbst? Es ist jener Geist, der uns sagt: „Vergiß nicht, daß du eine Seele hast; in ihr trägst du Gottes Ewigkeit und weißt es nicht!" Darüber hinaus ergreift der Geist den, der sich ergreifen läßt, um ihn an den Quellen der in uns selbst liegenden Ewigkeit zu heilen, damit wir unsererseits ein wenig heilen können in einer Welt, die vieles mit einer Intensivstation gemeinsam hat.

Bescheiden ist, wer Bescheid weiss

Ich war für ein paar Tage bei einem liebenswürdigen Pfarrer einer mittelalterlichen Kleinstadt zu Gast. Im Verlauf der Gespräche, die wir bei Tisch miteinander führten, offenbarte er mir seine Vorliebe für Tauben. Bevor ich wegging, lud er mich ein, mit ihm zu seinem Speicher zu kommen und seine Tauben anzuschauen. Arglos, bescheiden und friedlich saßen sie dort, durch unseren Anblick ein wenig erschrocken.

Es kam dann der Augenblick, da ich den Pfarrer fragte, wie das Ende dieser sanftmütigen Geschöpfe aussehe. Er gab mir zur Antwort, darum kümmere er sich nicht, das besorge seine Haushälterin. Von der Haushälterin wurde ich alsbald über diesen Punkt aufgeklärt. Da dachte ich bei mir: So gewaltlos ihr Leben, so gewaltsam ihr Ende.

Warum erzähle ich von dieser Begebenheit? Weil sie ein wenig helfen kann, das Geheimnis von Gottes Geist zu erahnen. In der Bibel offenbart sich dieser Geist in vielen Symbolen, z.B. im Wind oder in Feuerzungen, aber auch im Symbol der Taube. Das bedeutet: Die Eigenschaften der Taube sind Eigenschaften des Geistes sowie Eigenschaften des Menschen, in dem der Geist lebt. Damit stellt sich die Frage: Inwieweit ist die Wesensart der Taube die Eigenart meines Daseins?

Jeder, der Tauben begegnet ist, weiß, wie zahm sie sind. Übertragen wird dies auf den geistbegabten Menschen, dann können wir sagen: Von der Kraft des Geistes gezähmt ist, wer sich zu beherrschen weiß, wer sich nicht ichbetont hervortut, sondern in Bescheidenheit um seine Grenzen weiß und in ihnen lebt.

Was damit gemeint ist, verdeutlicht sich an der inneren Einstellung des britischen Bakteriologen Sir Alexander Fleming (1881-1955). Durch die Entdeckung des Penicillins gehört er zu den unsterblichen Wohltätern der Menschheit. So segensreich das Wirken dieses Forschers für zahllose Menschen geworden ist, so bescheiden und selbstlos blieb er während seines ganzen Lebens. Als ihn einmal bei einem Amerikabesuch ein Reporter als den ‚Erfinder des Penicillins‘ hervorhob, nahm er in einem Vortrag vor der Mayo-Stiftung dazu Stellung: „Man hat mir gesagt, ich hätte das Penicillin erfunden. Das hätte ich beim besten Willen nicht vermocht. Dieser Stoff wird schon seit Jahrtausenden von einem Schimmelpilz produziert. Ich habe lediglich darauf aufmerksam gemacht.“

Merkwürdig, wie viel man wissen muß, bis man weiß, daß überall Größeres, Geheimnisvolleres, Schöpferischeres im Spiel ist. Nur wer tiefer als der Gewöhnliche zu schauen vermag, vernimmt das göttliche Gesetz, das in den Dingen verborgen liegt, und vermag darauf aufmerksam zu machen. Es macht die Größe seines Geistes aus, die Erfindungen Gottes nicht sich selbst zuzuschreiben. Wer ist also ein geistbegabter Wissenschaftler? Nur derjenige, der die Welt als Gottes Schöpfung versteht und mit ihr in dieser Weise umzugehen versteht. Er kann sie nur erforschen und auf das, was er entdeckt hat, aufmerksam machen.

So sind vor allem selbstlose Bescheidenheit und gläubige Ehrfurcht jene geistigen Haltungen, die den Wissenschaftler wegen seiner Nähe zu den göttlichen Geheimnissen zu einem behutsamen Diener Gottes und zu einem verantwortungsvollen Wohltäter seiner Mitmenschen machen.

Leider fehlt diese Einstellung vielen Wissenschaftlern. Sie glauben, Erfinder zu sein, obwohl sie nur Forscher und Entdecker dessen sind, was ein viel Größerer sich ausgedacht und geschaffen hat.

Wie aber wird man zu einem ‚behutsamen Diener Gottes‘ und zu einem ‚verantwortungsvollen Wohltäter der Mitmenschen‘? Nur dadurch, daß man sich vom Geist Gottes ergreifen und durchdringen läßt, damit er vor allem den ‚Willen zur Macht', andere zu beherrschen, zähme. Wo dies nicht geschieht, da sind viele den Händen weniger ausgeliefert. Darum wußte Sir Alexander Fleming. Kraft des in ihm lebenden Geistes löste er sich weder von Gott noch von seinen Mitmenschen, sondern blieb beiden in gleicher Weise zugetan. Daher ist er immer der Bescheidene geblieben und als solcher ein Segen für unzählige kranke Menschen.

Gezähmt werden muß aber nicht nur der ‚Wille zur Macht', sondern auch der ‚Trieb zur Gewalt'. Der von Gottes Geist Gezähmte bedarf nicht der Gewalt. Er vertraut darauf, daß nicht die Gewalt, sondern vielmehr die milde Kraft der Liebe die wahren Siege erringt. Auch unter diesem Gesichtspunkt ist der Selbstbeherrschte der von Gottes Geist beherrschte Mensch.

Darum wußte der alte Mönchspriester, der Starez Sossima, den Dostojewski in seinem letzten großen Roman „Die Brüder Karamasoff" zur Sprache bringt: „So manches Mal hält man ratlos inne (...) und fragt sich: Soll ich es nicht mit Gewalt versuchen oder mit demütiger Liebe. Wer sich ein für allemal für sie entschieden hat, wird die ganze Welt bezwingen können. Die liebevolle Demut ist eine furchtbare Macht, die stärkste von allen; es gibt nichts, das ihr gleichkäme." Diese Art ist die Liebe, die uns Jesus Christus mit seinem Geist geschenkt hat.

Der Starez ist jedoch nüchtern genug, um zu wissen, daß die Grundentscheidung für die milde Kraft der Liebe täglich neu vollzogen werden muß, soll sie die Herrschaft über die Mächte dieser Welt behalten. Daher fährt der Mönchspriester fort: „Brüder, die Liebe ist unsere Lehrmeisterin, doch man muß sie zu erwerben wissen; sie ist schwer zu erwerben, sie wird teuer erkauft durch die beharrliche Arbeit und erst nach langer Zeit, denn man soll ja nicht zufällig und nur für einen Augenblick lieben, sondern für immer. Zufällig kann jeder lieben, auch der Bösewicht." Sagen wir es anders:

Die hier gemeinte Liebe wächst aus dem Glauben an den Geist Gottes, der uns in der Taufe geschenkt worden ist.

Schauen wir auf Jesus, auf den Anfang seines öffentlichen Lebens. Da läßt er sich taufen. Und während dies geschieht, offenbart sich über ihm der Geist Gottes in der Gestalt einer Taube. Das bedeutet die Absage an alle Selbstherrlichkeit, Überheblichkeit und Gewaltsamkeit. Als der von Gottes Geist Beherrschte vertraut Jesus darauf, daß die Eigenschaften einer Taube stärker sind als alle Machenschaften selbstsüchtiger und gottloser Unternehmungen. Wer daran glaubt und danach handelt, der lebt seine Taufe. Ihm sagt Jesus, er werde das Land besitzen. Demnach gibt es ein Land, das sich nur dem Sanftmütigen öffnet. Immer liegt es im Herzen; nur dort kann es entdeckt werden. Warum stehen wir also so oft vor verschlossenen Herzenstüren? Weil wir gewaltsam und geistlos einzubrechen suchen. Die Weisen im Alten China sagten: „Der Sanftmütige kommt weit!“ Ihm öffnen sich alle Türen. Sanftmut aber ist der Entschluß, nur das zu tun, was vor Gottes Geist standhält.

Die Ärztin Elisabeth Kübler-Ross erzählt aus ihrer Zeit im Manhattan State Hospital: „Um die Einsamkeit mit meinen Patienten zu teilen, feierte ich mit ihnen jedes Fest. Ja, wir liebten uns wirklich. Nach zwei Jahren wurden vierundneunzig Prozent jener Patienten entlassen und waren fähig, sich in New York zu behaupten. Und viele von ihnen gehen inzwischen einer eigenen Arbeit nach und sind lebenstüchtig geworden. Man vergesse bitte nicht, es handelte sich hier bei allen um sogenannte ‚Hoffnungslos-Schizophrene‘!

Ich versuche Ihnen klarzumachen: Wenn Sie nicht Ihren Kopf und Ihr Herz und Ihre Seele einsetzen, helfen Sie keiner einzigen Menschenseele. Diese Wahrheit habe ich von jenen sogenannten Geisteskranken gelernt.“

Merkwürdig, welche Lehre der Geist uns durch Geisteskranke vermittelt. Jedenfalls behält Jesus recht, wenn er sagt: „Selig, die keine Gewalt anwenden; denn sie werden das Land erben!“ (Mt 5,5).

Wo können wir den Geist erfahren?

In nicht wenigen Wochenzeitschriften gibt es eine ‚Kummerecke‘, in der sich ein Ratgeber bemüht, eingeschickte Sorgen zu lösen. Das aber ist nicht so einfach. Denn mancher Ratgeber sieht zwar das Problem, aber nicht den, der das Problem hat. Der gute Ratgeber hingegen weiß nicht nur sachlich mit dem Problem umzugehen; vielmehr versteht er, sich auf den, der es hat, einzulassen, sich in ihn einzufühlen und sich mit ihm auf den Weg des gemeinsamen Suchens zu machen.

Das ist jedenfalls die Art, wie der auferstandene Herr die beiden Männer auf dem Weg nach Emmaus (Lk 24,13-35) begleitete und beriet. Von ihm fühlten sie sich verstanden. Sie spürten etwas von dem Prickeln, das sich einstellt, wenn Wunden, auch Herzenswunden, heilen: „Brannte nicht unser Herz, als er auf dem Weg mit uns redete!“ So brauchen Christen einander; so will uns Gott in seiner Kirche haben. Deshalb hat er ihr seinen Geist geschenkt. Unser brüderliches Mitgehen soll für andere zur Erfahrung des Geistes werden.

Der hier angesprochene Geist äußert sich aber nicht nur im Rat derer, die es gut mit uns meinen. Er spricht zu uns auch in jener Stimme, die durch unser Gewissen an uns ergeht. Denn es ist der Geist, der Heilige Geist, der uns durch unser Gewissen einen Gesamtüberblick eröffnet, so daß wir eigentlich aus jeder Situation das

Beste machen können, vorausgesetzt, wir entziehen uns nicht dem, was es uns sagt.

Der Dichter Josef Reding erzählt einmal von einem Mann, der während einer abendlichen Konferenz einige Gläser Bier getrunken hatte. Es war schon dunkel, als er sich mit seinem neuen Wagen auf den Heimweg machte, um bei seiner Frau und seinen Kindern zu sein. Noch hatte er sich nicht an die Breite seines neuen Wagens gewöhnt. So kam es, daß er einen Radfahrer streifte und ihn zu Fall brachte. Kurz hielt er an, dann fuhr er weiter. „Wenn man mir eine Blutprobe nimmt", so sagte er sich, „wird man mir den Führerschein abnehmen; dann bin ich beruflich am Ende. Ich muß nach Hause."

Während er so dachte, tauchte vor seinen Augen das Bild des Angefahrenen auf, und es überfiel ihn die Frage: „Wann wird dieser zu Hause bei seiner Familie sein?" Doch er hielt die Frage für sentimental und versuchte sie loszuwerden. Aber was da geschehen war, war mächtiger als jede Gegenrede. Schließlich wurde ihm klar: „Ich kann so nicht nach Hause; ich kann so zu niemandem zurück!" Und sonderbar: Mit diesem Wort kam Ruhe in ihn hinein. Mühelos wendete er den Wagen und jagte die Straße zurück. Da lag der Angefahrene am Straßenrand. Mit seinen ausgebreiteten Armen sah er aus wie der Gekreuzigte. Er kniete sich neben den Verletzten und hörte, wie dieser ihm mit Unterbrechungen zustöhnte: „Sie haben angehalten. Danke!" – „Ich habe nicht ... ich bin nur zurückgekommen!" erwiderte ihm dieser kleinlaut.

Die Geschichte sagt uns nicht mehr, wie es mit den beiden weiterging. Und doch ist es nicht schwer, sich vorzustellen, daß der Geist, der durch das Gewissen des Fahrers sprach, den Wagen auf den einzig richtigen Weg lenkte und so die beiden wieder zusammenbrachte, auch für einen guten Ausgang sorgte.

Wer ist es also, der uns in jeder Lage sagt, wie wir uns richtig verhalten? Wer läßt uns in Bruchteilen von

Sekunden erkennen, was gut und böse ist? Wer ist es, der uns keine Ruhe gibt, solange wir der Wahrheit davonzulaufen suchen? Wer ist es, der unserem Lebensweg trotz aller Ängste und Peinlichkeiten eine gute Richtung weist? Es ist allein der Heilige Geist, der alles zum Guten führt und der sich darum sorgt, daß keiner von uns das Ziel seines Lebens verfehlt.

Vielleicht denkt einer bei sich: „Ich merke nichts davon!" Doch wer ist dieses Ich, das nichts von alldem merkt? Hat dieses ‚Ich' nicht ganz andere Tiefen, als uns im alltäglichen Betrieb zum Bewußtsein kommen kann? Wer sich vom Geist ergreifen läßt, den führt er in Tiefen, die in ihm liegen. Auf diesem Weg offenbart sich ihm, daß es in uns nicht nur eine Vielzahl von dunklen Mächten und Kräften gibt, die uns knechten können und die uns zu beherrschen suchen, sondern daß hinter all dem Gott selbst in uns wohnt, den wir erfahren als die Ewigkeit, die hinter all unserer Vergänglichkeit waltet, als das stille Glück, das hinter all unserer Trostlosigkeit auf uns wartet, als das Leben, durch das wir immer schon hinter den Tod gekommen sind, als die Zuversicht, die uns trotz allem nicht verzweifeln läßt.

Tatjana Goritschewa erzählt in einem ihrer Bücher von einem Priester, den man wegen seines Glaubens und wegen seines unerschrockenen Bekennermutes in die Verbannung schickte, in der er schließlich starb. In einem seiner letzten Briefe schreibt er: „Wie gut zu wissen, daß alles in Gottes Hand liegt, daß es keine besonderen Orte und keine spezielle Arbeit gibt, um ihm zu dienen. Vielmehr ist jeder Ort und jede Arbeit dazu geeignet. Dieser schmale, steinige Weg zum Beispiel, der sich durch die kümmerlichen Tannen windet: er ist sein Weg. Oder die Arbeit an den Baumstämmen, die wir aus dem Wald schleppen: wir tun es für ihn. Und auch diese Holzbaracke mit den Pritschen: sie kann der Ort seiner geheimnisvollen Gegenwart sein."

In aller scheinbaren Sinnlosigkeit immer noch einen

Sinn zu entdecken, in aller Aussichtslosigkeit nicht den Glauben an Gottes Führung zu verlieren, in aller Gefangenschaft sich innerlich frei zu fühlen, im alltäglich Kleinen noch etwas unendlich Großes zu entdecken und trotz aller Erfahrung des Bösen daran festzuhalten, daß alles einmal gut wird, das vermag nur, wer an den Heiligen Geist Gottes glaubt, wer sich von ihm in die Tiefen des eigenen Herzens und damit in die Tiefen Gottes einführen läßt.

So wundert es uns nicht, warum die Kirche immer wieder ruft: „Komm, Heiliger Geist!" Entsprechend könnten wir bitten: „Komm, Heiliger Geist, im Rat, den wir dann und wann brauchen; in der Wegweisung, die uns unser Gewissen gibt; in der Erfahrung unserer Tiefen, in denen Gott wohnt als der, der uns trägt und führt und hält."

Register der Bibelstellen

Namenverzeichnis

Stichwortregister

Weitere Bücher von Rudolf Stertenbrink

Rudolf Stertenbrink

Allein die Liebe

Ein Lebensbrevier aus tausend Texten von Theresia von Lisieux

6. Auflage als Sonderausgabe. 320 Seiten, Paperback.
ISBN 3-451-21051-7

„Ein Buch von vielfachem Wert. Es ist eben nicht Theorie, die erst mit Leben zu füllen wäre, sondern ist aus wahrhaftigem Leben geboren.“ (Dienender Glaube)

„Markante Aussagen, die man in Ruhe lesen, vergleichen, bedenken muß.“ (Österreichisches Klerus-Blatt)

„Wir haben ein geistliches Lehrbuch vor uns. Es macht für den, der noch tiefer graben will, die großen Werke über Therese keineswegs überflüssig. Aber es ebnet für viele den Weg.“ (Deutsche Tagespost)

„Behutsam hat Rudolf Stertenbrink die ausgewählten Texte in ein Raster der täglichen Lebensprobleme eingeordnet und sie einführend erläutert. So ist ein Lebensbrevier entstanden, aus dem man täglich neue Erkenntnisse und Weisungen für sein Leben schöpfen kann.“ (Der Überblick, Aachen)

Fjodor M. Dostojewski

Worte wie Spiegel

Ausgewählt, eingeleitet und erläutert von Rudolf Stertenbrink

5. Auflage. 122 Seiten, gebunden. ISBN 3-451-20025-2

„Eine ausgezeichnete Anthologie, deren Einzeltexte sämtlich durch Angabe der Fundstellen im Gesamtwerk des Schriftstellers belegt sind! Dostojewskis Worte treffen ins Herz; hier lernt der Mensch mit dem Herzen sehen: er sieht in den Spiegel der Worte und entdeckt – sich selbst: im Rätsel und Geheimnis, in Freiheit und Wahrheit, im Zweifel und Glauben, im Dunkel und Licht. Ein Lesebuch für Prediger – nicht nur zum Zitieren!“
(Homiletische Monatshefte)

„Ein Buch, das neugierig macht auf den russischen Autor und anregt, ihn endlich einmal ganz zu lesen.“ (Bayerischer Rundfunk)

Verlag Herder Freiburg · Basel · Wien